Die Enden der alten Welten

Von Dörfern und Burgen

Teil 2

von

Marcus Wächtler

2. Auflage 2022

ISBN 9783964434746

Distribution Service: NovaMD GmbH, Raiffeisenstraße 4,

83377 Vachendorf/Traunstein

Korrektorat: Katja Völkel, Dresden: www.lekto-rat.de

Titelgestaltung: Maria Zippan, Dresden: www.instagram.com/zippi44/

Titelbild: Maria Zippan, Dresden: www.instagram.com/zippi44/

Satz: Verlag Edition Elbflorenz

Druck, Verarbeitung: amazon independent publishing

www.editionelbflorenz.com

für Kate und Jane

Wollen Sie direkt die Geschichte lesen, müssen Sie ein paar Seiten weiter blättern. Diese Einleitung ist dafür gedacht, den historischen Kontext für die mannigfaltigen Ereignisse zu liefern, die in diesem Roman vorkommen. Eventuell kann es auch recht erhellend sein, das Vorwort erst nach der ersten Hälfte des Buches zu lesen.

›Die Enden der alten Welten‹ ist ein Epos, das in einer ›Was-wäre-wenn-Welt‹ spielt. Angesiedelt sowohl in einer Zeit als auch in einer Region, über die heutzutage nicht mehr sonderlich viel bekannt ist, erzählt die Geschichte von Ereignissen voller Magie, Monstern und Mysterien. Müsste man dem Kind einen Namen geben, wäre es wohl die Bezeichnung pseudohistorische Fantasy.

Kaum etwas davon ist laut Schulbüchern tatsächlich geschehen. Allerdings wäre es durchaus denkbar, dass die Lücken im Wissen der Geschichtswissenschaft mittels dieser Erzählung geschlossen werden könnten. In jedem Märchen, Volksglauben oder Mythos steckt immer auch ein Körnchen Wahrheit. Genau diese Körnchen wurden in die Geschichte eingepflanzt, um in einem fantastischen Handlungsrahmen zu erblühen.

Wir schreiben das letzte Viertel des elften Jahrhunderts. Die genauen Jahreszahlen spielen für die Geschehnisse keine besondere Rolle. Vor allem den einfachen Bauern und Menschen aus der Handlung war es leidlich egal, welches Jahr gerade verzeichnet wurde. Weder hat man Silvester gefeiert, noch das Geburtsjahr genannt. Allenthalben wussten einzig die Mönche und ein paar Gebildete, in welchem Jahr man momentan genau lebte.

Das bescheidene Leben auf dem Land wurde bestimmt durch die Jahreszeiten, den Tag-Nacht-Rhythmus, die kirchlichen Festtage und die Saatfolge auf den Feldern. So war ein Bauer zwanzig Sommer alt, wenn er die besagte Anzahl erlebt hatte. Viel wichtiger aber waren die einzelnen Tage, die vergangen waren und die entsprechend gezählt wurden. Besonders bedeutsam war dies für die Abgabenentrichtung, die hohen Feiertage der Kirche und für die Pflanzzeiten sowohl zur Aussaat als auch zur Ernte.

Keinesfalls interessierten einen einfachen Menschen zu der damaligen Zeit die politischen Ereignisse und Geschehnisse im Reich. Selten genug kam es vor, dass man über die Grenzen seiner Region hinaus reiste. Ränkeschmiede, Auseinandersetzungen und Kriege der hohen Herrschaften betrafen einen Bauern erst, als sie sich direkt vor seiner Haustür abzuspielen begannen. Von Begebenheiten aus fernen Ländern hörte er, wenn überhaupt, nur von fahrenden Gauklern.

Das sogenannte dunkle Mittelalter oder auch Frühmittelalter ist zum Zeitpunkt der Handlung erst seit ein paar Jahren vorbei. Gemeinhin setzt man das Ende des ottonischen Kaiserhauses als Wendepunkt fest. Generell bezeichnet man jedoch erst die Zeit ab 1050 als Hochmittelalter. Entsprechend spielt das Buch in einer turbulenten Ära des Umbruchs. Viele Ideen, Erfindungen und gesellschaftliche Veränderungen fanden in diesen Jahrzehnten statt.

Der berühmte Heinrich IV. aus dem Geschlecht der Salier war zwar zum Zeitpunkt der Geschichte schon seit ein paar Jahren König – aber noch nicht Kaiser – des Heiligen Römischen Reiches. Allerdings war dessen Position, Einfluss und Macht mehr als nur wackelig. Besonders wegen des Investiturstreits mit der katholischen Kirche und vor allem mit dem Papst stand seine Herrschaft auf tönernen Füßen. Der Streit um die Investitur war zu jener Zeit ein politischer Konflikt um die Mitsprache bei der Einsetzung von Geistlichen in ein jeweiliges Amt. Der deutsche König wollte eigene Bischöfe ernennen, während Rom dieses Recht einzig für sich beanspruchte.

Papst Gregor VII. insistierte 1076 die Absetzung und Exkommunikation König Heinrichs IV. Dies konnte Heinrich zwar mit dem berühmten Gang nach Canossa im Jahre 1077 abwenden und dadurch seine Königswürde behalten – es schwächte aber seine Position unter den Reichsfürsten zusehends. Gemeinhin betrachtete man diese Ereignisse sogar als Höhepunkt des Streits zwischen weltlicher und geistlicher Macht. Das Reich befand sich daraufhin in hellem Aufruhr. Zu sehr hatte es sich der streitlustige Salier mit allerlei hohen Fürsten und Würdenträgern verscherzt.

Auf verschiedenen Fürstentagen wurden die Gegenkönige Rudolf von Rheinfelden und Hermann von Salm durch die Mächtigen im Reich ausgerufen. Vorangegangen waren die sogenannten Sachsenkriege, bei denen der aus dem Süden stammende Salier Heinrich IV. gegen die einflussreichsten Adligen des im Norden gelegenen Herzogtums Sachsen in die Schlacht zog. Beständig schwelte ein Konflikt im Reich zwischen den sich belauernden Machtgruppen und ihrem Einfluss auf die Reichsgeschäfte.

Das komplette Heilige Römische Reich war in einer permanenten Auseinandersetzung gefangen. Kriege, Schlachten und Intrigen für den König oder die Gegenkönige überzogen das Land. Gleichzeitig hing Heinrich die päpstliche Exkommunikation noch immer an. Beständig änderten sich Bündnisse und Gegnerschaft je nach den jeweiligen Entwicklungen.

Aus dem Grund hatte kaum einer der beteiligten Fürsten auch nur einen Gedanken übrig für Dinge, die sich außerhalb der politischen Großwetterlage abspielten. Besonders diese Konflikte, Intrigen und Auseinandersetzungen zwischen den verschiedensten Parteien bilden hierbei Eckpfeiler der Handlung. Auf die eine oder andere Art musste sich ein jeder zu einer Seite bekennen. Dies erzeugte den Nährboden für andauernde Fehden und Kriege.

Auf der anderen Seite konnte sich dadurch, sowohl vom König als auch von den Reichsständen unbemerkt, etwas Neues im Osten entwickeln und erheben. Einmal mehr erwuchs eine Bedrohung für das Reich, von der niemand etwas ahnte.

Die Geschichte spielt in den sogenannten neuen Grenzmarken. Das damalige Reich endete in etwa an der heutigen Grenze von Niedersachsen, Teilen Sachsen-Anhalts und der Ostgrenze von Thüringen. Weiter südlich verlief die Begrenzung entlang des jetzigen Freistaates Bayern über das Salzburger Land und Kärnten bis nach Italien hinab.

Vorgelagert zu diesem Kernland des Reiches waren nach und nach eine Reihe von Grenzmarken dem Reich einverleibt worden. Auch heute noch findet man Zeugen davon in Bezeichnungen wie Steiermark, Mark Brandenburg oder Sächsische Ostmark. Sinn dieser Grenzländer war es, das Heilige Römische Reich sowohl vor den ›Wilden‹ als auch vor den Heiden im Osten zu beschützen, die beständig kleine und große Beutezüge ins Reich unternahmen. Gewissermaßen sollten die Gebiete einen breiten Puffer bilden, um die reichen Kernländer vor etwaigen Angreifern und Überfällen zu bewahren.

Allerdings bestand diese Landnahme in vielen Bereichen nur auf dem Papier von Landkarten und Urkunden. Es wurden zwar eine Reihe von Grenzfestungen errichtet, gleichwohl blieb die tatsächliche Landnahme mangels Personals weitestgehend aus. So wurde zwar nach einem Feldzug um 930 eine Burg an der Elbe am Bach Meisa gegründet, doch verblieb das Gebiet um Meißen weiterhin unter dem Einfluss der eigentlichen slawischen Einwohner.

Das Epos ›Die Enden der alten Welten‹ spielt in den besagten Grenzländern zwischen Ostsee und dem heutigen Erzgebirge. Zur Völkerwanderungszeit verließen die germanischen Stämme ihre Siedlungsgebiete östlich der Elbe, um ins Römische Reich einzufallen und dort neue Königreiche zu gründen. Ab dem sechsten Jahrhundert wurden diese verwaisten Gebiete von den nachrückenden Slawen aus dem Osten besiedelt. Zum Zeitpunkt der Handlung lebten Slawen wie die Sorben bereits seit 300 Jahren beidseits der Elbe in kleinen Fürstentümern.

Zu den eingesessenen slawischen Völkern zählen unter anderem Stämme wie die Daleminzer, Lendizen, Liutizen, Masowier, Milzener, Sorben oder Pomoranen. Weder waren diese Völker christianisiert, noch unterworfen oder gar zum Heiligen Römischen Reich gehörend. Vielmehr sahen sie sich als ein stolzes und freies Volk, das beständig von den westlichen Invasoren bedroht wurde. Immer wieder kam es deswegen zu Kampfhandlungen, Konflikten und Kriegen mit den Deutschen. Mehrfach erfolgten blutige Vernichtungsfeldzüge durch die deutschen Fürsten und das Reich. Im Laufe der Jahrzehnte gewann mal die eine Seite die Oberhand und mal die andere. Je nachdem, wie sehr der jeweilige deutsche König oder Kaiser und seine Fürsten mit anderen Angelegenheiten beschäftigt waren, vergrößerte oder verringerte sich der Einfluss auf die Gebiete.

Irgendwann fiel es vor allem dem Erzbischof von Magdeburg auf, wie viel Macht, Wert und Möglichkeiten in den unberührten Gegenden im Osten steckten. Neben dem Gedanken der Christianisierung der heidnischen Slawen war es vor allem die Idee des Landgewinns, die ihn dazu antrieb, die Grenzmarken mit deutschen Bauern besiedeln zu lassen. Besonders auch die Vorstellung von einer erzbischöflichen Landesherrschaft regte die Kirchenfürsten zu einem verwegenen Plan an.

Einzigartig für die damalige Zeit wurde Siedlern aus den alten Herrschaftsgebieten neues Land zur Urbarmachung in Aussicht gestellt. Losgelöst von dem engen gesellschaftlichen und politischen Korsett der Leibeigenschaft, versprachen die unberührten Gebiete ungeahnte Möglichkeiten für die Glücksritter. Ein jeder sollte die Gelegenheit erhalten, eine eigene Hufe bewirtschaften zu können.

Über neunzig Prozent der damaligen Bevölkerung lebte auf dem Land. So gut wie jeder war auf die eine oder andere Art unfrei und geknechtet. Abhängig von dem Besitzer der Ackerfläche, dem Vogt, einem Kloster, einem Leibherrn und dem Gutsherren, darbte ein einfacher Mensch unter erbärmlichen Umständen. Genötigt sowohl zu

Abgaben als auch zum Zehnt an Kirche, Fürst und Gutsherren, blieb kaum etwas für die eigene, oftmals recht große Familie übrig. Das harte und entbehrungsreiche Leben als Unfreier auf dem meist nicht eigenen Feld bot wenig mehr als den zeitigen Tod.

Wie eine Offenbarung muss es den Bauern damals vorgekommen sein, als der Erzbischof zu Magdeburg verkündete, dass es für jeden gottesfürchtigen Menschen Land im Überfluss gebe. Gelenkt durch das Erzbistum Magdeburg, sollten etliche neue Siedlungen im Osten entstehen. Mit weit geringeren Steuern und Abgaben musste man nur unter der Aufsicht von Prospektoren den wilden Boden urbar machen.

Trotz der Widrigkeiten eines unberührten, urwaldartigen Landes und der Bedrohung durch die heidnischen Slawen folgten viele tausend Abenteuerlustige dieser Aufforderung des Erzbischofs. Etliche Dorf- und Stadtgründungen lassen sich bis in jene Zeit zurückverfolgen. Alles war für die verarmte Landbevölkerung vorteilhafter denn der tägliche Kampf ums Überleben. Als Zweitgeborener ohne Aussicht auf einen Hof oder ein Erbe, stellte die zu erwartende Zukunft für die meisten dar, sich früher oder später als Tagelöhner verdingen zu müssen.

Ebenso erwies sich das Abenteuer in den Grenzlanden als die einzige Möglichkeit, der Leibeigenschaft, der Frondienste oder generell der brutalen Herrschaft eines Landadligen zu entkommen. In gleicher Weise nahmen es die spätgeborenen Söhne von Adligen zum Anlass, um in der Ferne für sich eine bessere Zukunft zu finden. Ähnlich der späteren Besiedelung Nordamerikas machten sich unzählige Menschen auf, das neue Land für sich, Gott und den Erzbischof in Anspruch zu nehmen.

Das Gebiet zwischen Ostsee und Erzgebirge kann man kaum mit dem heutigen Osten Deutschlands gleichsetzen. Im Gegensatz zum Stammland des Heiligen Römischen Reiches stand in den östlichen Marken noch der ursprünglich undurchdringliche germanische Urwald. Entstanden nach der letzten Eiszeit, hatte sich im Laufe der Jahrtausende ein urwaldartiger, flächendeckender Wald herausgebildet, der einzig von Flussläufen, Waldauen, wenigen Handelsstraßen und Tiefebenen unterbrochen wurde. Gigantische, jahrhundertealte Bäume wuchsen dicht an dicht in einem meterhohen Unterholz. Es existierten gar Gegenden, in denen noch nie zuvor ein Mensch seinen Fuß gesetzt hatte.

So ließen sich die Germanen und nachfolgend die Slawen vornehmlich entlang der Flüsse nieder. In kleinem Maßstab wurden zwar bereits verschiedene Gebiete für den Ackerbau gerodet, das Verhältnis von Waldfläche zu freiem Land entsprach jedoch ungefähr dem proportionalen Gegenteil des heutigen Zustandes. Besonders in den abgeschiedenen Gegenden der Mittelgebirge, wie zum Beispiel des Erzgebirges, war von einer Besiedelung in keinem Fall zu sprechen.

Deswegen stießen die ersten Siedler auch in die schon urbar gemachten Regionen entlang der größeren Flüsse vor. Da dort allerdings bereits einheimische Slawen lebten, kam es unweigerlich zu allerlei blutigen Konflikten. Viele dieser kleinen Tragödien und Dramen, die sich damals abgespielt haben müssen, sind heutzutage im Dunkel der Geschichte verloren gegangen. Anhand der wenigen überlebenden Sorben kann man jedoch erahnen, wie es der ursprünglichen Bevölkerung ergangen sein musste.

Die Siedler aus dem alten Reichsgebiet stießen allerdings auch in unbewohntes Gebiet vor. Angeleitet von Prospektoren, wurden Siedlungszügen bestimmte Flurstücke angedacht. Nach etlichen Wochen der entbehrungsreichen Reise kamen dann vollkommen entkräftete und ausgezehrte Menschen in ihrer neuen Heimat an. Meist an einem Bach gelegen, waren die Siedler gezwungen, gänzlich neu anzufangen.

Um auch nur ein einziges Getreidekorn zu ernten, galt es zuerst, Unmengen von Wald zu roden, Sträucher zu entfernen und Boden urbar zu machen.

Erst Jahrzehnte später tauchten diese Siedlungen dann namentlich in Urkunden auf. Viele Bewohner der kleineren Ansiedlungen dürften zudem die ersten harten Jahre ohne echte Ernte und Nahrungsversorgung nur schwerlich überstanden haben. Welche Tragödien sich damals abgespielt haben, kann heutzutage kein Mensch mehr sagen. Quellen zu dem Thema sind erst aus späterer Zeit vorhanden. Überlieferungen von den slawischen Einwohnern sind so gut wie nicht existent. Informationen zu den tatsächlichen Geschehnissen sind nur mangelhaft überliefert.

In dieser Epoche des Umbruchs, der Veränderung und des Neuanfangs hat sich eine Bauernfamilie aus dem nördlichen Teil des Heiligen Römischen Reich aufgemacht, um sich im wilden Osten eine bessere Zukunft aufzubauen. Die Familie besteht aus dem Siedlerpaar samt drei Töchtern (Katharina, Anna, Brid) und drei Söhnen (Stefan, Friedrich, Lucas). Verfolgt von den Ereignissen in ihrer ursprünglichen Heimat, hatten sie gar keine andere Wahl, als in die unwirtliche Grenzmark aufzubrechen. Weit entfernt von jedweder Zivilisation in einem tiefen dunklen Tal des heutigen Erzgebirges fand die Familie einen günstigen Platz, um mit Gleichgesinnten eine neue Siedlung zu errichten. Alle hofften sie darauf, dass an den Ufern des Schwarzwassers Frieden, Glück und Wohlstand auf sie warten würden.

Was die Neuankömmlinge jedoch nicht wissen konnten, war die Tatsache, dass in dem Gebiet bereits etwas schon seit vielen tausend Jahren lebte. Es ist eine uralte und mächtige Entität, von der die Menschheit längst vergessen hatte, dass sie überhaupt existierte. Diese Macht hielt nichts davon, dass immer mehr Fremde in die Länder eindrangen, die eigentlich als Tabu und heilig galten.

Was bisher geschah.

Wir schreiben das ausgehende 11. Jahrhundert. Die Epoche des dunklen Mittelalters ist gerade erst vergangen. Überall in Europa machen sich die Menschen auf, um sich ein neues und glücklicheres Leben zu suchen. Veränderung, Neuanfang und Wandel liegen allerorten als Versprechen auf eine bessere Zukunft in der Luft.

Eine achtköpfige Siedlerfamilie hat sich aus ihrer ehemaligen Heimat in der Nachbarschaft des Dorfes Lüneburg nahe der Handelsmetropole Bardowick aufgemacht, um sich eine neue Existenz aufzubauen. Geflohen vor der Willkür, der Unterdrückung und der Gewalt der Gutsherren suchen sie in den unwirtlichen östlichen Grenzmarken eine sichere Zuflucht.

An den Ufern der wilden Schwarzwasser findet die Familie zusammen mit anderen Siedlern ein unberührtes Paradies. In einem versteckten Tal eines noch nie durchwanderten Gebirges weit im Osten machen sich die Bauern daran, das Land für sich urbar zu gestalten. Zwischen gigantischen Bäumen und hohem Unterholz entsteht nach und nach eine kleine Dorfgemeinschaft. Trotz des harten und entbehrungsreichen Alltags genießen die Menschen ihre neu gewonnene Freiheit.

Bei einem Unfall während des Baumfällens wird der Vater der Siedlerfamilie schwer verletzt. Daraufhin muss der älteste Sohn Stefan die Verantwortung für den Aufbau des Bauernhofes übernehmen. Zusammen mit seinen Brüdern Friedrich und Lucas schuftet er Tag für Tag, um dem Wald ein kleines Stück Ackerfläche abzuringen. Zugleich helfen die drei Schwestern Katharina, Anna und Brid ihrer Mutter bei den mannigfaltigen Arbeiten im Haushalt.

Die Zeit der Freiheit vor der Unterdrückung durch Gutsherren währt allerdings nicht allzu lange. Bereits ein Jahr nach Ankunft an der Schwarzwasser taucht ein junger Adliger namens Hilbert von Dahlenburg aus ihrer alten Heimat in dem Tal auf. Er erklärt die Gründung des Dorfes als illegal und fordert die Siedlergemeinschaft auf, von seinem Land zu verschwinden. Im darauf folgenden Handgemenge verliert der Vater der Familie sein Leben. Trotzdem schaffen es die Siedler, den Blaublütigen von ihren Äckern zu vertreiben.

Nunmehr nur noch zu siebt geht der Alltag der Familie mit der harten Arbeit der Waldrodung weiter. Eines Tages tritt ein einsamer Wanderer mit dem Namen Herr Johannes in das Leben der Dorfbewohner. Nach einem fröhlichen Fest, einem Streit und etlichen mysteriösen Begebenheiten hinterlässt der Waldläufer ein besonderes Geschenk bei der Familie.

Nachdem wiederum einige Zeit vergangen ist, kehrt der Adlige aus dem Geschlecht der von Dahlenburgs in die Ansiedlung zurück. Mit Feuer und Schwert löst er die in seinen Augen illegale Dorfgemeinschaft auf. Die zuvor freien Siedler werden daraufhin in die Leibeigenschaft gezwungen. Bewacht durch die Büttel Hilbert von Dahlenburgs wird die Familie zusammen mit ihren Nachbarn ins Dorf am Schwarzen Berg getrieben, um neuerlich Frondienste ableisten zu müssen. Kurz vor Erreichen der neuen Siedlung gelingt es allerdings den drei Jüngsten – Lucas, seiner Zwillingsschwester Brid sowie ihrem älteren Bruder Friedrich – den Häschern des Hilbert von Dahlenburgs zu entkommen.

Für die drei verbliebenen großen Kinder der Familie beginnt derweil eine Zeit voller Schrecken. Die Mutter ist zudem mittlerweile hochschwanger und kaum mehr in der Lage, etwas für ihre Schützlinge zu unternehmen. So gelingt es ihr auch nicht, die Verurteilung ihres ältesten Sohnes Stefan wegen des Angriffs auf Hilbert von Dahlenburgs zum Tode durch Rädern abzuwehren.

Erst in letzter Sekunde wird die Hinrichtung durch den hinzukommenden Philipp von Dahlenburg, ein Onkel Hilbert von Dahlenburgs, verhindert. Die Todesstrafe wird jedoch in eine Zwangsrekrutierung in das Heer Philipp von Dahlenburgs umgewandelt. Allerdings nötigen sie die älteste Tochter Katharina im Gegenzug dazu, die Ehe mit Hilbert von Dahlenburg einzugehen. Künftig ist sie der Erbarmungslosigkeit, der Brutalität und den Rachegelüsten des Adligen hilflos ausgeliefert.

Anna als ein weiteres Kind der Familie wird der Hausvorsteherin Hilbert von Dahlenburgs unterstellt. Binnen kürzester Zeit sinkt sie zum niedersten Aschweib innerhalb der Hierarchie der Bediensteten herab. Der Willkür der älteren Matrone Frau Fronika ausgesetzt, ist sie täglicher Schikane, Schlägen und Erniedrigungen ohnmächtig preisgegeben. Trotzdem hält Anna tapfer durch, weil sie weiß, dass ihre Schwester und Mutter sich in den Händen Hilbert von Dahlenburgs befinden.

In der Zwischenzeit durchläuft Stefan während eines Marsches eine Ausbildung in der Tätigkeit eines Waffenknechts. Im Vergleich zu anderen Rekruten verinnerlicht er die Lektionen jedoch binnen weniger Tage. Irgendwann erreicht das Heer Philipp von Dahlenburgs die Gebiete der wendischen Heiden. Schon beim ersten Überfall erlebt Stefan die unverhohlene Brutalität des Krieges. Frauen, Kinder und Alte werden schonungslos niedergemetzelt. Er sieht sich infolgedessen in der Verantwortung, zumindest etwas gegen die Gräueltaten zu unternehmen.

Nach etlichen weiteren Attacken auf unbefestigte Bergdörfer der slawischen Einwohner gerät die Truppe des von Dahlenburgs in einen Hinterhalt überlegener feindlicher Kräfte. Zum Rückzug gezwungen, kämpfen sich daraufhin die Überlebenden des einstmals stolzen Heeres durch die verschneiten Wälder einer unberührten Wildnis. Gehetzt, verfolgt und gejagt, verringert sich die Anzahl der Krieger zunehmend. Beim finalen Angriff durch die Sorben wird schließlich der kümmerliche Rest auseinandergetrieben.

Stefan entkommt wie durch ein Wunder schwer verletzt dem Massaker. Nachfolgend irrt er durch die abgeschiedenen Gegenden eines verborgenen Landes. Einige mysteriöse Waldläufer finden ihn und bringen ihn halbtot in ein verstecktes Tal. Zu Füßen des Einzig

Wahren kämpft Stefan in der Folge um sein Überleben. Der Wundbrand ist jedoch in seinem Körper bereits weit fortgeschritten.

In dem Dorf am Schwarzen Berg befindet sich die Mutter der Familie währenddessen noch immer in anderen Umständen. Mittlerweile ist mehr als die doppelte Zeit einer normalen Schwangerschaft vergangen. Geschwächt, entkräftet und kaum mehr in der Lage sich zu bewegen, ist die Frau dem Tode näher als dem Leben. Katharina ist gleichzeitig an den allnächtlichen Misshandlungen durch Hilbert von Dahlenburg innerlich zerbrochen. Sie bittet ihre jüngere Schwester darum, ihr ein Gift zu besorgen, mit dem sie ihr Dasein beenden kann.

Anna kommt dieser Aufforderung nach. Im letzten Augenblick entschließt sich die jüngere Schwester jedoch zu einem anderen Plan. Bei einem unverhofften Ausritt Hilbert von Dahlenburgs vergiftet sie seinen gewürzten Wein. Entgegen ihren Erwartungen trinkt allerdings die Schinderin Frau Fronika aus dem Becher. Kurze Zeit später verstirbt sie an den Folgen des Giftes. Zugleich reitet der von Dahlenburg mit seinen Bütteln aus, um eine Gruppe von Wegelagerern zu bekämpfen.

All dies sind aber nur die unbedeutenden Handlungen niederer Menschen. Parallel zu den Geschehnissen am Schwarzfluss erkennt die Hüterin des Einzig Wahren, dass ihr Ableben und damit das Ende des Heiligtums kurz bevorsteht. Widogard als letztes noch lebendes Mitglied eines Zirkels von magisch begabten Frauen bewahrt das Geheimnis um die Existenz des Weltenbaums seit Jahrhunderten. Mit dem drohenden Erlöschen des Bundes der Hüterinnen steht einer Entdeckung und dadurch die Vernichtung des Einzig Wahren nichts mehr im Wege.

Folglich entwickelt Widogard einen perfiden Plan, wie sich das immer tiefere Vordringen der Siedler und Wenden in die verborgenen Wälder aufhalten lässt. Unterstützt durch ihre magischen Fähigkeiten ist es ihr Anliegen, die Reiche der Menschen in Chaos, Krieg und Verwirrung zu stürzen. Bereits schon siebenhundert Jahre zuvor war es den Hüterinnen auf diese Weise gelungen, die Entdeckung des Einzig Wahren zu verhindern. Damals wurde das Römische Imperium vernichtet. Daraufhin folgte eine Dekade, die man später das dunkle Mittelalter nannte.

ER spürte es tief in den Myriaden seiner grünen Blätter, in den weitverzweigten starken Ästen und in den mächtigen Wurzeln im weiten Erdreich. Abermals war etwas von besonderer Bedeutung in Gang geraten. ER wusste nicht genau, ob es jenes Ereignis war, auf das ER nun schon seit so langer Zeit wartete. Vor allem erschien es IHM so unwahrscheinlich, dass es ausgerechnet in dieser Welt geschehen sollte. Trotzdem fühlte ER die bevorstehende Veränderung in all den winzigen Teilen seines Leibes.

Dass es letztlich irgendwann stattfinden musste, stand für IHN außerhalb jeglicher Diskussion. Allein dies war der Grund seiner Erschaffung. Nur deswegen lebte ER bereits tausend mal tausend Winter in den neun Welten. Eigentlich war das besondere Ereignis für IHN schon längst überfällig. Mehr und mehr spürte ER, wie es mit IHM langsam zu Ende ging. Sollte ER einstmals verwelken, wäre es dann wahrscheinlich aber ohnehin zu spät für jene ersehnte Entwicklung.

Seit jeher war ER davon ausgegangen, dass eine der anderen acht Welten viel eher dazu geeignet war, das besagte Ereignis auszulösen. ER hätte vielmehr Vanaheimr, Ljossalfheim oder gar Asgard selbst als Ausgangspunkt dafür in Betracht gezogen. Dass es jedoch die Schöpfung Midgard war, in welcher es womöglich begann, war sogar für IHN eine überaus große Überraschung gewesen. Im Moment war ER sich allerdings noch nicht einmal sicher, ob es überhaupt dazu kommen könnte. Viel zu chaotisch geschahen Dinge fast gleichzeitig und ohne Kontrolle. Trotzdem musste ER versuchen, irgendwie den Überblick zu behalten.

Dies war letztlich die vorherbestimmte Begebenheit, weswegen IHN der Schöpfer in die neun Welten gepflanzt hatte. Einzig um die Geschehnisse in diese Richtung hin zu beeinflussen, wurde ER erschaffen. Alles was ER in den letzten tausend mal tausend Wintern erreicht hatte, lief auf die Ereignisse hinaus, die sich nun abzuzeichnen drohten. Gerade deswegen bedauerte ER es, dass keine Hüterin mehr in seinem heiligen Tal existierte. Besonders in diesen Zeiten hätte ER eine Vertreterin für sich benötigt.

Sein Wesen, sein Selbst und seine Existenz maßen sich eher in Dekaden denn im schnellen Rhythmus von Tag und Nacht. Aus dem Grund war es für IHN momentan ungemein schwierig, all die Geschehnisse zu verfolgen, die gleichzeitig geschahen. Normalerweise nahm ER sich alle Zeit der Welt, um die Begebenheiten in seinem Interesse zu lenken, zu kontrollieren und zu verändern.

Allerdings war ER sich längst darüber im Klaren, dass etwas in Gang gesetzt wurde, was niemand mehr beeinflussen konnte. Selbst IHM stand es nicht mehr zu, die Dinge noch aufhalten zu können. Sogar wenn ER es gewollt hätte, sah ER sich zu kaum mehr imstande, als zu dem, was sein Schöpfer für ihn vorgesehen hatte.

Obwohl ER sich selbst immer als Weltenlenker, Weltenerschaffer und Weltenzerstörer gesehen hatte, musste ER feststellen, dass ER auch nur ein kleines Teil in diesem weltenumspannenden Spiel war. Seine Aufgaben, Bestimmungen und Aufträge waren schon vor Äonen festgelegt worden. Wenngleich IHM sein Erschaffer nicht mitgeteilt hatte, worum es letztlich genau ging, begriff ER langsam, worauf die Geschehnisse hinausliefen.

Ergeben akzeptierte ER sein Schicksal. Natürlich hätte ER auch probieren können, die Ereignisse in eine andere Richtung zu lenken. Eventuell hätte ER es auch versuchen können, die Begebenheiten gänzlich zu verhindern. Nur was sollte das bringen? Als eines der wenigen Wesen im Universum war IHM genau bekannt, weswegen IHN jemand erschaffen hatte. Die meisten der niederen Wesen suchten ihr Leben lang nach einem Sinn, einem Grund oder einer Erklärung für ihre Existenz. ER im Gegenzug hatte all dies und noch viel mehr von seinem Erschaffer erhalten.

Wahrscheinlich sollte ER deswegen der Schöpfung dafür dankbar sein. Gerade deshalb sah ER es als seine heilige Pflicht an, die einst getätigten Weisungen zu erfüllen. Nur durch IHN würden sich die Dinge so zutragen, wie es von dem Schöpfer ehemals vorausgesagt wurde. Nur seinetwegen würde sich alles so entwickeln, wie es vormals niedergeschrieben stand.

Abgesehen von wenigen kleinen Eingriffen blieb IHM nichts anderes übrig, als der Dinge zu harren, die nun geschahen. Zu einer früheren Zeit hätte ER vielleicht noch einen größeren Einfluss auf die Ereignisse nehmen können. Nunmehr war es an IHM, sowohl auf den alten Plan als auch auf die Menschen, Wanen und Asen zu vertrauen.

Trotz allem bestand auch weiterhin die Gefahr, dass alles scheitern könnte. Wie schon etliche Male zuvor waren auch schon andere vielversprechende Welten, Völker und Kulturen untergegangen. Obwohl es diesmal so aussah, als würde das Ereignis eintreten, war es dennoch nicht sicher. Bereits vorher hatte ER sich in derartigen Einschätzungen geirrt. Sollte es erneut misslingen, wäre wohl das gesamte Werk des Schöpfers ein für alle Mal verloren.

Anna

Die Tage sind in Windeseile vergangen, seitdem die verhasste Hausvorsteherin an der Vergiftung durch Wolfswurz verstorben war. Bis zu diesem Zeitpunkt hatte noch niemand den Verdacht geäußert, dass sie womöglich hinter dem Verbrechen stecken könnte. Mittlerweile waren zu viele Nächte ins Land gezogen, als dass sich daran noch etwas ändern würde, so hoffte sie jedenfalls.

Die übrig gebliebenen Männer waren zum Glück in der Zwischenzeit nicht in der Lage gewesen, weder Rüdiger noch Rutger ausfindig zu machen. Sie hatten sich zwar noch am selben Tag auf den Weg gemacht, um die beiden mutmaßlichen Mörder zu stellen. Allerdings setzten sich die Verfolger nur aus den älteren Dorfbewohnern zusammen, welche kaum die Befähigung besaßen, jungen, agilen und schnell flüchtenden Burschen nachzustellen.

Die Hetzjagd nach den beiden Küchengehilfen stellte sich daraufhin zwangsläufig von selbst ein. Bereits wenige Tage später schien sich niemand mehr weiter für die Ereignisse rund um den Tod von Frau Fronika zu interessieren. Die Geschehnisse waren allzu symptomatisch für die Probleme des Dorfes. Allerdings war Anna zu dem Zeitpunkt viel zu sehr mit ihren eigenen Angelegenheiten beschäftigt gewesen. Sie begriff zu jener Zeit noch nicht die volle Tragweite der Begebenheiten und der vorstellbaren Entwicklungen.

Sowohl der Zustand ihrer Schwester als auch der ihrer Mutter verschlechterten sich jede verstreichende Nacht zunehmend. Ununterbrochen pendelte Anna zwischen den beiden Nachtlagern ihrer Verwandten hin und her, um Trost zu spenden. Wo immer es ihr möglich war, half sie der Hebamme Frau Esslin bei ihrer Arbeit. Wasser holen, Feuer machen und Aufgüsse zubereiten waren dabei nur einige der Dinge, die sie für die Heilkundige erledigte.

Diese hatte sich nach wie vor noch nicht direkt zu den Vorkommnissen des verhängnisvollen Morgens geäußert. Auf der einen Seite war Anna darüber überaus froh. Sie machte sich selbst schon genug Vorwürfe, als dass sie beabsichtigte, dieselben auch noch von Frau Esslin zu hören. Letztlich hatte sie sich selbst die Todsünde eines feigen Giftmordes auf ihre Seele geladen.

Auf der anderen Seite gab ihr die Heilerin unterbewusst zu verstehen, dass sie Anna allein für den Tod von Frau Fronika verantwortlich machte. Zumindest bildete Anna sich das so ein. Gleichwohl schien Frau Esslin deshalb die Sache nicht so einfach auf sich beruhen zu lassen. Obwohl sie den Wolfswurz eigentlich von der Kräuterfrau bekommen hatte, schob diese jegliche Mitschuld weit von sich. Noch wusste sie nicht, ob die Heilkundlerin deswegen etwas plante. Diese Bedrohung schwebte wie ein Damoklesschwert über ihr.

Die Tage, an denen Anna ihre beiden nächsten Familienangehörigen versorgte, flogen indes wie im Rausch an ihr vorbei. Wie selbstverständlich kümmerte sie sich zudem um das Haus des Schultheißen. Da sie nunmehr so gut wie allein mit ihrer Schwester in dem riesigen Gebäude lebte, erhielt sie plötzlich Zugriff auf die üppigen Vorratskammern des abwesenden Hausherrn. Vollkommen unverhofft kam es ihr fast vor, als würde das prächtige Herrenhaus allein ihnen gehören.

Einzig Berbelin tauchte ständig in der Küche auf. Das Mädchen, welches gut zwei Sommer jünger als Anna war, verstand nicht, dass für sie im Moment keine Verwendung im Herrenhaus bestand. Daher hielt sie sich beinahe ununterbrochen in der Nähe des zweistöckigen Gebäudes auf. Erst nachdem Anna die Küchenhilfe energisch angegangen war, erfuhr sie von ihr, dass Berbelin ein Waisenkind war, das praktisch im Haus des Schultheißen sein Dasein fristete. Als elternloses Kind gehörte sie de facto zum Besitz des Adligen.

Obwohl sie ähnlich wie Anna gelegentlich im Oberboden der Scheune schlief, dort aß und sich wusch, lebte sie einzig in den zum Teil beheizten Räumen des Haupthauses. Zudem hatte Frau Fronika sie bereits seit fünf Wintern unter ihre Fittiche genommen. Da das Mädchen immer nur Anweisungen von der alten gemeinen Vettel bekommen hatte, entpuppte es sich als vergleichsweise unselbstständig. Für Berbelin war es undenkbar, dass es im Moment nichts für sie zu tun gab. Freizeit kannte sie nicht. Bis zu dem Zeitpunkt hatte ihr stets irgendwer gesagt, was es zu erledigen galt.

Das Mägdelein brannte förmlich darauf, dass ihm jemand sagte, was es machen konnte. Aus dem Grund fand sich Anna relativ schnell in der Position wieder, eine Küchenhilfe unter sich zu wissen. Bereitwillig übernahm Berbelin im Gegenzug einen Teil der Aufgaben Annas. Sie begann zum Beispiel damit, Katharina zu versorgen und sie abzulenken, wenn Anna andere Dinge zu erledigen hatte. Schon nach kurzer Zeit war Anna dankbar für die Anwesenheit des Dienstmädchens.

In der Zwischenzeit verschlimmerte sich der Zustand der Mutter immer mehr. Anna hatte zuerst angenommen, dass die ältere Frau bereits am Ende ihrer Kräfte angelangt wäre. Die Schwangerschaft zog sich jedoch noch weiter in die Länge. Mittlerweile zeigte es sich, dass die arme Frau gar nicht mehr in der Lage war, sich zu bewegen, geschweige denn aufzustehen. Zudem lag sie seit zwei Tagen in einem extrem unruhigen Schlaf nieder. Es war, als wäre die Schwangere nur noch körperlich auf dieser Welt.

Anna glaubte inzwischen, dass ihre Mutter nie mehr in der Lage sein würde, wieder aufzuwachen. Frau Esslin gab sich indes jede nur erdenkliche Mühe, um die hochschwangere Frau am Leben zu halten. Trotz allem hatte ihr die Kräuterfrau beim letzten Besuch zu verstehen gegeben, dass sie kaum mehr Hoffnung besaß. Ihre Mutter war dem Tod näher als dem irdischen Dasein. Es grenzte demnach schon an ein Wunder, die Schwangerschaft noch länger zu überstehen.

Umso überraschender war es demnach, dass es dem Kind anscheinend wunderbar erging. Soweit es der Hebamme möglich war zu sagen, entwickelte sich das ungeborene Leben prächtig. Dem Säugling schien es keine Probleme zu bereiten, dass die Mutter derart schwach war. Zudem wirkte es so, als ob es dem Kind nichts ausmachte, dass die Frau, welches es austrug, nicht mehr in der Lage war, richtig aufzuwachen. Wahrscheinlich lag dies aber auch nur daran, dass die Mutter permanent durch Frau Esslin und Anna ernährt wurde.

Anna hatte in der Vorratskammer des Herrenhauses sämtliche Reserven von Honig und Sirup für sich beschlagnahmt. Das süße Produkt der Waldbienen verdünnten sie mit ein wenig Milch und träufelte es in den Mund der Hochschwangeren. Dadurch hofften sie, die Frau so lange am Leben zu halten, damit das Ungeborene die Chance erhielt, das Licht der Welt zu erblicken. Wenigstens das kleine Würmchen sollte die Strapazen überleben.

Im Gegensatz zu ihrer Mutter ging es Katharina jedoch Tag für Tag besser. Seitdem der Schultheiß sie nicht mehr jeden Abend im Bett misshandelte, erholte sich die Ältere der beiden Schwestern zusehends. Nach zehn Nächten erlebte Anna ihre Verwandte sogar dabei, wie sie sich eines Morgens freiwillig selbst wusch und frisch machte. In Windeseile besorgte sie ihrer Anverwandten einen gesplissten Weidenzweig, mit dem sie sich die Zähne reinigen konnte.

Kurioserweise schien sich zuerst niemand für die Vorgänge im Haus des Schultheißen zu interessieren. Das gesamte Dorf am Schwarzen Berg ging zwar dem gewohnten Gang nach, allerdings klammerten die Einwohner das Herrenhaus vollkommen aus. Vor dem Tod von Frau Fronika hatte sich ständig mindestens eine zusätzliche Köchin in dem Gebäude befunden. Diese Aushilfen wechselten jedoch stets. Selbst Frau Agnise, die Freundin der Verstorbenen und vorher regelmäßiger Gast im Haupthaus, ließ sich in den Tagen nach dem Tod der alten Hausvorsteherin nicht mehr blicken. Es war, als hätten alle zusammen vergessen, dass Katharina und sie überhaupt existierten.

Aus dem Grund blieb Anna keine Alternative, als sich persönlich um die Mahlzeiten zu kümmern. Neben ihrer Schwester, die immer mehr und besser zu essen begann, bekochte sie ebenso das Mädchen Berbelin und sich selbst. Niemand im Dorf schien sich daran zu stören, dass Rauch aus dem Schornstein aufstieg und Gerüche von Nahrungsmitteln über dem Dorfanger schwebten. Gelegentlich warf ihnen jemand einen scheelen Blick im Vorbeigehen zu. Wirklich angesprochen hatte sie in der gesamten Zeit über keine einzige Person mit Ausnahme von Frau Esslin und Berbelin.

Tatsächlich fand Anna zum Beispiel fünf Tage nach dem Aufbruch des Schultheißen einen Korb mit Eiern und ein Gefäß mit Milch auf der Schwelle zur Eingangstür vor. Während ihrer Zeit als Küchenhilfe hatte sie mehrfach die Abgaben der Siedler ins Haus getragen. Es erweckte für sie den Anschein, dass es den Leuten egal war, ob der

Schultheiß sich außer Haus befand oder dass Frau Fronika das Zeitliche gesegnet hatte. Sie entrichteten ihre Zwangsabgaben an den Dorfvorsteher, wie sie es immer erledigt hatten.

Das führte für Katharina, Anna und Berbelin zu der angenehmen Situation, dass sie mehr als genug zum Essen besaßen. Jede Menge Mehl, Käse und Fisch sorgten dafür, dass die drei Mädchen so gut aßen wie schon lange nicht mehr. Anna fragte sich jedoch, wie lange sich dieses Spiel noch hinziehen würde. Ewig konnten die Bewohner des Dorfes am Schwarzen Berg nicht ignorieren, dass in dem Haus des Schultheißen praktisch keiner mehr wohnte.

Nach der sechzehnten Nacht des Alleinseins verließ Katharina sogar freiwillig ihr Zimmer. Sie wanderte in dem Haus umher und benahm sich wie vor der Zwangsehe mit Hilbert von Dahlenburg. In der Küche trafen sich die beiden Schwestern vollkommen überraschend.

»Oh, Katharina! Es ist so schön, dass du dich endlich entschlossen hast, deine Kammer zu verlassen«, begrüßte sie Anna.

»Schwester, den bissigen Unterton kannst du dir sehr gern sparen«, entgegnete Katharina stattdessen barsch.

Ungeachtet dessen begann sie von sich aus, das Gespräch mit ihrer jüngeren Anverwandten zu suchen. Anna fiel dabei auf, dass ihre Schwester wesentlich besser aussah als in der gesamten Zeit zuvor. Beinahe wirkte sie wie die Person, mit der Anna aufgewachsen war.

»Es ist seltsam und kaum in Worte zu fassen. Ich fühle mich, als schwebe ich in der Luft. Die ersten Tage, nachdem er fortgeritten war, hielt ich an dem Entschluss fest, mir das Leben zu nehmen. Als ich allerdings heute Morgen erwachte, beschloss ich für mich, dass es dieses Scheusal nicht wert ist, für ihn in die ewige Verdammnis zu gehen. Also versuche ich damit auszukommen, dass ich mit einem ausgesprochenen Unmenschen verheiratet bin«, verkündete Katharina mit erstaunlich fester Stimme.

Da sie nach wie vor allein in der großen Küche standen, suchte Anna direkt das Gespräch mit ihrer Schwester. Vor allem hatte sie vor, den guten Zustand ihrer Verwandten auszunutzen. Lieber wollte sie diese schmerzhafte Sache gleich klären, als dass es irgendwann zu spät sein könnte.

»Es freut mich, dass du wieder frischen Lebensmut gefasst hast.« Anna sah ihre Schwester direkt an. »Allerdings muss ich dir etwas gestehen.«

Irritiert zog Katharina daraufhin ihre rechte Augenbraue hoch. Kurz überlegte Anna, ob ihre Schwester nach dem Gespräch nicht wieder in ihren melancholischen und lebensmüden Zustand zurückfallen würde. Sie musste aber unbedingt mit ihr reden.

»Katharina, du musst etwas wissen: Es geht Mutter nicht besonders gut. Ich glaube, es wäre besser, wenn du sie so schnell wie möglich besuchen gehst. Ich bringe dich dann gleich zu der Heilerin. Unsere Mutter liegt in ihrer Hütte zur Pflege.«

Tatsächlich schien die ältere Schwester wie ausgewechselt. Nach den langen Monden der Lethargie war es fast so, als wenn Katharina aus einem endlosen Albtraum aufwachte.

»Du hast recht. Mutter habe ich beinahe vergessen. Ich muss unbedingt sofort zu ihr«, stellte die ältere Schwester augenblicklich fest.

Die beiden verließen das Herrenhaus und begaben sich durch das Dorf zur Hütte der Kräuterfrau. Während des kurzen Weges richtete Katharina erneut das Wort an ihre jüngere Schwester.

»Ich weiß nicht, was ich denken soll. Alles kommt mir so weggerückt vor. Bis vor ein paar Tagen hatte ich praktisch kein eigenes Leben mehr. Eingesperrt in meiner Kammer verliefen die Tage grau, trist und hoffnungslos. Seitdem aber alle verschwunden sind, lebe ich wie in einer Art Schwebezustand. Kein Mensch interessiert sich dafür, was ich mache oder eben nicht mache. Wenn Mutter nicht wäre, würde ich augenblicklich versuchen wegzulaufen.«

Zustimmend nickte Anna. Auch sie hatte ähnlichen Gedanken nachgejagt. Gleichwohl würde sie niemals Mutter allein in diesem Dorf zurücklassen.

»Ich weiß, was du meinst. Uns scheint niemand mehr auch nur die geringste Beachtung zu schenken. Vielleicht warten aber nur alle die Rückkehr des Schultheißen ab.«

Bevor sie das Thema weiter vertiefen konnten, hatten sie das Haus von Frau Esslin erreicht. Katharina blieb im Eingangsbereich jedoch abrupt stehen. Irritiert sah Anna ihre Schwester an. Sie begriff nicht, weshalb die Ältere zögerte. Katharina holte tief Luft. Schließlich traten sie doch ein. Die Situation war unverändert. Ihre Mutter lag ohne Bewusstsein mit einem gigantisch gewölbten Bauch auf dem Bett, während die Heilerin strickend auf einem Stuhl vor dem Kamin saß.

Abermals ließ Anna den Blick zu ihrer Schwester und dann durch die Hütte gleiten. Das Holz der Wände, der Decke und der Möbel hatte bereits eine dunkle Färbung angenommen. Das Feuer zog durch die kleine Esse nur sehr schlecht ab. Wegen des kalten Wetters waren zudem die Fenster mit Stroh und Brettern abgedichtet. Deswegen stand der Rauch beständig in dem Zimmer. Allerdings war es hier drin warm, und nur das zählte.

Ringsherum befanden sich sowohl schiefe Tische als auch schmale Regale, die mit allerlei kleinen Fläschchen, Döschen und Beuteln übersäht waren. Eine große und wuchtige Truhe, die allem Anschein nach mit aus der Heimat hierhergekommen war, dominierte die Mitte des Raumes. Ihre Mutter sah unglaublich schlecht aus. Das tat sie aber bereits schon seit sehr langer Zeit. Anna glaubte, dass es in einem anderen Leben gewesen sein musste, als sie alle glücklich und gesund auf dem Bauernhof gelebt hatten.

Tränen standen in dem Augenblick in Katharinas Augen. Anna glaubte sogar, ein Schwanken wahrnehmen zu können. Kurz hatte sie die Befürchtung, dass ihre Schwester zusammenbrechen könnte. All die Schicksalsschläge waren vielleicht zu viel. Sie trat an Katharinas

Seite, um ihre Hand zu ergreifen. Mit einem leichten Druck, einem matten Lächeln im Gesicht und einem aufmunternden Nicken versuchte Anna, ihre Schwester aus ihrer Schockstarre zu befreien.

Tatsächlich kehrte nach kurzer Zeit das Leben in Katharinas Augen zurück. Das Kinn nach vorn gereckt, nahm sich die Ältere der Bettlägerigen an. Nachdem sich die Schwestern einige Zeit um ihre Mutter gekümmert hatten, verabschiedeten sie sich von der freundlichen Heilkundigen und begaben sich zurück ins Gebäude des Schultheißen. Zwischenzeitlich ertappte sich Anna dabei, wie sie das Herrenhaus als ›ihr Haus‹ bezeichnete. Alles kam ihr in dieser Zeit so irreal vor.

Tief hängende Wolken, der mit einer dünnen Schneedecke überzogene gefrorene Boden des Dorfangers und ein schneidender Wind begleiteten sie durch das nahezu menschenleere Dorf. Wenn nicht aus beinahe jedem Schornstein Rauch aufgestiegen wäre, hätte man annehmen können, dass die Siedlung verlassen sei.

Als sie jedoch wieder am Herrenhaus ankamen, stand bereits einer der Bewohner des Dorfes davor, ganz als würde er auf irgendetwas warten. Sollte sich nun doch einer der Einwohner der Ansiedlung am Schwarzen Berg für sie interessieren? Anna fragte sich, ob das etwas Leidvolles zu bedeuten hätte. Am Ende war womöglich Hilbert von Dahlenburg zurückgekehrt, durchzog es panikartig ihre Überlegungen. Bisher hatte sich Anna noch gar keine Gedanken für diesen schlimmsten aller Fälle gemacht. Sie wusste schlichtweg nicht, was sie dann machen sollte. Katharinas Hand, die sich schmerzhaft in ihren Oberarm grub, bewies ihr, dass die Schwester in ganz ähnlichen Bahnen dachte. Auch sie hatte unglaubliche Furcht vor der Rückkehr des brutalen Unholds. Die gerade zurückgewonnene Freiheit würde sich binnen eines Augenblicks in Nichts auflösen. Trotzdem war ihnen beiden klar, dass sie mit dem Mann reden mussten.

In dem Moment, als Anna und Katharina auf den Bauer zutraten, um ihn zu fragen, was sie für ihn tun könnten, kam dieser entgegen ihrer Befürchtungen freudestrahlend auf sie zu. Dabei riss er seine Kappe vom Kopf und versuchte sich gar in einer leichten Verbeugung. Was hatte dies zu bedeuten? Bevor Anna auch nur die Chance erhielt, das Wort an den älteren Ackersmann zu richten, fing dieser von sich aus mit einer Erklärung an.

»Es tut mir leid, dass ich gezwungen bin, die werte Frau zu stören. Allerdings weiß ich nicht, an wen ich mich sonst wenden kann. Es ist … ich habe ein Problem.«

Die Schwestern zeigten sie sich daraufhin überrascht und erleichtert. Katharina ergriff das Wort.

»Es tut mir leid, aber ich weiß nicht genau, was ich für Euch tun kann. Zumal ich noch nicht einmal weiß, wer Ihr überhaupt seid.«

»Mein Name ist Clement, werte Frau Schultheiß. Da sich momentan weder der gütige Herr Hilbert von Dahlenburg noch einer seiner Stellvertreter im Dorf aufhält, wissen wir Bewohner nicht, an wen wir uns derzeit zu wenden haben. Es scheint, als ob im Augenblick niemand das Sagen habe«, erklärte der Landwirt die Anfrage.

In dem Moment verstand Anna das seltsame Verhalten des älteren Dorfbewohners. Hilbert von Dahlenburg war ein sehr herrischer und gebieterischer Dorfvorsteher, der seine ›Untertanen‹ mit eiserner Hand führte. Wahrscheinlich war es den wenigsten Siedlern vergönnt gewesen, sonderlich viele Entscheidungen selbst zu treffen. Nunmehr, da der Schultheiß und seine Büttel das Dorf verlassen hatten, wussten die Leute gar nicht, wie sie sich verhalten sollten.

»Was steht in unserer Macht, für Euch zu tun, werter Meister Clement?«, ergriff Anna das Wort.

Kurz räusperte sich der ältere Siedler. Anscheinend fühlte er sich unwohl in seiner Haut. Seine Kappe drehte er verlegen in den Händen hin und her, während er versuchte, die geeigneten Worte zu finden.

Zugleich zuckten seine Augen unruhig umher. Augenscheinlich fürchtete sich der Mann viel mehr vor ihnen als sie zuvor vor ihm.

»Ich kann es Euch nicht richtig beschreiben. Ich bitte Euch stattdessen, mir nur zu folgen. Vor Ort wäre es mir wesentlich einfacher, Euch das Problem genauer darzulegen und zu zeigen«, bat Clement die zwei Schwestern.

Kurz blickten beide sich an. In stillem Einvernehmen willigten sie in die Bitte ein. Neugierig folgten sie dem kauzigen alten Mann in Richtung des Dorfrandes. Wie es schien, bewohnte Herr Clement eines der äußersten Häuser der Besiedlung am Schwarzen Berg.

Vor Ort angekommen, befand sich bereits eine Menschentraube wild gestikulierend in der Nähe der Schwarzwasser. Der ältere Landwirt lotste sie zu der seltsamen Versammlung. Im Näherkommen vernahm Anna zunehmend ein Streitgespräch, welches sich anscheinend zwischen zwei Gruppen von Siedlern entwickelt hatte.

»Es ist doch klipp und klar festgelegt, dass uns diese Seite des Flusses gehört! Ich weiß gar nicht, was es da noch zu streiten gibt?«, brauste eine ältere, energisch gestikulierende Frau mit dunkelbraunen Haaren auf.

»Aber das war doch, bevor sich der Flusslauf verändert hat. Ihr könnt die Reusen nicht einfach zu eurem Besitz erklären. Das lass ich nicht zu! Wo kommen wir hin, wenn jede dahergelaufene Person mir meine Fangnetze stehlen darf?«, hielt eine weitere, nicht minder ältere Frau mit blondem Haarschopf dagegen.

Hinter den beiden streitenden Frauen hatten sich schon jede Menge Kinder und ältere Männer versammelt. In zwei Lager gespalten, standen sie sich wie verfeindete Clans gegenüber. Dabei stießen sie gegenseitig wilde Drohgebärden aus.

»Das auf der linken Seite ist meine geliebte Mathilda. Die Frau rechts ist unsere Nachbarin Alheit«, erklärte der Siedler leise flüsternd. »Die Menschen dahinter sind jeweils unsere Familienmitglieder, Knechte und Freunde.«

Um die Lage besser zu erfassen, hörten Anna und Katharina den beiden Matriarchinnen beim Streiten zu. Der Mann wurde derweil noch nervöser. Anna glaubte sogar, dass er vorhatte, sich hinten ihnen zu verstecken.

»Ach herrje, ich glaube, wir sind schon fast zu spät. Wenn meine Frau beginnt, in dem Tonfall zu sprechen, lässt sie sich kaum wieder beruhigen«, ließ Herr Clement das Schlimmste befürchten.

Anna überlegte fieberhaft, was das alles hier zu bedeuten hatte. Sie verstand noch nicht, warum Herr Clement sie zu diesem Streit dazugeholt hatte. Dass sich Siedler über Land, Schollen und Grenzen stritten, fand nahezu täglich in einer neuen Siedlung statt. Deswegen war aber noch nie zuvor jemand aus dem Dorf bei ihnen erschienen.

In dem Moment fuhr Frau Mathilda ihren Mann erbost an. »Was hast du jetzt schon wieder angestellt? Wieso belästigst du die Ehefrau des Schultheißen mit unseren Problemen? Was soll das Ganze? Glaubst du etwa, ich komm mit dem diebischen Gesindel da drüben nicht selbst zurecht?«

Kleinlaut zog sich daraufhin Herr Clement gänzlich hinter Katharina und Anna zurück. Innerlich musste Anna über das untertänige Verhalten des Mannes schmunzeln. Frau Alheit schälte sich währenddessen aus der Gruppe von Menschen heraus und richtete das Wort an Katharina.

»Liebe Frau von Dahlenburg, es tut uns leid, dass dieser Hornochse die Unverfrorenheit besessen hat, Euch mit unseren Problemen zu belästigen. Bitte ignoriert den alten Esel und kehrt in Eure warme Stube zurück. Wir halten hier nur einen kleinen Gedankenaustausch ab, der sich mit Gewissheit gleich in Wohlgefallen auflöst. Sobald Mathilda erkennt, dass es unsere Reusen sind, kehren wir alle in unsere Häuser heim.«

Belustigt schmunzelte nun auch Katharina über die Diskussion, deren Zeuge sie war. Anna traten hingegen die Augen aus dem Kopf. Seit der Heirat war es das erste Mal, dass jemand ihre Schwester als

›Frau von Dahlenburg‹ bezeichnet hatte. Genau genommen kam ihr erst in dem Moment zu vollem Bewusstsein, dass Katharina nunmehr selbst eine niedere Adlige war. Bis zu diesem Zeitpunkt hatte sie kein einziges Mal über die Konsequenzen der Eheschließung nachgedacht.

Gleichfalls überraschte es die ehemalige Bauerntochter, dass die Bewohner des Dorfes in einem derart unterwürfigen Ton mit ihrer Schwester sprachen. Bis heute hatte sie angenommen, dass keine Person in der Siedlung auch nur ansatzweise freundliche Empfindungen ihnen gegenüber hegte. Das soeben verfolgte Gespräch überzeugte sie jedoch vom Gegenteil. Die Menschen waren nicht nur entgegenkommend, sie zeigten sogar Ehrfurcht, Hochachtung und Gehorsamkeit. Bevor sie allerdings in der Lage war, den Gedanken weiter zu verfolgen, ergriff ihre Schwester das Wort.

»Jetzt bin ich nun einmal hier. Es wäre mir eine Freude zu erfahren, warum Meister Clement mich hierher geholt hat. Mit anderen Worten: Was ist der Anlass eures Streites?«

Frau Mathilda trat als erste nach vorn, um sich zu erklären. In einfachen Worten berichtete sie, dass sich nach dem letzten Herbstgewitter das Flussbett verändert hatte. Statt die Halbinsel auf der einen Seite zu umfließen, strömte die Schwarzwasser nunmehr am gegenüberliegenden Ufer vorbei. Da die beiden Siedlerfamilien jedoch die Flussmitte als Grenze ihrer Besitzungen ausgemacht hatten, fielen die Fischreusen auf der Halbinsel nun ihrer Familie zu.

Frau Mathilda sah es offensichtlich nicht ein, ihr neu gewonnenes Eigentum bereitwillig an die vorherigen Bewirtschafter zurückzugeben, zumal der Wortlaut der Vereinbarung aus ihrer Sicht klar niedergeschrieben stand. Das Recht der Benutzung der Fischfallen hatte sich durch die Verschiebung des Flussbettes verändert – Flussufer war nun einmal Flussufer.

Das akzeptierten Frau Alheit und ihre Familie jedoch in keiner Weise. Anna erkannte, dass es aus dieser verfahrenen Situation kaum eine Lösung gab. Zudem irritierte es sie, dass es Herr Clement war, der sie zu dem Streit hinzugeholt hatte. Er war doch der Nutznießer der Flussverschiebung. Warum hatte ausgerechnet er Hilfe im Herrenhaus gesucht? Gerade seine Sippe sollte glücklich über die Fügung des Schicksals sein. Doch schon brachte Herr Clement selbst Licht ins Dunkel.

»Ich will doch gar nicht die vermaledeiten Fische! Meine Frau benötigt die stinkenden Dinger ebenso wenig. Allerdings hat Frau Alheit meiner Mathilda beim Frühlingsfest den letzten Platz an der Tafel des Schultheißen weggeschnappt. Seitdem können sie sich nicht mehr ausstehen.«

Verletzter Stolz war also der wahrhaftige Beweggrund des Streits. Letztlich ging es um einen privaten Zwist zwischen den beiden Matronen.

»Warum teilt ihr euch die vorhandenen Reusen nicht einfach?«, wollte Katharina von den Beteiligten erfahren.

Doch dies schien nicht so ohne Weiteres möglich, wie sie sogleich erfahren sollte. Die Abgaben an den Schultheißen gestalteten sich demnach als derart hoch, dass sich eine Bewirtschaftung mit der Hälfte der Fischfallen schlichtweg nicht lohnte. Die nötige Arbeitszeit wäre unter dem Strich auf dem Feld viel besser aufgehoben.

In dem Moment gingen vollkommen unvermittelt zwei der Jugendlichen aus den beiden Familien aufeinander los. Innerhalb weniger Augenblicke entwickelte sich der verbale Streit zu einer ausgemachten Rauferei zwischen zwei Sippen. Ohnmächtig mussten die Schwestern dem wilden Treiben zusehen. Selbst Frau Alheit und Frau Mathilda schrien sich erneut gegenseitig an. Einzig ihre jeweiligen Ehemänner standen belämmert im Abseits. Keiner von beiden wusste, wie er mit der Situation umzugehen hatte.

Auch Anna blickte verständnislos auf die Geschehnisse, die sich vor ihren Augen abspielten. Sie fühlte sich, als wäre sie vom Regen in die Traufe gekommen. Als jedoch das vollkommen Unvorhersehbare eintrat, musste sie sich die Augen reiben, um es wahrhaben zu wollen. Ungläubig versuchte sie, die Welt zu verstehen.

Kuntz von Misena

Die unsäglichen Geschehnisse der letzten Monde raubten dem erfahrenen Burgvogt der Feste auf dem Berg zu Misena jeglichen Schlaf. Dazu ließen ihn die Schmerzen in seinen Gliedern auch nachts nicht zur Ruhe kommen und erinnerten ihn permanent daran, wie alt er mittlerweile war. Früher hatte er sich wenigstens des Nachts so gut wie ohne Beschwerden ausruhen können. Im Laufe der Zeit war es jedoch immer schlimmer geworden. Jeden Morgen, wenn er sich verkrampft und müder als am Abend zuvor aus dem Bett quälte, kam es ihm vor, als wären sämtliche seiner Gelenke steif.

Er wachte schon seit annähernd fünfunddreißig Wintern auf der östlichsten Festung des Reiches über diese Grenzmark. Seit fünfundzwanzig Wintern oblag es gar seiner Verantwortung, die Burganlage am Laufen zu halten. Seines Wissens hatte es bisher noch nie zuvor einen Burgvogt gegeben, der in Misena so lange in Amt und Würden stand wie er.

Es war seit jeher ein unruhiger Ort gewesen, den er sich für sein Leben herausgesucht hatte. Inmitten von kriegerischen Wenden, heimtückischen Barbaren und nahezu undurchdringlichen Urwäldern war die Burg Misena ein Fels im Meer der Ungläubigen. Es verging kein Herbst, in dem nicht irgendein Stamm der verfluchten Heiden versuchte, die umgebenden Ländereien der Festung zu überfallen und zu plündern. Es waren jedoch weniger die regelmäßigen Waffengänge gegen die Völker im Osten, welche den Großteil seiner Probleme ausmachten. Vielmehr sah sich Kuntz mit den ständig verändernden Machtverhältnissen im Reich überfordert.

Streng genommen war Egbert II. als Marktgraf und Stammhalter des Geschlechts der Brunonen sein eigentlicher Lehnsherr. Die Konflikte mit dem König, die Sachsenkriege und die Intrigen am fernen Königshof sorgten jedoch für andauernd wechselnde Besitzverhältnisse. Je nachdem, welche Macht König Heinrich der Vierte seines Namens innehatte, schwand oder stieg der Einfluss der Brunonen auf die Politik im Reich. Im Gegensatz zu den Erblanden in den alten Gebieten wurden die Grenzmarken noch durch den König belehnt.

Schließlich war es sogar dazu gekommen, dass sich Egbert II. gezwungen sah, seinen Titel als Marktgraf an den König zurückzugeben. Dieser hatte nichts Besseres zu tun, als den böhmischen König Vratislav II. mit der Mark Misena zu belehnen. Der Böhme zeigte allerdings wenig Interesse an der Grenzmark im wendischen Feindesland. Viel zu teuer war der ständige Nachschub an Truppen und Material, als dass der böhmische Herrscher sonderliches Verlangen verspürte, sich mit den unwirtlichen Gegenden an der Elbe zu befassen. Zudem war der Fluss die einzige direkte Verbindung zwischen den beiden Gebieten. Leider hielten die wendischen Stämme flussaufwärts noch immer die wichtigsten Furten, als dass an einen regelmäßigen Schiffsverkehr zu denken wäre.

Als Burgvogt oblag es ihm, mit den anderen Vogteien die Verteidigung zu organisieren. Mehr schlecht als recht schafften sie es mit den begrenzten Mitteln, der heidnischen Übermacht standzuhalten. Kuntz war es einzig möglich, die direkte Umgebung der Wehrburgen vor etwaigen Angriffen zu schützen. Schon wenige Meilen außerhalb der Burgmauern endeten sein Einflussgebiet und seine Macht.

Im Prinzip war das gesamte Verwaltungsgebiet der Mark Misena maximal noch auf dem Papier einiger alter Karten existent. Nur hinter den dicken Mauern einer Handvoll Verteidigungsanlagen bestand weiterhin das Reich mit seinen Rechten und Gesetzen. Selbst die Besuche von Wiprecht von Groitzsch brachten nur eine mäßige Entlastung von den Milzenern. Wiprecht war zu sehr mit seinen eigenen Lehen und den Kämpfen mit den Daleminzern beschäftigt, als dass er in der Lage war, in der Mark Misena auszuhelfen.

Kaum mehr als zwanzig Meilen flussaufwärts befand sich eines der größten Gaue der Wenden. Im Gau Nisan lagen weit über zwei Dutzend kleinere Siedlungen, Dörfer und Weiler. Ein großes Heiligtum beim sogenannten Flecken Mockritz lockte all sommerlich hunderte der Heiden an. Kuntz wäre sehr gern in der Position gewesen, entschieden gegen die Wenden vorzugehen. Ohne eine Unterstützung aus dem Reich war dies jedoch nur schwerlich zu bewerkstelligen und blieb reines Wunschdenken.

Seit ungefähr zwölf Monden hatte das Lehen über die Grenzmark erneut gewechselt. Zum zweiten Mal waren die Länder entlang der Elbe in den Besitz der Familie der Brunonen gegangen. Die Sachsen schienen sich endlich mit dem König verständigt zu haben. Allerdings hatte es eine ganze Weile gedauert, bis Egbert sich überhaupt per Bote in dem Thronsaal auf dem Burgberg meldete. Bis heute war er jedoch noch nicht wieder persönlich erschienen, um seinen Anspruch auf die Mark ein für alle Mal und eigenhändig zu erneuern. An der ausweglosen Gesamtsituation hatte sich bisher noch gar nichts geändert.

Mühevoll schleppte sich Kuntz nach dem Aufstehen durch die langen Gänge der großen Burganlage. Bewegung war bis dato noch immer das beste Heilmittel gewesen, um die Steifheit aus seinen Gliedern zu vertreiben. Er konnte es sich schlichtweg nicht leisten, durch Krankheit auszufallen. Es gab niemanden, der in der Lage gewesen wäre, in seine Fußstapfen treten zu können. Manchmal glaubte er, dass einzig durch ihn das Recht des Königs noch hochgehalten wurde.

In seiner privaten Amtsstube wartete indes erneut eine Vertreterin der Benediktinerinnen auf ein Gespräch unter vier Augen. Sein Lehnsherr hatte den Nonnen schon vor etlichen Wintern die Errichtung eines richtigen Klosters versprochen. Die angespannte und komplizierte politische Lage verzögerte seitdem jedoch den Baubeginn nachhaltig.

Dies hinderte die Ordensfrauen allerdings kaum daran, einmal während eines Mondzyklus bei ihm vorzusprechen.

»Einen wunderschönen guten Morgen, Mutter Apollonia. Es tut mir leid, aber ich kann Euch immer noch keine neue Nachricht übermitteln«, versuchte der Burgvogt, von vornherein das Gespräch abzuwürgen.

»Keine Sorge, verehrter Kuntz. Diesmal bin ich nicht wegen des Klosterbaus hier«, nahm ihm die Mutter Oberin schon am Anfang den Wind aus den Segeln.

»Was kann ich denn dann für Eure Schwesternschaft tun?«

Oberschwester Apollonia versah den Burgherren für einen Moment mit einem missbilligenden Blick. Augenscheinlich hatte er einen zu sarkastischen Ton gewählt. Nach einigen Herzschlägen des Schweigens führte die Mutter Oberin den Grund des Besuches weiter aus, ohne auf den vorherigen flapsigen Ton einzugehen.

»Eigentlich habt Ihr ja Recht. Der Umstand tut mir leid, dass ich Euch immer mit dem Thema Klosterbau belästige. Doch wie Ihr wisst, hat uns Euer Lehnsherr versprochen, ein großes Gebäude samt Nebengelassen zu errichten. Wir verbringen nun schon den fünften Sommer in den provisorischen Baracken und Hütten. Wir sind zwar Nonnen, welche nach den Regeln des heiligen Benedikt leben. Ein echtes Refektorium, ein Klosterkapitel und eine steinerne Klosterkirche wären dennoch eine wahre Bereicherung unseres Klosterlebens.«

Die Aussage unterstrich die Frau mit dem Anheben ihres Zeigefingers. Nach einem kurzen Moment des Innehaltens fuhr sie in ihrer Ausführung fort.

»Doch deswegen bin ich heute nicht bei Euch, wie ich schon erwähnt habe. Ich bin einzig wegen der Milzener zu Euch gekommen. Ihr müsst endlich etwas gegen die barbarischen Heiden unternehmen. Wir sind nur ein paar arme Nonnen, die ein gottgefälliges Leben führen. Aufgrund dessen haben wir weder die bischöfliche Erlaubnis noch die Fähigkeiten zum Missionieren. Gelegentlich erhalten wir die

Möglichkeit, einige der jüngeren Heidinnen für Jesus Christus und unser Kloster zu begeistern. Allerdings kommen nach wenigen Monden die Angehörigen der Mädchen und entführen diese gewaltsam sowohl aus unserer Obhut als auch aus den Händen Jesu. Das ist nicht rechtens.«

»Es tut mir leid, davon zu hören, werte Mutter Oberin. Dennoch bin ich mir im Unklaren darüber, wie ich in der Lage sein soll, Euch zu helfen«, entgegnete Kuntz.

»Indem Ihr dafür sorgt, dass die Heiden sich nicht so benehmen, als wäre das hier ihr Land!«, erhob Apollonia die Stimme.

Augenblicklich war sie sich ihres Ausbruchs wohl bewusst. Nachfolgend erklang ein leises Räuspern. Beschämt senkte sie ihren Blick und faltete die Hände zu einem stillen Gebet. Er wusste jedoch, dass die scheinbar so unbedarfte Frau einen ausgesprochen starken und selbstbewussten Charakter besaß. Nicht umsonst hatte sie es geschafft, inmitten von feindlichen Milzenern und ungezähmter Wildnis die Anfänge einer klösterlichen Abtei zu errichten.

Hier, in den Grenzmarken des Reiches, gab es noch nicht so viele Klöster. Obwohl alle Bischöfe sich darin einig waren, die wendischen Heiden zu bekehren, unternahmen nur die Wenigsten den aktiven Versuch dazu. Die Klosterneugründungen in den Gegenden links- und rechtsseitig der Elbe waren beinahe zu vernachlässigen. Umso mehr war es Mutter Apollonia anzurechnen, dass sie dieses Abenteuer mit zwanzig weiteren Schwestern begonnen hatte.

Leider versäumte es sein Lehnsherr Egbert, die vormals gegebenen Versprechungen gegenüber den Benediktinerinnen einzuhalten. Grundsätzlich hätte schon längst ein befestigtes Kloster auf der gegenüberliegenden Elbseite stehen müssen. Doch die wechselnden Herrschaftsverhältnisse über die Mark Misena taten dem Unterfangen bisher alles andere als gut.

»Wie soll ich das bitte bewerkstelligen?«, fragte er die Nonne.

Er ließ dieser jedoch keine Zeit für eine Entgegnung oder Antwort. Vielmehr versuchte er zum wiederholten Male, seine prekäre Situation zu erklären. Wie war er es leid, dies immer wieder tun zu müssen.

»Werte Mutter! Mir ist es kaum möglich, das Gebiet um die Burganlage herum vor den Milzenern zu beschützen. Der Konflikt der Brunonen, allen voran meines Lehnsherrn Egbert, gegen den König und den Böhmen Vratislav hat dafür gesorgt, dass wir praktisch keinen Nachschub mehr aus dem Reich erhalten. Ich bin gezwungen, den Großteil der Büttel und Waffenknechte aus den wenigen Dörfern der Umgebung zu rekrutieren. Die jungen Männer fehlen dann allerdings auf den Feldern und Weiden der Ansiedlungen. Umso mehr wehren sich die ansässigen Bauern dagegen, dass ich die kräftigsten Burschen in die Burg hole.«

Kurz setzte Kuntz in seiner Ansprache ab und glättete das Wams neu. Nachdem er sich geordnet hatte, fuhr er in der Ausführung fort.

»Aus dem gleichen Grund war es mir bisher auch nicht gegeben, Bauarbeiter, Steinmetze oder Zimmermänner für die Errichtung Eures Klosters zu entsenden. Ich weiß schlichtweg nicht, woher ich die Ressourcen für all das nehmen soll. Ihr wisst es: Ich bin noch nicht einmal Burggraf oder Landvogt, sondern nur ein einfacher Burgvogt. Meine Befehlsgewalt hört außerhalb dieser Mauern hier auf. Dass ich mich dennoch um die Verwaltung der Mark kümmere, ist aus einer reinen Notwendigkeit heraus entstanden. Ich muss allerdings gestehen, dass ich noch nicht einmal im Ansatz die nötigen Befugnisse besitze, um eine Strafexpedition gegen die Milzener zu befehligen. Mir sind schlichtweg die Hände gebunden.«

»Nun denn, mein guter Kuntz. Ich habe es trotzdem versucht. Dies könnt Ihr mir wohl kaum verübeln«, lenkte die Nonne augenblicklich ein und schenkte ihm eines ihrer seltenen Lächeln. »Ich hoffe, dass der Markgraf nach allem endlich auf seine Besitzungen zurückkehrt. Die derzeitige Situation ist kaum mehr tragbar. Die Heiden werden mit jedem Mond mächtiger und frecher. Ich glaube, es wird nicht mehr lange dauern und wir werden uns einem ausgemachten Aufstand der Wenden gegenübersehen. Die zweite Möglichkeit wäre, dass der König endlich einen fähigen Fürsten mit der Mark Misena belehnt.«

Mit diesen Worten verließ Mutter Apollonia das Amtszimmer, das innerhalb des weitläufigen Wohnflügels der Burganlage lag. Sie hinterließ einen nachdenklichen Burgvogt, welcher gezwungen war, der Nonne in vielem recht zu geben. Einmal mehr hatte Mutter Apollonia zielgerichtet ihren Finger in seine Wunde gelegt.

Er musste ihr im Stillen beipflichten, wenn sie davon sprach, dass die derzeitige Situation nicht mehr tragbar war. Hätten die ersten Siedler die Befestigungen nicht so groß und standhaft gebaut, wären sämtliche Burgen im Gebiet der Grenzmark schon längst überrannt worden. Mit den Handvoll Bewaffneten unter seiner Kontrolle wäre er kaum in der Lage gewesen, einem koordinierten Angriff standzuhalten. Allerdings wussten die Milzener und Daleminzer zum Glück nichts von der prekären Gesamtlage innerhalb der Mark.

Weiterhin irritierte ihn die Andeutung der Benediktinerin nach einem neuen Markgrafen. Als Burgvogt verfügte er leider kaum über eine nennenswerte Korrespondenz mit dem Reich. Sämtliche Neuigkeiten erfuhr er einzig von Boten und von fahrenden Händlern. Die Nonnen unterhielten hingegen ein Netz von Klöstern, welche ständig miteinander in Verbindung standen. Deswegen wusste Oberschwester Apollonia stets mehr von dem Geschehen aus dem Reich als er. Diese Gedanken und Überlegungen brachten ihn jedoch im Moment nicht weiter.

Müde erhob er sich von seinem Sitzplatz. Das Alter machte ihm nun schon seit geraumer Zeit mehr und mehr zu schaffen. Wann immer es etwas kühler und feuchter wurde, schmerzten die Glieder, als würden winzige Glasscherben in ihnen stecken. Weiterhin war seine Sehkraft auch nicht mehr die Beste. Am meisten störte ihn allerdings das höllische Brennen beim Wasserlassen. Leider befand sich kein Heiler oder Bader in der unmittelbaren Umgebung der Burg. Einzig ein paar Frauen und Nonnen verstanden sich auf Kräuter und Salben. Er war allerdings wenig darauf versessen, diesen Weibsbildern von seinen intimen Problemen zu berichten.

Gemächlichen Schrittes nahm Kuntz von Misena den Rundgang durch die Burganlage wieder auf. Letztendlich war er nur über diese paar Mauern der Befehlshaber. Aus dem Grund sah er es als sein wichtigstes Ziel an, die Festung verteidigungsbereit zu halten. Das versuchte er in täglichen Kontrollgängen zu realisieren. Nur wenn er den Männern ständig über die Schultern blickte, benahmen sich die Wachen wie echte Waffenknechte und nicht wie Trunkenbolde und Taugenichtse.

Tatsächlich war es unabdingbar, dass der Markgraf auf seinen Herrschaftssitz zurückkehrte. Egbert musste für klare Strukturen, eine gute Verwaltung und für ausreichend ausgebildete militärische Vertreter sorgen. Ohne die Eingriffe durch den Lehnsherrn war die gesamte Grenzmark über kurz oder lang dem Untergang geweiht. Eventuell wäre es auch ausreichend, ihn zum Burggrafen zu ernennen. Wenn das mit den entsprechenden Privilegien verbunden wäre, bestünde zumindest noch theoretisch eine Chance, die Länder gegen die Milzener zu verteidigen. Zudem klang Burggraf Kuntz von Misena um einiges besser als Burgvogt Kuntz.

Dieser Ausblick brachte den Vogt dazu, an den seligen Bischof zu denken. Es kam nicht von ungefähr, dass die Mutter Oberin an ihn statt an den Bischof herangetreten war. Benno als ehemaliger und wahrer Bischof von Misena galt immer noch als verschollen. Keiner wusste, wo sich der charismatische Kirchenführer im Moment aufhielt. Sein hiesiger Ersatz war stattdessen nur ein schwacher Abklatsch des großen Bennos.

Achatius von Misena war ein alter, fettleibiger und versoffener Mönch. Kuntz verstand nicht, wie der Papst so einen Mann auf den Bischofsstuhl hatte setzen können. Er begriff jedoch sowieso nicht allzu viel von der internen Politik des Heiligen Stuhls. Das Einzige, was er wusste, war, dass Benno genauso wie Egbert dem falschen König gehuldigt hatte. Deswegen waren sie damals auch in die Verbannung geschickt worden.

Mit dem Tod Rudolfs von Rheinfelden war schließlich alles auseinandergebrochen. Dass Heinrich der richtige König und zukünftige Kaiser war, stand nunmehr außerhalb jeglicher Diskussion. Warum sein Lehnsherr und der Bischof sich auf die falsche Seite gestellt hatten, war dem Burgvogt ein Rätsel sondergleichen. Das Ergebnis der Intrigen sowohl von Königen als auch von Gegenkönigen stellte ein geschwächtes Reich und wehrlose Grenzmarken dar. Ohne Markgraf und echtem Bischof fühlte sich Kuntz wie der einzige Verteidiger der Christenheit gegen die wendischen Massen des Ostens.

Er sah jedoch Licht am Ende der dunklen Nacht. Sein Lehnsherr war von König Heinrich begnadigt worden. Zudem wurde auch für Benno von Misena wegen der Parteiergreifung für den falschen König ein Freispruch verkündet. Damit standen die beiden eigentlichen Machtträger innerhalb der Mark Misena wieder in Amt und Würden.

Allerdings war noch keiner der beiden Männer auf der Burg Misena eingetroffen. Weder in den herrschaftlichen Räumen noch im Dom ließ sich einer der Würdenträger blicken. Solang er auf sich allein gestellt war und weder Benno noch Egbert zur Verfügung standen, befand sich die Zukunft der Grenzmark auf Messers Schneide. Jederzeit konnte ein wendisches Heer vor den Mauern der Burg erscheinen.

Der tägliche Rundgang durch die Burganlage war für den alten Vogt mittlerweile schon zur Hälfte getätigt. Als Nächstes plante er, zum Hauptmann der Wache zu gehen. Um sich die Qualen zu ersparen, hätte er ihn auch einfach zu sich rufen können. Wenn er jedoch die notwendigen Gespräche während seines Kontrollgangs erledigte, sparte ihm dies jede Menge Zeit.

»Bechthold! Was macht der Zustand unseres ›Heeres‹?« Scherzend sprach Kuntz in Richtung des Hauptmanns, als er den älteren Recken erreichte. Bechthold hatte bereits mehr Winter erlebt als die, die noch vor ihm liegen würden. Ergrautes Haar, ein vom Krieg gezeichnetes Gesicht und etliche tiefe Narben zeugten von einem ereignisreichen Leben. Trotzdem – oder gerade deswegen – war der Mann ein zuverlässiger und ehrlicher Krieger. Schon allein aus diesem Grund hatte der Burgvogt ihm die Position eines Hauptmanns gegeben.

»Wie immer exzellent, mein Vogt. Wir sind für den nächsten Waffengang mehr als nur bereit«, entgegnete dieser kühl und wenig belustigt.

»Warum so schlecht gelaunt, Hauptmann?«

»Ich verzeichne erneut zwei Ausfälle. Einer der Männer hat anscheinend sogar das Antoniusfeuer abbekommen. Nur gut, dass die Krankheit nicht ansteckend ist. Eine Seuche hätte uns in dieser Situation gerade noch gefehlt. Worauf ich allerdings hinaus möchte: Unsere Anzahl wird eher geringer denn mehr. Wie sollen wir in der Lage sein, einen Angriff der Milzener zurückzuschlagen?«

Griesgrämig fasste Bechthold damit alle Probleme zusammen, die auch dem Burgvogt bekannt waren. Kuntz blieb nichts anderes übrig, als zustimmend zu nicken.

»Wenn ich das nur wüsste, mein alter Freund«, antwortete er daher seufzend. »Wenn ich das nur wüsste.«

»Gibt es eigentlich Neuigkeiten aus dem Reich?«, fragte der altgediente Waffenknecht nach.

»Nichts Nennenswertes. Es ist wie immer: Die Mächtigen schmieden ihre Ränke und wir bekommen hinterher nur die Ergebnisse zu spüren. Diese dafür dann aber umso intensiver.«

Kurz stellte sich eine Stille zwischen ihnen ein. Der Burgvogt verspürte deswegen eine Art Unwohlsein. Dies geschah in letzter Zeit immer häufiger, wenn er sich mit Untergebenen unterhielt.

»Ich weiß nicht, ob ich es ansprechen sollte«, warf Bechthold verlegen ein.

»Nun redet schon, Hauptmann!«

Daher wehte also der Wind. Kuntz verstand jetzt, weshalb der erfahrene Recke eine belanglose Plauderei angefangen hatte. Normalerweise war sein Gegenüber kein Freund von zwangloser Unterhaltung. Vor allem vermied er es, seinen Burgvogt mit allerlei unnützem Geschwätz von seinen Pflichten abzuhalten. Wenn Bechthold es also doch tat, musste ihm etwas Wichtiges auf dem Herzen liegen.

»Ich habe Gerüchte gehört«, fand der Hauptmann schließlich Mut, mit dem Thema anzufangen. »Für gewöhnlich gebe ich nichts auf derartiges Gewäsch. Allerdings habe ich es von verschiedenen Seiten und von unterschiedlichen Menschen jedoch mit gleichem Inhalt vernommen.«

Aufmunternd nickte Kuntz ihm zu, dass er endlich mit dem Problem herausrücken solle.

»Die Leute erzählen sich, dass die Wenden urplötzlich und ohne vorherige Anzeichen von ihren Feldern und aus ihren Dörfern verschwinden würden.«

Anna

»Ruhe! Verdammt noch einmal: Hört sofort alle mit dieser Rangelei auf!«, schrie Katharina, so laut es ihr möglich war, in den eiskalten Herbstnachmittag hinein.

Augenblicklich hielten alle Personen in ihren jeweiligen Bewegungen inne. Am seltsamsten muteten Frau Alheit und Frau Mathilda an, die wie eingefroren inmitten der Ansammlung von Bauern standen und keinen Muskel bewegten. Alle Augen waren auf Katharina und sie gerichtet. Einem Stillleben ähnlich, warteten alle Anwesenden darauf, was als Nächstes geschah.

In gleicher Weise starrte Anna ihre ältere Schwester mit offenem Mund an. Wenn sie an die Katharina von vor drei Tagen zurückdachte, war die Person vor ihr ein vollkommen verwandelter Mensch. Anerkennend, bewundernd und ein bisschen stolz trat sie einen Schritt von ihrer Verwandten fort, um ihr mehr Platz für den Auftritt zu lassen.

Mit entschlossenem Ausdruck im Gesicht ergriff Katharina daraufhin erneut das Wort, um den unsäglichen Disput zu beenden. Es kam Anna so vor, als würde die Schwester eine halbe Handbreit anwachsen. Mit geradem Rücken und herausgedrückter Brust wirkte die Verwandte tatsächlich beinahe wie eine Adlige.

»Was streitet ihr euch hier über ein paar kleine Reusen in dem schmalen Fluss? Ich bezweifele, dass die wenigen Fischfallen überhaupt genug Ertrag abwerfen, diesen Aufruhr zu rechtfertigen. Ihr hört sofort mit dem Unfug auf!«, ordnete Katharina mit einer gebieterischen Stimme an.

Augenblicklich rückten die Streithähne voneinander ab. Mit eleganten Schritten lief Katharina daraufhin in die Mitte der Auseinandersetzung. Vor den beiden Matriarchinnen blieb sie stehen. Nachfolgend musterte sie die zwei reifen Frauen eingehend mit einem ernsthaften Blick. Anschließend holte sie kurz tief Luft.

»Herr Clement hat mich geholt, damit der Schultheiß sich eures Streites annimmt. Da mein Ehemann unterwegs ist, um einen Kampf gegen die Wilden zu führen, liegen die Rechte und Pflichten des Amtes momentan in meinen Händen. Also hört nun meine Worte«, verkündete Katharina von Dahlenburg.

Anna schaffte es indessen nicht, ihren Mund zu schließen. Ihr schien es unmöglich, die Dinge zu begreifen, derer sie in dem Moment Zeuge war. Tatsächlich benahm sich die Ältere wie die echte Frau eines Schultheißen. Hatte sie sich wahrhaftig selbst soeben als dessen

Ehefrau bezeichnet? Anna glaubte, dies zum ersten Mal aus ihrem Mund vernommen zu haben. Ihre Verwandte wirkte in dem Augenblick kaum mehr wie eine junge Bäuerin. Hätte sie es nicht besser gewusst, hätte man annehmen können, dass Katharina bereits zeit ihres Lebens die Frau eines Schultheißen gewesen wäre.

Nachdrücklich fragte ihre Schwester in der Folge nacheinander alle Beteiligten aus. Dabei ließ sie sich jede Einzelheit genauestens erklären. Nicht nur den Matronen der zwei Familien hörte Katharina sehr genau zu, auch den beiden Ehemännern und einigen anwesenden Knechten erteilte sie das Wort.

Nach und nach begriff Anna, was Katharina genau beabsichtigte. Erinnerungen an ihren Vater tauchten aus dem Dunkel ihres Gedächtnisses herauf. In ähnlicher Weise waren zu jener Zeit die Anwohner ihrer alten Siedlung an den Patriarchen ihrer Familie herangetreten, um sich von ihm etwaige Probleme lösen zu lassen. So sehr es Anna damals gehasst hatte, wenn andere Menschen ihren Vater für sich beanspruchten, schien Katharina bei jenen Schlichtungen genau aufgepasst zu haben. Gleichzeitig waren einige andere Bewohner des Dorfes zu der illustren Runde dazugestoßen. Anscheinend zeigten sich die neugierigen Gaffer daran interessiert, die Frau des Schultheißen kennenzulernen.

Nachdem sie beide Streitparteien ausreichend lang angehört hatte, erhob Katharina die Stimme.

»Ich habe nun mehr als genug gehört. Wenn ich es mir recht überlege, bringt es kaum etwas, über die Zugehörigkeit der Halbinsel zu befinden. Mit einiger Zuverlässigkeit kann sich der Flusslauf beim nächsten Gewitter oder Hochwasser erneut ändern. Soll ich oder gar der Schultheiß selbst dann neuerlich hierher kommen müssen, um sich wieder des unsäglichen Streits anzunehmen? Ich denke doch wohl kaum, dass dies in eurem Interesse wäre.«

Nacheinander sah sie jeden der maßgebenden Personen eindringlich an. Besonders die Erwähnung Hilbert von Dahlenburgs hatte alle zusammenzucken lassen.

»Ich verfüge als ausdrückliche Vertreterin des Dorfschulzen, dass eure beiden Familien dazu verpflichtet werden, die Reusen gemeinschaftlich zu bewirtschaften. Die Abgaben an das Haus des Dorfvorstehers bleiben dabei jedoch bestehen. Da die Fischfallen mittlerweile der Familie von Frau Mathilda und Meister Clement gehören, bestimme ich, dass beide Sippen zusammen vier neue Fangnetze errichten. Nur mit einer ausreichenden Anzahl dürften beiderlei Parteien in der Lage sein, genügend Fisch zu fangen, um ihre jeweiligen Familienmitglieder zu ernähren.«

Nachdem Katharina mit ihrem Urteilsspruch geendet hatte, breitete sich eine gespenstische Ruhe aus. Schweigend sahen alle Menschen im Umkreis Annas Schwester an. Viele erwarteten außer der eben getroffenen Aussage noch mehr von Katharina zu hören. Eine Weile spannte sie die Zuhörer noch auf die Folter, bevor sie an ihre Rede anknüpfte.

»Zudem lade ich Frau Alheit und Frau Mathilda morgen Abend zum Essen ins Haus des Schultheißen ein. Es wird mir eine Freude sein, die beiden Familienvorsteherinnen in meinem Haus begrüßen zu dürfen.«

Augenblicklich brach ein ungeahnter Jubel auf dem kleinen, kahlen und nassen Stück Dorf aus. Die Kinder beiderlei Familien rissen sich ihre Kappen vom Kopf und warfen diese in die Luft. Strahlende Gesichter blickten Katharina und Anna entgegen, egal, in welche Richtung sie sich auch wendeten. In der Mitte von alledem standen sich die beiden älteren Frauen gegenüber und gaben einander freundschaftlich die Hände. Wohlwollend nickten sich zudem Frau Alheit und Frau Mathilda gegenseitig zu.

In dem Moment zupfte Katharina an Annas Ärmel. Leise flüsterte die erstgeborene Schwester ihr etwas ins Ohr.

»Ich kann kaum noch stehen. Wenn wir nicht bald ins Haus zurückkehren, wirst du wohl gezwungen sein, mich dahin zurückzutragen. Können wir uns bitte beeilen?«, bettelte Katharina sie förmlich an.

Anna verstand sofort. Sie hatte sich bereits gefragt, wie ihre Schwester nach den ganzen Monden, die sie lethargisch im Bett verbracht hatte, überhaupt in der Lage war, derartige Strapazen zu ertragen. Sie versuchte daraufhin, alle weiteren Gespräche in Richtung ihrer Schwester abzukanzeln und stützte Katharina beim Gehen zum Dorfanger zurück.

Das Letzte, was sie von der Gruppe am Dorfrand vernahmen, waren die lauten Stimmen der beiden Familienvorsteherinnen. Diesmal richtete sich der Ärger nicht mehr gegen die andere Frau. Vielmehr sahen sich nun die jeweiligen Ehemänner der Matriarchinnen als Ziel des Grolls.

»Clement, du alter Nichtsnutz! Wo steckst du schon wieder? Muss ich dich denn immer suchen? Mach, dass du sofort hierher kommst«, klang die Stimme von Frau Mathilda über den Schwarzfluss entlang. »Du hast Frau von Dahlenburg gehört. Mach dich gefälligst an die Arbeit! Es gilt, vier neue Reusen zu errichten.«

»Du hast ganz recht, liebe Mathilda«, rief Frau Alheit hinterher. »Nimm meinen faulen Mann gleich mit. Ihr könnt die Fischernetze zu zweit viel schneller bauen. Also husch, husch!« Plötzlich ungewohnt einig schienen sich beide Frauen in ihren Anweisungen für die Ehemänner zu sein.

Während der Rückkehr ins Dorf stützte sich Katharina immer mehr auf ihre jüngere Schwester. Anscheinend hatte die Schlichtung ihr wesentlich mehr Energie geraubt, als es Anna für möglich gehalten hatte. Nachdem sie sich aus dem Sichtbereich der beiden Familien entfernt hatten, schleppte sie die Schwester zurück zu ihrer Kammer, wo sie sie ins Bett steckte. Binnen weniger Atemzüge war Katharina ins Land der Träume übergewechselt.

Beim Hinuntergehen fand Anna in der Küche das Mädchen Berbelin vor. Mit großen Augen stand die Kleine im Küchenbereich. Verlegen stahl sie sich in einer Ecke des Haushaltsraumes herum.

»Was ist denn los?«, wünschte Anna, von ihr zu erfahren.

»Ich weiß nicht, was ich machen soll. Wenn ich ganz ehrlich zu Euch sein darf …?«, druckste die Küchenhilfe herum.

»Natürlich kannst du das! Was ist denn nur los mit dir? Wieso benimmst du dich so seltsam? Ich bin es: Anna! Wir haben doch beide zusammen endlose Tage auf den Knien verbracht, um dieses verdammte Haus zu schrubben. Warum stellst du dich nun die ganze Zeit über so eigenartig an?«

»Mir ist langweilig«, platzte es aus der zwei Sommer Jüngeren heraus.

»Wie meinst du das?«, fragte Anna vollkommen konsterniert.

Verlegen senkte Berbelin ihre Augen. Nach einigen Herzschlägen rückte sie mit einer Erklärung heraus.

»Gegen ein bisschen Müßiggang habe ich ja gar nichts einzuwenden. Die verstorbene Frau Fronika, Gott sei ihrer armen Seele gnädig, hat uns gleichwohl viel zu selten Freizeit gegönnt. Selbst an den Tagen des Herrn zwang sie mich dazu, so gut wie ununterbrochen zu schuften. So sehr ich diese ständige Schinderei auch zu hassen gelernt habe, so wenig gefällt mir die derzeitige Situation des Nichtstuns.« Wieder sammelte sie sich. »Liebe Frau Anna, ich bin es gewohnt, für mein Essen und das Dach über meinem Kopf zu arbeiten. Wäre es eventuell möglich, dass Ihr mir eine richtige Tätigkeit gebt? Ich meine, Euch zu helfen, die Frau des Dorfschulzen und Eure Mutter zu pflegen, ist ja gut und schön. Dennoch weiß ich nicht, was ich die restliche Zeit über machen soll.«

Innerlich empfand Anna Respekt für Berbelin. In ihrer Erziehung und in ihrem Leben stand die Arbeit an erster Stelle. Es gab genug Taugenichtse und Tunichtgute auf der Welt. Ein Kind zu treffen, welches ähnliche Ansichten wie sie selbst vertrat, erfreute sie ungemein.

Augenblicklich ging Anna auf die Küchenhilfe zu. Kurz nahm sie das jüngere Mädchen in den Arm. An beiden Schultern haltend, blickte sie ihr daraufhin tief in die Augen.

»Du hast recht. Es wäre ratsam, das Gebäude auf Vordermann zu bringen. Meine Schwester – ich meine, die Frau Schultheiß – hat für morgen Frau Alheit und Frau Mathilda zum Essen eingeladen. Es wäre angebracht, das Haus bis dahin ein wenig zu putzen. Wenn du mir dabei helfen könntest, wäre ich dir sehr zum Dank verbunden.«

Einige Zeit später fand sich Anna auf ihren Knien wieder. Innerlich war es an ihr, darüber zu schmunzeln, dass sie diesmal die verhasste Arbeit freiwillig erledigte. Anfänglich hatte sich Berbelin bestürzt gezeigt, dass sie ihr zur Hand ging. Wie sich für Anna herausstellte, dachte die Küchenhilfe, dass sie nunmehr das Amt von Frau Fronika übernommen hatte. Allerdings war es ihr möglich, das junge Ding davon zu überzeugen, dass sie noch genau dieselbe war wie vor dem Tod der bösartigen Vettel.

Nachdem sie in kürzester Zeit das Haus grundgereinigt hatten, beschloss sie, die Vorbereitung des Essens für Frau Alheit und Frau Mathilda auf die anderen Familienvorsteherinnen im Dorf auszuweiten. Mittlerweile war Katharina auch wieder aus dem Erschöpfungsschlaf erwacht. Neuerlich voller Energie und Tatendrang, stimmte die Ältere in die Pläne mit ein.

»Ich habe mich viel zu lange in meinem Zimmer versteckt gehalten. Du hast recht, wenn es darum geht, die Leute in der Siedlung kennenzulernen. Schaffst du es, ein solch großes Abendessen zu kochen?«, fragte Katharina, als hätte sie Zweifel an den Fähigkeiten ihrer Schwester.

»Ich denke doch«, entgegnete Anna voller Inbrunst. »Ich habe der alten Hexe oft genug geholfen und ihr über die Schulter geschaut. Eine vernünftige und kräftige Suppe werde ich wohl noch hinbekommen. Ich weiß gar nicht, was du hast? Im Zweifel darfst du mir sehr gern zur Hand gehen. Oder ist die werte Frau von Dahlenburg sich zu fein, um mir bei den Vorbereitungen für ihr Abendessen zu helfen?«, neckte sie Katharina.

Diese blickte zuerst böse in Richtung ihrer jüngeren Schwester. Nach einigen Herzschlägen nahm sie ohne Rührung ihr Kopfkissen in die Hand und warf es nach Anna, die es wiederum in der Luft auffing. Innerhalb weniger Augenblicke jagte eine Schwester die andere durch das zweistöckige Herrenhaus. Es war seit langer Zeit das erste Mal, dass ein helles Lachen durch das Haus des Schultheißen schallte. Anna wusste in dem Moment nicht mehr zu sagen, wann sie sich das letzte Mal so befreit gefühlt hatte.

Innerlich fiel damit eine riesige Last vom Herzen der jungen Frau – hatte sie noch vor einigen Tagen angenommen, dass ihre Schwester beabsichtigte, sich umzubringen, sah sie nunmehr wieder die Person vor sich, welche sie aus ihrer Vergangenheit kannte. Wäre in dem Augenblick nicht der wehmütige Gedanke an ihren vertriebenen Bruder Stefan, die ausgesetzten anderen Geschwister Luca, Friedrich und Brid und die im Sterben liegende Mutter gewesen, hätte sie denken können, dass es langsam wieder bergauf ginge.

Kuntz von Misena

Schwerfällig stützte der Burgvogt sein Gewicht auf die steinerne Brüstung der Wehr auf der hohen Mauer. Neben sich wusste er die treuen Wächter, Kameraden und Büttel, welche mit ihm schon seit etlichen Wintern den Burgberg bewachten. So viel Erfahrung die Männer auch besaßen – vor dem Anblick der im Tal vorwärts marschierenden Wenden war keiner der Krieger auch nur im Geringsten gefeit.

Es war für ihn schlecht zu schätzen, wie viele der heidnischen Truppen in dem Moment entlang der Elbe zogen, es mochten aber sicher tausend Krieger gewesen sein. Kuntz von Misena war sich jedoch sicher, dass die Wenden eigentlich mehr als genug wären, die

Festung, auf der er stand, im Handstreich zu erobern. Die Milzener versuchten allerdings nichts dergleichen. Ohne auf die Wachen auf dem Burgwall zu achten, marschierten die Krieger schweigend am Ufer entlang. Eisen blitzte vielfach in der kalten und schwachen Sonne des Herbstes auf.

»Ihr müsst etwas unternehmen«, vernahm er plötzlich eine ihm nur zu gut bekannte, lispelnde Stimme an seinem Ohr.

Achatius, seines Zeichen Bischof der gesamten Mark Misena, stand schwitzend und aufgebracht neben ihm. Dicke feiste Wangen, kleine Schweinsaugen und ein nach vergorenem Wein stinkender Atem zeichneten den kirchlichen Würdenträger aus. Anscheinend war der fette Mann mit dem fast kahlen Schädel die Stufen bis auf die Zinnen hinaufgerannt. Dass dieser unförmige Mensch überhaupt in der Lage war, sich schneller als in einem Trippelschritt zu bewegen, überraschte Kuntz immer wieder aufs Äußerste.

»Was soll ich Eurer Meinung nach unternehmen?«, schob Kuntz von Misena den Schwarzen Peter zurück an den Bischof.

»Was weiß ich denn!«, antwortete dieser wenig geistreich und richtete seinen erbosten Blick auf den Adligen. »Ihr seid doch hier der Kommandant. Macht einfach das, was Ihr immer tut. Versammelt die Ritter, Recken und Büttel um Eure Standarte. Damit vertreibt Ihr dann das heidnische Gesindel von unseren Ländern.«

»Mit welchen Männern soll ich denn dieses aussichtslose Unterfangen in Angriff nehmen?«, beabsichtigte der Burgvogt von dem Bischof zu erfahren.

Zugleich warf er dem Geistlichen einen verächtlichen Blick zu. Versuchte Achatius etwa, ihm Befehle zu erteilen? Immer mehr verspürte Kuntz von Misena in sich eine Abscheu dem Geistlichen gegenüber aufsteigen, die sich nur schwer unterdrücken ließ. In dem Moment wäre es ihm wahrscheinlich ein Leichtes gewesen, den Mann über die Brüstung zu schubsen und es wie einen Unfall aussehen zu lassen.

»Ich verfüge kaum über ausreichend Waffenknechte, um die Festung zu verteidigen. Wenn es den Milzenern da unten in den Sinn käme, die Burg zu stürmen, hätte ich schwerlich genug Bewaffnete beisammen, um auch nur den ersten Angriff abzuwehren. Vielleicht mit der Hilfe himmlischer Heerscharen …«

Wütend blitzte Achatius seinen Burgvogt von der Seite her an. Wie so oft fühlte sich der Kirchenfürst von ihm vor den Kopf gestoßen. Kuntz war jedoch nicht der Einzige, dem es schwerfiel, den Bischof für voll zu nehmen. Obwohl er eigentlich eine der wichtigsten Positionen in der Grenzmark innehatte, hörte kaum einer der Bewohner der Burg auf ihn. Selbst die Küchenfrauen versuchten mittlerweile, ihn und seine Sonderwünsche zu ignorieren.

In religiösen, geistlichen und philosophischen Fragen wandten sich immer mehr Einwohner der Festung an die Nonnen des Benediktinerklosters. Gleichwohl die Ordensschwestern in einiger Entfernung zur Burg Misena lebten, bestand ein reger und intensiver Austausch mit den Ordensfrauen. Allen voran hatte Schwester Apollonia stets ein offenes Ohr für die Probleme der Menschen in der Mark Misena und auf dem Burgberg. Aufgrund der fehlenden Priesterweihe waren die Benediktinerinnen nicht offiziell für die Seelsorge ermächtigt. Das scherte in diesem Teil des Reiches jedoch keinen Menschen.

»Das erinnert mich erneut an die Angelegenheit, welche ich schon mehrfach bei Euer Hochwürden anzusprechen versucht habe«, wechselte Kuntz das Thema.

Mit dem Zeigefinger seiner rechten Hand wies er auf den geistlichen Fürsten, um seinen Worten mehr Nachdruck zu verleihen. Vielleicht hatte er hier in direkter Nachbarschaft der Bedrohung durch die Wenden endlich die Gelegenheit, den Kirchenführer zu einer Entscheidung zu zwingen.

»Wie oft habe ich Euch gebeten, einen Brief an den Erzbischof zu verfassen? Wie oft habe ich Euch gedrängt, eine Bitte an den König zu schicken? Wie oft habe ich Euch ersucht, ein Schriftstück an Eure

Familie in Lothringen zu entsenden? Habt Ihr irgendetwas davon ausgeführt? Mit Eurem Einfluss als Bischof hätte man uns vielleicht ein paar Krieger geschickt, um wenigstens eine kleine Angriffstruppe zur Verfügung zu haben. Nur eine Handvoll Männer, um mehr habe ich Euch nicht gebeten«, fasste der Burgvogt das Unvermögen des kirchlichen Würdenträgers zusammen.

»Ich kann doch nicht wegen jeder Kleinigkeit den Erzbischof anbetteln«, versuchte Achatius, die Anschuldigungen abzuwehren und wandte sich beleidigt ab. Wie so oft probierte der feiste Mann, sich aus seiner Verantwortung herauszureden. »Ich werde mein politisches Kapital nicht für Eure Probleme aufbrauchen. Ihr seid der Burgvogt und es liegt in Eurer Zuständigkeit, die weltlichen Problematiken zu lösen. Ich bin nur der Hirte dieser kleinen Gemeinde von Christen. Also belassen wir die Aufgaben in den Bereichen, wo sie auch wirklich hingehören!«

Währenddessen waren die Milzener am Flussufer vorbeigezogen. Kuntz erspähte die Nachhut, wie sie zwischen den Bäumen des dichten wendischen Waldes verschwand. Er fragte sich, ob die Unmengen an milzenischen Kriegern wohl auf dem Weg ins Gau Nisan waren. Vor allem interessierte es ihn, wie viele bewaffnete Männer schon vor Ort auf die unten im Tal eintreffenden Kämpfer warteten.

Der große Talkessel, keine zwanzig Meilen von der Burg Misena entfernt, hatte sich in den letzten Wintern stark entwickelt. Die Milzener hatten die schwache Lage der Deutschen ausgenutzt und sich in einem Maße verstärkt, dass es dem Burgvogt angst und bange wurde. Kundschafter berichteten ihm sogar, dass die alten Burganlagen in Dohna, Pesterwitz und Mockritz wieder aufgebaut wurden.

»Ist es nicht das, was diese Frau im vorherigen Winter prophezeit hat?«, unterbrach ihn erneut der Bischof in seinen Überlegungen.

Verwirrt blickte Kuntz kurz auf. Zum einen war er verdutzt, dass der Mann mit den Schweinchenäuglein tatsächlich immer noch neben ihm stand. Zum anderen brachte die Erwähnung der Frau ein ganzes

Sammelsurium an Erinnerungen in den Vordergrund seiner Gedanken. Ihm fiel auf, dass er heute noch gar nicht an sie gedacht hatte.

Walpurga war eine Frau, wenn nicht gar eine Erscheinung gewesen, wie er sie nie zuvor gesehen hatte. Grundsätzlich als fahrende Kräuterfrau keine sonderlich hochstehende Persönlichkeit, hatte sie mit ihrem Wesen die gesamte Burg für sich eingenommen. Kaum einer der Männer, nicht einmal der Bischof, hatte ein schlechtes Wort über die Heilerin verloren.

Mit ihren langen schwarzen Haaren, der ebenmäßig weißen Haut und ihren vollen, blutroten Lippen hatte sie das Idealbild eines Weibes dargestellt. Sie war von beinahe jedem unverheirateten Mann innerhalb des Burgfrieds umgarnt worden. Selbst ein Großteil der gebundenen Männer hatte es sich nicht nehmen lassen, Walpurga den Hof zu machen. Dies hatte um Haaresbreite zu einem Aufstand der anderen Frauen im Inneren der Burgmauer geführt.

Der ganze Spuk endete erst, als sich Walpurga für Kuntz von Misena entschieden hatte. Das war eine umso erstaunlichere Tatsache, da dieser nie um die Hand der Schönheit gebuhlt hatte. Zudem empfand er sich auch als zu alt, um es bei einem bildhübschen, jungen Ding wie der Kräuterfrau zu versuchen. Dennoch hatte er sie eines Abends in seinem Zimmer vorgefunden. Nackt, wie Gott sie geschaffen hatte, gab sie sich in jener Nacht seinen Händen fügsam und willig hin.

Infolgedessen hatte er sich wie ein Jüngling gefühlt. Die wenigen Nächte, welche er in den Armen der perfekten Schönheit verbracht hatte, erfüllten ihn mit neuem Lebensgeist. Wo er zuvor noch die Ausweglosigkeit seiner Position, umzingelt von tausenden feindlicher Milzener und Daleminzern, gesehen hatte, empfand er nun Zuversicht für die Zukunft.

In vielen Gesprächen im Bett und auf Spaziergängen entlang des Burgberges hatte die junge Frau es geschafft, seinen Enthusiasmus neu zu entfachen. Obwohl sie eines Nachts spurlos verschwunden war, hatte sich die neu gewonnene Energie bis heute gehalten. Seit ihrem Weggang war er wieder der ernsthafte Burgvogt, welcher das Leben seiner Schutzbefohlenen mit allen erdenklichen Mitteln zu verteidigen gedachte.

»Alles in Ordnung mit Euch?«, riss ihn der Bischof zum wiederholten Male aus seinen Gedanken.

»Was? Wie? Selbstverständlich ist alles in bester Ordnung. Warum fragt Ihr?«, antwortete Kuntz ungehalten.

»Weil Ihr seit einiger Zeit kein Wort mehr gesagt habt. Also, was ist nun? Genau diese Milzener da unten hat Walpurga im letzten Winter vorausgesagt. Oder meint Ihr nicht auch?«

»Ja, natürlich ist es das«, entgegnete Kuntz wenig darüber erfreut, sich weiter mit dem fetten Kirchenmann unterhalten zu müssen.

Allerdings war er sich der Tatsache bewusst, dass er keine andere Wahl hatte, als weiterhin mit Achatius ein Gespräch zu führen. Als Kirchenfürst und dritter Sohn eines lothringischen Reichsfürsten war der Mann sogar um einiges mächtiger als er selbst. Achatius war so lange Bischof von Misena, bis Benno zurückkehrte. Kuntz betete, dass dies so schnell wie möglich geschehen möge.

»Sie hat uns alle vor einem Aufstand der Wenden gewarnt«, erinnerte sich Kuntz an Walpurgas Vorhersehung. »Ich sehe darin jedoch keine sonderlich großartige Leistung. Die Milzener sind ja nicht dumm. Sie bemerken, in welchem Zustand sich die Mark Misena im Augenblick befindet. Wäre ich an ihrer Stelle, sähe meine Handlung ganz ähnlich aus. Solang der König mit den Problemen in Italien, dem Gegenkönig und dem Papst zu tun hat, haben die Heiden praktisch freie Hand. Niemand ist in der Lage, die Wilden in ihre Schranken zu verweisen. Es hat mich ohnehin gewundert, dass sich die Stämme so lange ruhig verhielten.«

»Aber es ist doch …«, versuchte Achatius, zu einer Antwort anzusetzen.

Die Entgegnung unterband Kuntz jedoch sofort.

»Hier gibt es nichts zu relativieren. Nicht nur unsere Burg, auch die anderen Anlagen, Siedlungen, Weiler und Dörfer sind nach Lage der Dinge führungslos. Der mehrfache Wechsel des Markgrafen und das weitere Fortbleiben unseres derzeitigen Lehnsherrn Egbert hinterlassen eine zutiefst geschwächte Mark Misena. Da kann ich mich auch anstrengen, wie ich will. Mehr als die paar Gemeinden und Gehöfte in unmittelbarer Umgebung um den Burgberg kann ich nicht verteidigen«, redete er sich zunehmend in Rage.

Ohne auf die ernüchternde Auswertung des Burgvogtes einzugehen, drehte sich der Bischof auf der Stelle um und eilte in Richtung des sakralen Prachtbaus davon. Dies kam Kuntz genau richtig. Erneut gingen seine Gedanken an die wundervolle junge Frau zurück, die seinen alten Knochen neues Leben eingehaucht hatte. Er verstand nicht, warum Walpurga urplötzlich und ohne eine Nachricht zu hinterlassen aus Misena verschwunden war.

Eine Heirat wäre aufgrund der Standesunterschiede zwar vollkommen unmöglich gewesen, doch als eine ›Concubitus‹ oder eine ›Kebse‹ hätte sie ein angenehmes Leben auf der Burg führen können. Welcher Ort in diesen trostlosen, heidnischen und endlosen Wäldern wäre besser gewesen, als eine warme Stube hinter klafterdicken Mauern, fragte er sich.

Da sich im Tal nichts Neues mehr zuzutragen schien, stieß er sich von der Brüstung ab und setzte den Rundgang entlang der äußeren Verteidigungsanlage fort. Solange er die Krieger davon abhielt, in Dumpfsinn und Langeweile zu verfallen, rechnete er sich zumindest eine theoretische Chance aus, einen Angriff abzuwehren. Von vorherigen Waffengängen wusste er, dass die Einstellung, die Motivation und der Glaube oftmals wichtiger waren als die tatsächliche Menge der Schwerter.

»Allzeit bereit!«, murmelte er seinen Wahlspruch leise vor sich hin.

Letztendlich war er einzig dazu gezwungen, so lange auszuhalten, bis Egbert der Zweite seines Namens mit seinen Männern die Burg Misena erreichte. Sobald der Markgraf die ihm angestammte Position einnahm, wäre es so weit, dass die Dinge eine positive Wendung erhielten. Er hoffte, dass dies jeden Tag geschehen möge. Bis dahin sah er es als seine Pflicht an, alles für einen Waffengang gegen die Heiden vorzubereiten.

Dies beinhaltete für ihn auch die Möglichkeit, die Bauern der Umgebung unter Waffen zu stellen. Aus dem Grund hatte er die Schmiede am Burgberg schon vor Monden angewiesen, Waffen, Rüstungen und Gerät für eine Streitmacht herzustellen. Wenn ihm schon keine richtigen Reisigen zur Verfügung standen, so beabsichtigte er zumindest den Siedlern eine Chance zu geben, sich selbst zu verteidigen.

Als ihn sein Weg in die Nähe der Rüstkammern brachte, entschloss er sich, dem Haushofrüstmeister spontan einen Besuch abzustatten. In einem schmalen Eingang ging es hinein in die befestigte Burganlage. Je tiefer er schritt, umso kälter wurde es um ihn herum.

»Cuno, mein alter Haudegen! Was machen die Vorbereitungen?«, begrüßte er den vertrauten Kampfgefährten beim Eintreten.

Der Angesprochene blickte überrascht auf. Überzogen von schlecht verheilten Narben, ehemaligen Verwundungen und kaum genähten Schnittwunden wirkte er wie der letzte Überlebende eines schrecklichen Massakers. Dennoch oder gerade deswegen verstand er mehr von Waffen und Rüstungen als jeder andere Mann im weiten Umkreis der Burganlage. Akribisch sorgte der erfahrene Recke dafür, dass die Waffenkammer auf Vordermann blieb. So auch jetzt, als er im Begriff war, die Schwerter zu schleifen. Zugleich war er auch ein exzellenter Ausbilder für neue Rekruten.

Cuno war sogar noch älter als Kuntz selbst. Leicht nach vorn gebeugt, auf einem Auge nahezu blind und mit einem teilweise gelähmten Bein war der erprobte Söldner früher kaum noch in der Lage gewesen, richtig zu arbeiten oder zu kämpfen. Kuntz hatte gar mit dem

Gedanken gespielt, den altgedienten Kämpfer in eine der Invaliden-Stuben in den Ruhestand zu versetzen.

Das änderte sich jedoch, als Walpurga mit ihrem Wissen, Kräutern und Säften dem alten Kameraden neues Leben eingehaucht hatte. Innerhalb weniger Nächte war Cuno so gut wie vollständig genesen. Er hinkte zwar noch leicht und hatte weiterhin einen nach vornüber gebeugten Gang, doch war sein Augenlicht so gut wie gänzlich zurückgekehrt. Hätte der Burgvogt den Waffenmeister nicht schon zuvor gekannt, wäre er nie auf die Idee gekommen, dass der alte Mann noch vor recht kurzer Zeit so viele Gebrechen aufgewiesen hatte.

»Es geht sehr gut voran, mein Vogt«, entgegnete der Haushofrüstmeister auf die an ihn gestellte Frage. Wie zur Bestätigung ging Cuno in die Knie und kam ohne Probleme auf die Beine zurück. Offenkundig ging der Haudegen davon aus, gleichfalls mit in einen möglichen Kampf ziehen zu müssen. »Sowohl ich als auch die Waffenkammer sind in bester Verfassung. Ihr könnt mich sehr gern wieder unter Waffen stellen, mein Kommandant«, brüstete sich der gestandene Krieger in neu erwachtem Lebensmut.

»Nicht so vorschnell, alter Freund«, entgegnete der Vogt. »Mir reicht es, zuerst zu erfahren, wie die augenblickliche Situation in der Rüstkammer aussieht. Liegen wir noch im Soll? Muss ich die Schmiede am Fuß der Burg antreiben, um sie schneller arbeiten zu lassen? Wo stehen wir im Moment?«

»Jawohl, mein Vogt«, schmetterte Cuno wie ein frischer Rekrut heraus. »Wir verfügen über zweihundert Schwerter in einem vernünftigen Zustand. Dazu kommen vierhundert Bauernspieße, dreihundert Piken und eine ganze Anzahl an Keulen. Weiterhin liegen an die vierhundert Bögen samt fünftausend Pfeilen, fünfzig Armbrüste und vierzig Pavesen bereit. An Rüstzeug wären genug Brustharnische, Arm- und Beinschienen samt Helmen vorhanden, um annähernd zweihundert schwere Spießgesellen aufzustellen. Ebenso befinden sich an die zweihundert Gambesons im Magazin, um das einfache Fußvolk besser ausrüsten zu können.«

Zufrieden nickte der Vogt. Genauso hatte er sich das alles vorgestellt. Mit den beschränkten Mitteln, welche ihm zur Verfügung standen, hatte er dafür gesorgt, dass sich die Burg für einen eventuellen Waffengang bereit sah. Eckbert würde bei seiner Rückkehr alles vorbereitet vorfinden.

»Allerdings wüsste ich nicht, woher wir die dazu notwendigen Krieger nehmen sollten«, schränkte der Haushofrüstmeister im Nachgang ein.

Verärgert blitzte Kuntz von Misena ihn an.

»Das weiß ich selbst, Cuno! Was kann ich dafür, dass uns das Reich im Stich lässt?«, platzte Kuntz heraus. Mit einer wegwischenden Geste untermauerte der Burgvogt zudem die pessimistische Aussage. »Mir ist bewusst, dass im Umkreis von fünf Tagesreisen wahrscheinlich nicht einmal ausreichend Burschen vorhanden sind, um für alle Waffen einen Waffenknecht zu finden. Wenn wir jedoch angegriffen werden, habe ich lieber genug Schwerter in Reserve, um jede männliche Person in der näheren Umgebung unter Waffen zu stellen. Zur Not erhalten auch Kinder und Großväter ein Eisen, um sich zu verteidigen.« Allerdings war dies noch nicht alles, wusste der Burgvogt. Ihre Lage war noch weitaus prekärer einzuordnen. Einmal in Fahrt, suchte sich die ganze Frustration ihren Weg nach draußen. »Zudem entfiel es dir auch zu erwähnen, dass wir über keine Ritter verfügen. Abgesehen von mir und fünf weiteren Beamten ist keiner in der Burg befähigt, ein Schlachtross, eine Lanze oder einen Streitkolben zu führen. Ohne eine schwere Reiterei braucht ein Heerführer in heutiger Zeit jedoch kaum eine Schlacht zu beginnen. Verzweifelte Zeiten verlangen aber nach verzweifelten Maßnahmen. Deswegen sind die vollgefüllten Waffenkammern die einzige Option, die wir tatsächlich besitzen.«

Mit diesen Worten verließ er den Waffenmeister, verärgert darüber, dass er sich verbal von dem alten Waffenkameraden angegriffen fühlte. Absolut jedem war klar, in welch auswegloser Situation sie sich im Moment befanden. In der Wunde allerdings herumzustochern, machte es für den Burgvogt auch nicht einfacher. Er verfügte nun einmal nur über die Männer, welche sich in seinem Zugriffsbereich aufhielten.

Diese waren aber augenblicklich auf seinen Befehl hin damit beschäftigt, die Ernte einzubringen. Der heftige Wetterumschwung der vergangenen Tage hatte dazu geführt, dass auf allen Höfen, Weilern und Dörfern im Moment die Hölle los war. Der zu früh einsetzende Schneefall im ausklingenden Sommer hatte sämtliche Bauern mehr als nur auf dem falschen Fuß erwischt. Die meisten fürchteten gar, die gesamte Ernte zu verlieren.

Jedwede Männer, Frauen und Kinder, die in der Lage waren, eine Sichel zu führen, befanden sich zurzeit auf den Äckern der Umgebung. In dem Augenblick einen allgemeinen Ruf zu den Waffen zu befehligen, hätte nur zu einem Aufstand der Landbevölkerung geführt. Wesentlich sinnvoller war es, ein paar Monde zu warten und daraufhin alle wehrfähigen Männer in Burgnähe zu sammeln.

Ausgerüstet und trainiert wären sie eventuell in der Lage, den Heiden zumindest ebenbürtig entgegenzutreten. Dass es zu einem bewaffneten Konflikt kommen würde, stand für ihn außer Frage. Kuntz vertraute diesbezüglich auf Walpurgas Orakel. Nachdem ihm erst einmal die Augen aufgegangen waren, hatte er die Veränderungen und Vorbereitungen bei den Milzenern selbst bemerkt. Wie konnte er vorher nur so blind gewesen sein, diese Anzeichen nicht gesehen zu haben?

Der Heerbann, der vor einer geraumen Weile das Elbtal entlanggeschritten war, zeigte nur zu deutlich auf, wie sehr die Kräuterfrau mit ihren Einschätzungen ins Schwarze getroffen hatte. Die Heiden planten etwas Großes. Wahrscheinlich bereiteten sie einen gewaltigen Aufstand gegen die Siedler und Burgen des Reiches vor.

In sich selbst versunken setzte er den Weg durch die Festung fort. Seine Gedanken kreisten um die junge Schönheit, die ihn am Ende des letzten Winters so plötzlich verlassen hatte. Zudem überlegte er, ob er wirklich alles unternommen hatte, um einem möglichen Angriff entgegenzuwirken oder wenigstens seine Gebiete zu verteidigen.

Friedrich

Er wusste nicht mehr ganz genau, ab welchen Zeitpunkt es ins Gegenteil umgeschlagen war. Es war Friedrich schlichtweg unmöglich, den exakten Moment zu benennen, ab dem er sich gefangen gefühlt hatte. Wahrscheinlich hatte es sich eher um einen schleichenden Prozess gehandelt. Anfänglich war alles auch viel zu schön gewesen, als dass es hätte für ihn so weiterlaufen können.

Er ließ seine Gedanken zu dem Moment zurückschweifen, an dem das Schicksal seinen Lauf genommen hatte, der Tag des heimtückischen Überfalls durch Hilbert von Dahlenburg auf ihre Heimat. Eine Vielzahl brutaler Schläger hatte unter den Bewohnern ihres Dorfes gewütet. Im Zuge der Vertreibung aus der alten Siedlung war ihr zuvor so vertrautes Leben in seine einzelnen Bestandteile zerbrochen. Die schreckliche Aussicht, in Zukunft als Leibeigene des Adligen eine entsetzliche Kindheit erleben zu müssen, hatte seine Mutter zu der verzweifelten Entscheidung kommen lassen, ihre drei jüngsten Kinder – die Zwillinge Lucas und Brid sowie ihren Sohn Friedrich – bei der Wanderung in die neue Ortschaft in einem unbeobachteten Moment im Wald »verschwinden« zu lassen.

Nachdem sie sich in der Uferböschung versteckt hatten, warteten die Kinder eine ganze Weile, bis die Gruppe komplett vorbeigezogen war. Friedrich hatte währenddessen Probleme gehabt, seine beiden kleineren Geschwister zu beruhigen und diese unter Kontrolle zu behalten. Obwohl sie gute Kinder waren und immer auf das hörten, was ihnen ihre Mutter auftrug, hatten sie Angst davor, ihrer Bitte nachzukommen, in diesem dunklen Wald davonzulaufen. Eng umschlungen lagen sie deswegen unruhig in der spärlichen, vom Flusswasser ausgewaschenen Höhle. Mit allen ihm zur Verfügung stehenden Kräften hatte Friedrich damals verzweifelt versucht, die beiden quirligen Geschwister festzuhalten. Nach einer gefühlten Ewigkeit waren endlich keine Geräusche von vorbeilaufenden Menschen mehr zu vernehmen gewesen.

Dementsprechend hatte der große Bruder daraufhin die beiden Zwillinge angespornt, einen Teil des Weges zurückzulaufen. Nachdem sie eine gute Meile bewältigt hatten, wählte Friedrich eine flache Stelle der Schwarzwasser aus, um über den Fluss zu gelangen. Augenblicklich fanden sie sich erneut in einem dichten Wald wieder. Zwischen dem klafterhohen Unterholz war ein rasches Vorankommen beinahe unmöglich. Allerdings waren sie drei noch jung, gelenkig und auch ihre geringe Körpergröße reichte ihnen zum Vorteil. Für einen Erwachsenen hätte dagegen mit Sicherheit kaum eine Chance bestanden, sich durch das Dickicht zu schlagen. Wenn tatsächlich jemand auf die Idee gekommen wäre, sie zu verfolgen, hätten die Häscher kaum über eine Möglichkeit verfügt, einen Weg durch das dichte Buschwerk zu finden.

Friedrich hatte seiner Mutter damals ganz genau zugehört. Infolgedessen trieb er seine beiden Geschwister an, immer weiter zu kriechen. Selbst als die Sonne langsam unterging, spornte er die beiden dazu an, sich immerfort voranzukämpfen. Erst als das fehlende Sonnenlicht es nicht mehr zuließ, dass sie weiterkamen, hielten sie für eine Pause an.

Müde, zerschlagen und von ihrer Mutter getrennt, wussten die drei Kinder nicht, was nun mit ihnen geschehen sollte. Friedrich erinnerte sich gleichwohl an die Ermahnungen von ihrer Mutter. Sie hatte ihnen aufgetragen, sich einen Ort zu suchen, an welchem sie den

Winter überstehen könnten. Wie sollte er jedoch einen solchen Ort für sie finden?

Im Hohlraum eines umgestürzten Baumes errichteten sie ein provisorisches Nachtlager. Ein Feuer zu entzünden, trauten sich die drei noch nicht zu. Zu nah schien ihnen die Bedrohung durch Hilbert von Dahlenburg und seinen Bütteln. So schliefen sie eng aneinandergeschmiegt, aber dennoch vor Kälte bibbernd ein. Friedrich plagten mannigfaltige Albträume in jener Nacht. Innerhalb eines einzigen Tages war er vom mittleren Bruder zum erwachsenen Mann geworden. Auf seinen Schultern lag das Wohl und Wehe der beiden kleinen Zwillinge. Allerdings war er sich nicht sicher, ob er der Verantwortung auch gerecht werden könnte. Er wusste ja noch nicht einmal, ob er allein überlebt hätte. Stattdessen war er nun auch noch gezwungen, sich um Brid und Lucas zu kümmern.

Am nächsten Tag, als sie sich frierend aus dem schmalen Hohlraum herausgekämpft hatten, fing es zu allem Unglück auch noch an, dicke Flocken zu schneien. Weder war ihre Kleidung noch das einfache Schuhwerk für diese Kälte ausgelegt. Überhaupt erschreckte es Friedrich, dass es im Spätsommer bereits Schnee gab. Wie sollten sie in dieser unwirtlichen Wildnis bloß überleben?

Dennoch trieb er seine beiden Geschwister weiter dazu an, sich durch das Unterholz zu kämpfen. Er hoffte, irgendwann auf einen Pfad, einen Weg oder eine schmale Straße zu treffen. Sicherlich war er sich der Tatsache bewusst, dass sie sich in einer ausgesprochenen Wildnis befanden, doch hatte Mutter in ihrer Aussage recht: Kleine Siedlungen, Weiler und Wirtshäuser waren immer mehr in diesen undurchdringlichen Wäldern errichtet worden. Er hatte sich während der langen Wanderung von Moorfeld hierher selbst davon überzeugen können.

Zitternd stolperten die Zwillinge den gesamten Tag über hinter ihm her. Am liebsten hätte Friedrich sich zu jener Zeit auch an jemanden gehalten, der in der Lage gewesen wäre, ihm den rechten Weg zu weisen. Leider war er ganz auf sich allein gestellt. So plötzlich aus dem Schatten der größeren Geschwister zu treten, stellte für Friedrich eine vollkommen neue Situation dar. Innerlich war er weit davon entfernt, Verantwortung übernehmen zu wollen.

Als mittleres Kind fühlte er sich als das unscheinbarste Mitglied der Familie. Stefan als Stammhalter und ältester Sohn war schon immer von den Eltern bevorzugt worden. Nachdem Vater zum lieben Herrgott aufgefahren war, hatte Stefan gar versucht, dessen Platz einzunehmen. Für Friedrich bedeutete es aber nicht, dass er im Gegenzug ebenso in den Mittelpunkt des Familiengeschehens aufrückte, so wie sein Bruder zuvor. Er blieb das mittlere Kind, welchem nichts zugetraut wurde. Manchmal meinte er gar, dass Stefan ihn noch immer als Kleinkind betrachtete.

Katharina als seine große Schwester hatte der Mutter, seitdem er sich erinnern konnte, im Haushalt ausgeholfen. Demnach besaß sie fast schon einen höheren Stellenwert als ihre männlichen Verwandten innerhalb der damals noch achtköpfigen Familie. Anna hingegen schaffte es auf ihre unnachahmliche Art, stets im Zentrum allen Geschehens zu stehen. Friedrich wusste nicht, wie sie das anstellte, doch manchmal erschien es ihm so, dass sich alles nur um Anna und ihre kleinen Problemchen drehte.

Brid und Lucas als die jüngsten der sechs Geschwister hatten als Nesthäkchen ihre ganz besondere Stellung. Die beiden wurden von allen anderen verhätschelt und umsorgt. Vor allem ihr Onkel, der auf der Reise hierher ebenso aus dem Leben geschieden war, hatte sich ununterbrochen um die beiden Quälgeister gekümmert. Stets bekamen sie die besten und leckersten Stücke vom Essen ab oder durften sich zuerst ausruhen, spielen oder hinlegen.

Zu allem Überfluss war Friedrich auch noch gezwungen gewesen, die letzten Monde über mit dem kleineren Brüderchen zusammenzuarbeiten. Stefan als ältester hatte sich immer an anderen Orten aufgehalten, um alleine gigantische Wurzeln auszugraben. So war es an

Friedrich gewesen, den quengeligen Bruder den ganzen Tag über an seiner Seite zu dulden. Lucas war ihm bei der eigenen Schufterei keine sonderliche Hilfe gewesen. Dabei fühlte er sich mehr als ein Aufpasser denn als ein Bauer oder Siedler.

Ihr Auftrag war es seinerzeit gewesen, den Waldboden von kleineren Sträuchern, Bäumen und Steinen zu befreien. Allerdings hatte er die Aufgabe so gut wie allein bewerkstelligen müssen. Lucas hatte immer nur daneben gestanden und sich über die schwere Arbeit beklagt. Tollpatschig, unbeholfen und teilweise unfähig war sein jüngerer Bruder sicherlich keine Hilfe für ihn gewesen. Von Brid wollte er erst gar nicht anfangen zu sprechen. Eigentlich war die jüngste Schwester nach wie vor noch ein Kleinkind.

Friedrich war nicht wirklich eifersüchtig auf seine Geschwister. Er hätte sich jedoch gewünscht, wenigstens einmal die Chance zu erhalten, im Mittelpunkt zu stehen. Zwischen all seinen Verwandten hatte er stets ein Schattendasein geführt. Immerwährend bestand für ihn nur die Hoffnung, irgendwann im Zentrum der Aufmerksamkeit zu stehen. Dies hatte sich allerdings nie erfüllt – bis heute zumindest. Plötzlich war er Vater, Mutter und großer Bruder in einer Person. Vollkommen unerwartet hielt er nun das Leben der Zwillinge in seinen kleinen Händen. Nun fragte er sich, ob er dieser Aufgabe auch nur im Geringsten gerecht werden konnte.

Während er sich durch das nahezu undurchdringliche Unterholz kämpfte, wünschte er sich die Tage zurück, an denen er der unscheinbare Bruder gewesen war. Immer hatte er sich damals an einen seiner Verwandten wenden können, wenn ihm ein Problem auf der Seele lag. Stets war eine helfende Hand zugegen gewesen, wann immer es schien, dass er mit einer Sache scheitern konnte. Allzeit hatte er gewusst, dass im Zweifel jemand existierte, der ihm zur Seite stünde.

Zum ersten Mal in seinem Leben war diese Sicherheit verflogen. Wie noch nie zuvor fühlte er sich einsam, überlastet und überfordert. Wann immer er sich umwandte, um einen Blick auf die Zwillinge zu werfen, sah er in vier Augen, die an ihn glaubten, die ihn sogar bewunderten. Es waren strahlende kleine Mienen, die noch an das Gute in der Welt glaubten. Wie es schien, zweifelte keiner der beiden daran, dass er wüsste, wie es weiterging. Brid und Lucas gingen davon aus, dass ihr großer Bruder einen Ausweg aus dem Schlamassel finden könnte. Am liebsten würde er jedoch die Aufgabe weit von sich weisen und sich stattdessen in eine Ecke kauern. Friedrich wusste schlichtweg nicht, wie er in der Lage sein sollte, eine Lösung aus der beängstigenden Situation zu finden. Er bezweifelte mittlerweile gar, dass es überhaupt eine Lösung für all das geben konnte.

Er war aber ihr älterer Bruder. Zudem war es zeitlebens sein Traum gewesen, ein richtiger Held zu werden. In Stefans Schatten hatte er bisher immer nur die Hilfsarbeiten erledigen dürfen. So erträumte er sich des Nachts eine Welt, in welcher er der Ritter war, der seine Familie rettete. Manchmal hatte er sich auch vorgestellt, ein einfacher Herold zu sein. Ohne Titel und Rang siegte er dennoch gegen übermächtige Gegner, mächtige Drachen und bösartige Kreaturen, um seine Geschwister zu verteidigen. Obwohl dies nur Träume waren, erschreckte es ihn, als sie nun begannen, sich in die Wirklichkeit zu verwandeln.

Nach einiger Zeit machte sich bei ihnen zunehmend ein unangenehm beißendes Hungergefühl bemerkbar. Obwohl die beiden Geschwister nicht drängelten, ahnte er, dass ihr Magen ebenso leer sein musste wie seiner. Statt wie bisher sich geradlinig durch das Unterholz zu kämpfen, beschloss er nunmehr, einen langgezogenen Halbkreis zu laufen. Etwas zu fangen oder zu jagen stand für ihn nicht zur Diskussion. Weder hatten sie dafür die Zeit noch die nötigen Hilfsmittel und Gerätschaften zur Verfügung. Dementsprechend hoffte er, am Rande irgendeines Gewässers Beeren und Früchte zu finden. Es bestand zwar durchaus die Chance, mitten im Wald einen Beerenstrauch zu entdecken, doch waren derartige Pflanzen zumeist da vorzufinden, wo es Wasser, frische Luft und viel Sonne gab. Diese drei Sachen waren jedoch im Unterholz eher selten anzutreffen. Demgemäß hoffte er, auf eine Lichtung oder eben auf die Böschung eines Baches oder eines Teiches zu treffen, um etwas Essbares zu finden.

Seine Augen leuchteten, als sie nach einer längeren Suche Erfolg hatten. In einem kleinen Tal schlängelte sich ein träge vor sich hin fließender Bach entlang. Am Hang der Schlucht wuchsen Unmengen von Sträuchern und allerlei Gewächse. Wahrscheinlich hatten sie Glück, dass dieses Jahr der Herbst frühzeitig eingesetzt hatte. Das Buschwerk war über und über mit Beeren behangen. Obwohl es bereits unglaublich kalt war, präsentierten sich die Früchte voll, reif und saftig.

Ausgehungert stürzten sich die drei Geschwister auf die leckeren Beeren. Auch wenn die Büsche über und über mit Dornen besetzt waren, griffen die Kinder mit beiden Händen zu. Die Beeren hingen dicht wie in Trauben an dem Strauch. Die Kinder hatten es bei ihrer Ernte daher einfach und mussten sich an Ort und Stelle nur im Kreis drehen, um Unmengen von Früchten abzupflücken.

Nach den drei langen Tagen der Wanderschaft stellte dies die erste Mahlzeit für Friedrich, Lucas und Brid dar. Obwohl klar war, dass sie hinterher wahrscheinlich Bauchschmerzen verspüren würden, spornte der ältere Bruder die Zwillinge an, sich die Bäuche vollzuschlagen. Schließlich wusste er nicht, wann sie die nächste Möglichkeit erhielten, etwas zu essen zu bekommen.

Nachdem sie sich satt gegessen hatten, wurde Friedrich mehr denn je der Kälte gewahr. Er war sich zudem sicher, dass es den Zwillingen noch wesentlich schlimmer ergehen musste als ihm. Statt sich jedoch darüber lautstark zu beschweren, hielten sich Lucas und Brid ausgesprochen tapfer. Augenblicklich schämte er sich dafür, dass er die beiden immer für Kleinkinder gehalten hatte. So wie er selbst ertrugen sie die Situation ohne zu murren oder auch nur Widerworte zu geben.

Am Rande der kleinen Schlucht auf einem schmalen Grat entdeckten sie nach ihrer einseitigen Mahlzeit einen verwachsenen Wildpfad, in den sie einbogen. Urplötzlich hatte er das Gefühl, dass die Kälte immer weiter zunahm. Vermutlich würde er sich noch nicht einmal wundern, auf dem winzigen Bach eine Eisschicht zu erblicken. Dementsprechend trieb er seine Geschwister an, schneller zu laufen. Solange sie sich in Bewegung befänden, würde die Kälte keine Macht über sie erlangen.

Auf dem schmalen Pfad stehend überlegte Friedrich verzweifelt, in welche Richtung er sich am besten wenden sollte. Zu seiner Überraschung ergriff Brid zum ersten Mal das Wort. Er hatte immer gedacht, dass das Mädchen die geringste Chance von ihnen hatte, in der rauen Wildnis zu überleben. Ihr Einwand jedoch, sich in die Richtung zu halten, welche von der Wetterseite der Bäume wegwies, war nahezu genial.

Die kleine Schwester untermauerte ihren Vorschlag außerdem damit, dass die Mutter ihnen befohlen hatte, aus dem Gebirge hinunterzusteigen. Sie wussten durch die Wanderung in ihre neue Heimat, dass sich im Flachland wesentlich mehr Siedlungen befanden als in den höhergelegenen Bereichen des dicht bewachsenen Waldes. Dementsprechend entschieden sie gemeinsam, dass es sinnvoll sei, in den Ebenen zuerst nach einer Möglichkeit zum Überwintern zu suchen.

Der Idee der Schwester folgend, wanderten sie kurz entschlossen den schmalen Pfad nach links weiter. Tatsächlich hatte Friedrich dabei die Empfindung, dass sie sich beständig bergab bewegten. Nun galt es für die kleine Gruppe nur noch, irgendwo ein Haus, einen Hof oder wenigstens eine bescheidene Hütte zu finden. Wahrscheinlich hatte ihre Mutter gehofft, dass ihnen mindestens ein Mondzyklus Zeit zur Verfügung stünde, um ins Flachland zu gelangen. Der frühe Wintereinbruch machte ihnen jedoch einen Strich durch die Rechnung. Allzu lange sollten sie sich bei dieser Kälte nicht unter freiem Himmel aufhalten.

Zu ihrem Glück unternahm der schmale Bach keine Anstalten, in die Schwarzwasser zu fließen, was ihnen anzeigte, dass sie sich nicht im Kreis bewegten. Das Tal fiel gleichwohl stetig leicht in eine andere Richtung ab. Obwohl sie sich immer weiter von den Verwandten entfernten, war sich Friedrich sicher, das Richtige zu tun.

Nachdem sich auch der zweite Tag der Flucht langsam seinem Ende zu neigte, beschloss der älteste Bruder, dass sie erneut einen Schlafplatz benötigten. Zuvor hielt er allerdings die Zwillinge dazu an, sich ein wenig auszuruhen. Da sie auf dem Wildpfad um einiges schneller vorangekommen waren als im dichten Unterholz, hoffte er, nunmehr genug Raum zwischen sich und Hilbert von Dahlenburg gebracht zu haben. Die letzten Reste der Früchte, welche sie mitgenommen hatten, waren bereits seit geraumer Zeit aufgebraucht. Zudem empfand er es als immer ungemütlicher in dem dunklen Wald. Die Nacht kündigte sich indes mit ihren Vorboten an. Er war sich sicher, dass sie diesmal erbärmlich frieren würden.

Unvermittelt nahm Friedrich einen dunklen Schatten wahr. Am oberen Ende des von ihm einsehbaren Weges stand etwas und beobachtete sie. Er wusste nicht, wie lange sie bereits von dem Schemen gemustert wurden, er wusste nur, dass er sich von dem angsteinflößenden Etwas bedroht fühlte. Leise versuchte er, die beiden Geschwister dazu zu bewegen, von ihrem Ruheplatz aufzustehen. Allerdings war Lucas derart erschöpft, dass sich der jüngere Bruder darüber beschwerte, schon wieder auf die Beine zu müssen. Friedrich sah aus dem Augenwinkel, dass der Schatten plötzlich damit begann, schnellen Schrittes auf sie zuzukommen. Sichtlich verzweifelt probierte er daraufhin, die Zwillinge an ihren Sachen mitzuziehen. Nur fort von hier, ging es durch seine Gedanken.

Im Zwielicht der Dämmerung war es ihm nach wie vor unmöglich, etwas Genaueres zu erkennen. Kurz fielen ihm die vielen Schauermärchen seiner Schwester Anna wieder ein. Wie oft hatte er sich angehört, dass dieses oder jenes in den Wäldern unterwegs wäre, um unartige Kinder zu fangen. Obwohl er keine der Geschichten je geglaubt hatte, wusste er jäh, dass sich ihnen eines dieser Wesen nun auf den Fersen befand.

Nichts wünschte er sich in dem Moment so sehr, als wieder das unbeachtete mittlere Kind zu sein. Könnte nicht jetzt eines der älteren Geschwister an seiner Seite sein? Stefan, Katharina oder Anna wären bestimmt in der Lage, etwas gegen eine derartige Bedrohung zu unternehmen. Stattdessen war er nun gezwungen, selbst gegen ein sich ihnen näherndes Ungeheuer zu kämpfen. Dabei war er nach wie vor noch ein Kind.

Den Wanderstock wie ein Schwert in beiden Händen haltend, bereitete er sich darauf vor, der Bestie entgegenzutreten. Die Situation entwickelte sich ganz anders, als er es sich zuvor in seinen schlimmsten Gedanken ausgemalt hatte. Sein Körper schlotterte, die Beine waren weich und er klapperte vor Angst mit seinen Zähnen. Zudem war Friedrich sich nicht sicher, ob seine Blase sich nicht augenblicklich entleeren würde.

In seinen Vorstellungen hatten sich derartige Begebenheiten immer vollkommen anders dargestellt. Das Schlimmste, was einem geschehen konnte, war, wenn die eigenen Wünsche in Erfüllung gingen, kam ihm jäh zu Bewusstsein. Statt des strahlenden Herolds, der er in seinen persönlichen Fantasien stets war, fühlte er sich prompt wie der größte Feigling auf Gottes Erde. Er stand dennoch nach wie vor in Verteidigungshaltung zwischen seinen Geschwistern und der finsteren Bedrohung. Auch wenn sein Herz vor Angst fast stehenzubleiben schien, würde er weiterhin versuchen, Lucas und Brid zu beschützen. Der tatsächliche Anspruch zwischen Wunsch, Vorstellung und Realität war jedoch ein ganz anderer.

Die alte Handelsstraße, auf der sich Milos nunmehr seit geraumer Zeit befand, war kaum mehr als solche zu erkennen. Irgendein vergessenes Volk aus grauer Vorzeit hatte einst diesen befestigten Weg angelegt. Obwohl seitdem die Zeitalter vorbeigeschritten waren, präsentierte sich der Handelsweg nach wie vor intakt und im besten Zustand – wenn er von dem dichten Bewuchs an den seitlichen Begrenzungen absah. Auf eine gewisse Art und Weise beneidete er die Erbauer sogar für diese bemerkenswerte Leistung. Er wusste, dass sein Volk nicht dazu imstande wäre, solch eine Straße anzulegen.

Der Wald holte sich stets zurück, was allzeit ihm gehört hatte, ging es dem Fürsten durch den Kopf. In der Mitte der Straße war ein Vorankommen allerdings noch immer ohne Probleme möglich, während am Rande des Fahrwegs das Gestrüpp und Unterholz bereits fünf Ellen hoch stand. Angeblich waren die Erbauer der alten Handelsstraße die legendären Römer gewesen. Es existierten dabei nur noch Geschichten und Mythen über die längst vergangenen Zeiten. Wäre er der Fürst dieses Gaus gewesen, so hätte er für die Instandsetzung der wichtigen Straße gesorgt. Er war es allerdings nicht. Er war nur ein Fremder auf Bittgesuch – mehr nicht.

Eiskalt pfiff der Wind auf dem schmalen Pfad, der durch den tiefen Wald führte. Es fühlte sich für den Stammesführer der Daleminzer so an, als ob bereits seit etlichen Monden der Winter Einzug gehalten hatte. Ohne dass tatsächlich sonderlich viel Schnee fiel, befand sich die Natur bereits in Winterstarre. Die meisten Sträucher hatten längst ihre Blätter verloren. Zudem wirkten die kahlen Laubbäume auf ihn finster und voller versteckter Schrecken.

Wenn er genau darüber nachdachte, kam der eisige Wind seit jener Nacht über seine Länder, als der Blutmond erschienen war. Eventuell zeigten sich die Götter auch nur erzürnt über den Umstand, dass er einen ihrer Hohepriester erstochen hatte. Das stellte für ihn jedoch nur ein kleines Stolpersteinchen in der glorreichen Zukunft seines Volkes dar. Was interessierte ihn das Wetter, wenn er über die Möglichkeit verfügte, die Deutschen aus seinem Land zu vertreiben? Es wäre an ihm, die Gottheiten mit jeder Menge Blutopfer zu besänftigen, wenn er erst einmal sein Schwert in die Leiber der verhassten Besatzer getrieben hätte.

Hinter sich wusste der Fürst der Daleminzer derweil eine Ehrengarde aus erlesenen Kriegern. Viele der Männer murrten darüber, dass sie durch diese Einöde reiten mussten, statt mit ihren Kameraden die Burgen der Christen zu stürmen. Obwohl Milos sich auf feindlichem Territorium befand, verzichtete er bewusst auf eine größere Kriegerschaft. Zum einen trabte er schließlich als Bittsteller in die verborgene Hauptburg des Bruderstammes, zum anderen besaßen die Daleminzer nicht sonderlich viele erfahrene Krieger, denen er vorbehaltlos vertraute – zumal die meisten der Recken ohnehin bei dem gleichzeitig stattfindenden Feldzug benötigt wurden.

Deswegen führte er keine dreißig Männer unter Waffen mit sich auf dieser heiklen diplomatischen Mission. In gleicher Weise verzichtete er auf einen ausgewachsenen Hofstaat. Der verwilderte Weg verhinderte die Nutzung von schweren Wagen und großen Karren. Vielmehr trugen einzig eine ganze Reihe von Packpferden die nötigsten Güter und Dinge des täglichen Bedarfs. Nahezu schon spartanisch reiste er zu dem Bruderstamm der Lusitzer im Nordosten.

Neben den Recken unter Waffe ritt Babattz als Schildträger, Jakub als Bannerträger und Pawlo als sein getreuer Diener mit. Zudem kamen noch zehn allgemein Bedienstete aus dem Tross hinzu. Viel wichtiger jedoch als die ganzen Männer zusammen war Wlada. Die Schönheit trabte auf einer stolzen Stute direkt hinter ihm. Immer wieder überraschte er sich selbst dabei, wie er sich nach der geheimnisvollen Frau umblickte, als ob er befürchtete, dass sie plötzlich verschwinden könnte.

Er war kaum noch in der Lage, sich ein Regieren ohne die charismatische Beraterin vorzustellen. Seitdem sie in sein Leben getreten war, hatte sich alles vollkommen verändert. Mittlerweile sah er sich auf einem steil aufsteigenden Ast. Er hatte es geschafft, die Familien unter sich zu vereinen. Einzig Dahlibur sträubte sich noch dagegen, die Clans miteinander zu verbinden. Milos verspürte jedoch die Gewissheit, dass auch er bereit war, seine Meinung nach dem Fall der Festung Torgausis zu ändern. Spätestens dann würden sie mit geballter Macht gegen die verhassten Deutschen vorgehen.

»Mein Fürst! Mein Fürst, darf ich Euch eine Frage stellen?«, vernahm er plötzlich die Stimme von Babattz neben sich.

Aus seinen Gedanken gerissen, sah er den Burschen einige Herzschläge lang finster an. Da der Junge allerdings nichts für seine Neugierde konnte, wischte Milos die Verärgerung beiseite.

»Natürlich, mein treuer Schildträger. Was beabsichtigst du, von mir zu erfahren?«, entgegnete Milos.

»Nun, mein Fürst! Ich habe bis heute nur das Schlimmste von den Lusitzern vernommen. Meine Baba erzählte mir in meiner Jugend Geschichten von ihnen. Angeblich sind sie ein verstoßener und verdorbener Stamm. Meine Großmutter meinte, dass niemand mit den Lusitzern etwas zu tun haben sollte.«

Innerlich war Milos gezwungen, über die naiven Worte zu schmunzeln. Auch er hatte in seiner Kindheit diese Legenden und noch weitaus schlimmere Märchen erzählt bekommen. Die verworrene Entwicklung des Stammes aus dem Nordosten war schon seit ehedem Anlass für die wildesten Spekulationen gewesen. Dabei gingen tatsächliche Begebenheiten Hand in Hand mit Vermutungen, Mutmaßungen und wüsten Ammenmärchen.

Milos entschied sich schließlich dafür, dem jungen Diener etwas über die Geschichte der Lusitzer zu erzählen.

»Die Familien im Gau Lusitzi bilden im Prinzip einen Bruderstamm zu unserem. Wir besitzen überdies die gleichen Wurzeln. Tatsächlich könnte man die Lusitzer als unsere nächsten Blutsverwandten betrachten. Angeblich hat es sogar einmal Bestrebungen gegeben, unsere beiden Stämme zu vereinen. Allerdings liegt jene Zeit schon sehr lange zurück. Weit vor der Geburt meines Großvaters hat sich das alles zugetragen und …«

»Die Lusitzer sind unsere Brüder – also wie wir?«, staunte Babattz.

Augenblicklich erkannte der Junge seinen Fehler. Beschämt darüber, dem Anführer ins Wort gefallen zu sein, senkte der Schildträger den Kopf. Eine kurze Entschuldigung von sich gebend, hoffte der junge Mann, dass ihm Milos die Vorwitzigkeit verzieh. Obwohl der Bursche schon eine Weile der Schildträger des Fürsten war, hatte er noch immer beständig Angst, irgendetwas verkehrt zu machen.

Der Adlige ignorierte jedoch den Einwurf des Jünglings. Stattdessen erhob er seine Stimme, da er merkte, dass auch die restlichen Männer und Jugendlichen in seiner Umgebung die Ohren spitzten. Zu viele Geschichten gab es über den rätselhaften Volksstamm, und zu wenig war tatsächlich über die fremden Anführer, Krieger und Frauen bekannt.

»Der Stamm der Lusitzer hatte mehr unter äußeren Feinden zu leiden als jede andere Gemeinschaft, jeder andere Clan oder jedwede andere Sippe unseres Volkes. Wir, die Milzener, aber auch die Abodriten, sind einzig genötigt, uns gegen die Deutschen zu erwehren. Die Lusitzer dagegen müssen sich auch noch gegen die hinterhältigen Polanen und deren Verbündete verteidigen. Der Streit zwischen den beiden Stämmen geht auf einen viele hundert Winter alten Konflikt zurück.«

Milos ließ den Blick über seine Getreuen schweifen. In seiner direkten Umgebung entdeckte er jede Menge Gesichter, die wissbegierig seinen Worten lauschten. Selbst einige der gestandenen Recken seiner Ehrengarde schoben sich ein wenig näher zu ihm vor, um etwas von den Geschichten zu hören, welche der Fürst von sich gab. Das Unwissen und die daraus folgende Legendenbildung über die Lusitzer rührte daher, dass sich die Familien der einfachen Bauern oft weigerten, über die anderen Völkergruppen zu sprechen. Im Laufe der vielen Winter hat sich der ehemalige Bruderstamm zu einem Mythos verklärt, mit dem Großmütter ihre kleinen Enkelkinder erschreckten.

Sich dem wissbegierigen Publikum wohl bewusst, berichtete Milos weiter aus seinen Erinnerungen. Etliches davon hatte ihm dereinst seine Amme erzählt. Die alte Frau war eine Schwester eines Clanhäuptlings gewesen. Als Mitglied des gehobenen Standes der Daleminzer verfügte sie über jede Menge Wissen aus der Vergangenheit aller sorbischen Völker.

»Vor einhundertundzehn Wintern raubte der Familienführer der Lusitzer die Tochter des Fürsten der Polanen. In jener Epoche waren die Lusitzer der mächtigste Stamm weit und breit. Selbst die großen Milzener sahen sich damals dem Stamm weiter nördlich unterlegen. Diese Machtstellung nutzten die Lusitzer auch zur Gänze zu ihrem Vorteil aus. Angeblich forderten sie Tribut von allen anderen Familien und Stämmen. Sogar wir Daleminzer waren zu jener Zeit gezwungen gewesen, den Lusitzern einen Teil unserer Ernte abzugeben.«

»Wie kann das sein?«, unterbrach ihn eine Stimme aus dem Hintergrund.

Milos ignorierte jedoch die Frage, während die Kameraden den Zwischenrufer zum Schweigen brachten. Viele der Männer waren darauf versessen, mehr über ihre mysteriösen Nachbarn zu erfahren. Nachdem erneut Ruhe eingekehrt war, fuhr der Fürst mit seiner Geschichte fort.

»Der Häuptling der Lusitzer, Stanislaw, entführte jedenfalls die holde polanische Jungfer Dana, um sie zu seiner Frau zu machen. Er sah sie als Tribut für seine Herrschaft an und ignorierte die Ratschläge seiner Untergebenen. Innerhalb kürzester Zeit hoben die polanischen Familien und ihre Verbündeten ein großes Heer aus. Stanislaw wäre jedoch zu jeder Zeit in der Lage gewesen, sich der Polanen zu erwehren. Allerdings führte in jenen Tagen das Schicksal eine eigenartige Wendung der Geschehnisse herbei. Die Deutschen erschienen plötzlich mit geballter Kraft in unseren Ländern.«

Auf die Worte des Fürsten erklang ein Raunen unter den Untergebenen. Soweit jeder der Männer und Jungen in der Lage war sich zu erinnern, begann und endete eine jede Geschichte mit dem Auftauchen der verhassten Deutschen. Es existierte niemand unter Milos' Getreuen, der nicht mindestens einen Verwandten kannte, welcher durch die Hand eines Deutschen sein Leben verloren hatte.

»Marktgraf Gero, damals einziger und unmittelbarer Graf aller Gebiete östlich der alten Reichsgrenze, griff in einem heimtückischen Überfall den zu jener Zeit mächtigsten Stamm an. Vollkommen überraschend unterlag Stanislaw in der Schlacht gegen die Deutschen. Da er jedoch über keine Freunde bei den anderen Familien der Sorben verfügte, verweigerte ihm jeder Stamm seine Hilfe. Schlimmer für ihn noch: Polanen, Milzener und auch die Daleminzer holten sich zurück, was die Lusitzer zuvor erpresst hatten. So kam es dazu, dass wir in den Besitz der Burg Löbsalov gelangten. Gleichsam nahmen wir den Lusitzern jede Menge Land entlang der Elbe ab.«

Milos blickte sich um und las in vielen Gesichtern, dass seine Zuhörer gebannt die Erkenntnisse über den berüchtigten Stamm mit ihren Erlebnissen verbanden. Gleichwohl war sich der Fürst über die wechselvolle Geschichte seines Volkes bewusst. Schließlich wurde die Burg Löbsalov keine zehn Winter nach der Übernahme schon wieder zerstört. Der Marktgraf zu Misena führte seinerseits einen Vernichtungskreuzzug gegen alle Sorben, Wenden und Böhmen. Er machte schlichtweg keinen Unterschied zwischen den einzelnen Stämmen. Für ihn waren sie allesamt nur Wilde, Barbaren und Heiden. Mit Feuer und Schwert versuchte der Deutsche damals, die Macht des Kaisers bis über die Oder auszudehnen.

Während Milos erzählte, ritt er aus dem kahlen Wald auf eine offene Ebene hinaus. So weit sein Auge reichte, erspähte er Moore, Sümpfe und Torfgebiete. Nach den Niederlagen von vor einhundert Wintern hatte sich das Volk der Lusitzer in dieses schwer zu erreichende Flachland zurückgezogen.

Nur Eingeweihte waren in der Lage, die verschlungenen Pfade durch das Moorland zu finden. Im Zentrum des ausgestreckten Landes befand sich der Hügel Kosilenzien mit der gleichnamigen Burganlage. Vierhundert Klafter im Durchmesser maß die gewaltige Wallanlage der Schutzburg. Einzig hier war es den Lusitzern möglich gewesen, sich gegen alle Eindringlinge zu verteidigen. Die natürlichen Schutzbarrieren der Sümpfe und Moore hatte bis heute jegliche Angreifer abgehalten, sich erneut gegen den Stamm zu wenden.

»Nun sind wir hier, mein Fürst. Wie geht es weiter?«, riss ihn Wladas vertraute Stimme aus seinen Gedanken.

Den ganzen Morgen über hatte sie keinen Satz mit ihm gewechselt. Ebenso verzichtete sie darauf, ihn in seinen Ausführungen zu berichtigen. Manchmal glaubte er, sie wüsste Dinge, die noch nicht einmal den Priestern bekannt waren. In gleichem Maße waren der Frau Begebenheiten aus der Geschichte seines Volkes geläufig, die ihm nur als entfernte Mythen zu Ohren gekommen waren. Sie schien so viel mehr zu wissen.

»Wir können nicht allzu viel machen«, entgegnete er trocken.

Kurz entdeckte er einen Anflug von Missfallen im Gesicht der schwarzhaarigen Schönheit. Dies ließ ihn innerlich schmunzeln. Selten genug schaffte er es, die Beraterin aus der Reserve zu locken. Immer versteckte sie ihre Gedanken und Gefühle hinter diesem hinreißenden Lächeln und den wunderschönen, strahlenden Augen. Sie einmal in Verlegenheit zu erleben, war schon etwas ganz Besonderes. Am liebsten hätte er das Spiel noch eine Weile weiter betrieben.

»Beabsichtigt Ihr, mich zum Narren zu halten?«, entfuhr ihr eine kleine Spitze.

»Nein, natürlich nicht, meine hochgeschätzte Ratgeberin«, entgegnete er neckend.

Mit einem spitzbübischen Schmunzeln bedachte er die Frau ein paar Augenblicke lang. Als sie jedoch nicht auf seinen Versuch, sie zu veralbern, reagierte, gab er die Begründung für die Entscheidungen an.

»Wir werden an genau dieser Stelle ein Feuer entzünden. Ich gehe davon aus, dass wir noch vor Beginn der Nacht eine Nachricht von den Familienoberhäuptern der Lusitzer vernehmen werden. Ich beabsichtige nicht, ohne einen Ortskundigen in die tückischen Sümpfe zu reiten. Soweit ich weiß, ist daraus noch niemand, der sich ohne Führung hineingewagt hatte, wieder lebendig hervorgekommen. Aufgrund dessen sind wir zum Warten verdammt. Wir haben keine andere Wahl.«

In dem Moment trat der Bannerträger an seine Seite und entrollte, ohne auf eine Anweisung zu warten, das Banner des Fürsten. Damit war es von weithin sichtbar, wer hier am Rande des Moores auf eine Antwort harrte. Hier steht der Anführer der Daleminzer und wartete auf eine Reaktion der Lusitzer.

»Babattz und Pawlo, kommt zu mir!«, trieb Milos zugleich die Untergebenen an. »Nehmt euch die restlichen Bediensteten und sucht so viel trockenes Holz zusammen, wie ihr in der Lage seid zu finden. Zum einen ist es ein elendes nasskaltes Wetter, zum anderen muss das Feuer groß genug sein, dass es die Burgherren in der Festung Kosilenzien sehen. Ich gedenke nicht, hier länger als bis zum Mondaufgang zu verweilen. Also sputet euch und schafft mir ausreichend Gehölz heran, dass es mir warm wird. Der verdammte Winter sorgt noch dafür, dass mir die Zehen abfrieren.«

Während sich Babattz aufmachte, um die restlichen Diener zur Arbeit anzutreiben, sah der Fürst dem Burschen hinterher. Innerhalb von gerade einmal zwei Sommern hatte sich der schüchterne Bengel in einen prächtigen jungen Mann entwickelt. Als sein persönlicher

Schildträger war der schwarzhaarige Jüngling praktisch jeden Tag in seiner Nähe. Einzig wenn Milos auf der eigenen Burg Gana residierte, war der Schildträger nicht an seiner Seite.

Obwohl wortkarg und wenig gelehrt mit dem Schwert, war der Schildträger seinem Herrn ans Herz gewachsen. Allerdings kam Babattz langsam in ein Alter, in dem es darum ging, sich für eine eigene Zukunft zu entscheiden. Zudem wartete längst eine ganze Fülle von Jungen darauf, dass der Ältere endlich beiseitetrat. Die Position des Schildträgers wurde sonst immer nur zwei oder drei Winter lang von einem Jüngling besetzt.

Just in dem Moment ging bereits ein ansehnlicher Stapel Holz in Flammen auf. Aus dem Hintergrund sah Milos die Diener emsig Zweige und Äste aus dem kahlen Wald hervorholen. Da das Gehölz feucht war, entwickelte sich umgehend eine große Rauchsäule. In einer anderen Situation hätte sich der Fürst darüber erbost gezeigt. Hier entsprach es jedoch genau seinem Bedürfnis nach Aufmerksamkeit.

Innerhalb weniger Herzschläge stiegen die Rauchwolken hoch in den Himmel hinauf. Er war sich sicher, dass dieses Signal über weite Strecken hinweg zu sehen war. Dennoch trug er seinem Leibdiener Pawlo auf, noch mehr Holz heranzuschaffen. Das nasse Wetter sorgte dafür, dass es ihm kaum warm wurde. Fröstelnd zog er sich den Umhang enger um die Taille. Zudem pfiff ein eisiger Wind über die ausgedehnte Ebene des Moores zu seinen Füßen. Egal wie er sich drehte und wendete, aus irgendeiner Richtung schlug ihm immer der schneidende Wind entgegen.

Das lenkte die Gedanken des Fürsten unweigerlich auf die Entwicklung der letzten Monde. Die Ernte in den Dörfern war ausgesprochen mager ausgefallen. Das Wetter tat sein Übriges dafür, dass selbst die Früchte an den Bäumen verfaulten. Die Mobilmachung sämtlicher Männer im kampffähigen Alter verschärfte weiterhin die Situation auf den Bauernhöfen. Allerdings waren ihre Speicher noch gut gefüllt. Obwohl der Winter viel zu früh begonnen hatte, verspürte Milos keine

Bedenken. Wenn sie erst einmal die Dörfer, Weiler und Burgen der Deutschen eingenommen hatten, würden sie schon über ausreichend Vorräte verfügen. Bis jetzt war alles so abgelaufen, wie er es geplant und sich vorgestellt hatte. Wlada beriet ihn dahingehend zu seiner Zufriedenheit.

Der heiße Wind von einem anfachenden Großfeuer trieb Milos aus seinen Überlegungen heraus. Nahezu sieben Klafter hoch erhoben sich die Flammen des Signalfeuers. Nunmehr sollte es sich nur noch um Augenblicke handeln, bis ein Reiter am Horizont auszumachen wäre. Endlich verspürte er die wohltuende Hitze des Lagerfeuers.

»Wie beabsichtigt Ihr die Lusitzer auf Eure Seite zu ziehen, mein Fürst?«, vernahm er Wladas Stimme an seinem Ohr.

Dies war eines der wenigen Details, die sie bis jetzt noch nicht erörtert hatten. Obwohl Wlada ständig darauf bedacht war, jede Kleinigkeit zu besprechen und zu planen, behielt er einige Sachen lieber für sich. Nicht zuletzt, weil er das Spiel mit ihr genoss.

»Lasst mir doch bitte auch ein Geheimnis«, entgegnete das Oberhaupt der Daleminzer deswegen.

Erneut umspielte der Hauch einer Verärgerung die Züge seiner Beraterin.

»Ihr wisst schon so viele Dinge von mir, edle Wlada. Ich hingegen von Euch überhaupt nichts«, warf er direkt hinterher.

»Kommt Ihr nun wieder mit diesem Spiel?«, fragte ihn die schwarzhaarige Schönheit im Gegenzug.

»Natürlich!«, erhob er streng seine Stimme.

Augenblicklich ärgerte er sich über den spontanen Gefühlsausbruch. Wlada war daran jedoch selbst schuld, dass er auf dieses Thema so ansprang. Während der letzten Monde hatte er sich in mehr als nur einer Nacht der hübschen Frau gegenüber geöffnet. Mittlerweile erzählte er ihr mehr als anderen Personen seines Stammes. Sogar sein eigentliches Eheweib kannte nur den Bruchteil von dem, was er der Beraterin offenbarte.

Sie jedoch hatte ihm bisher so gut wie nichts anvertraut. Wenn er genau darüber nachdachte, wusste er von der Frau mit der schneeweißen Haut, seit er sie in jener Nacht zum ersten Mal getroffen hatte, überhaupt nichts.

»Nichts! Rein gar nichts weiß ich von Euch. Weder wo Ihr herkommt, noch wer Eure Eltern sind oder welche Gründe Ihr für Eure Handlungen vorschiebt. Ihr seid eine vollkommen Fremde für mich. Dennoch teile ich meine geheimsten Gedanken, meine Wünsche und die Sehnsüchte mit Euch«, erhob sich Milos' Stimme.

Die Köpfe der anderen Begleiter ruckten augenblicklich zu ihm herum. Zu laut war er bei den letzten Worten geworden, als dass man ihn hätte ignorieren können. Weil ihn die Männer fast immer in trauter Zweisamkeit mit dem schwarzhaarigen Prachtweib erlebten, verwunderte es sie nunmehr, dass er sich ihr gegenüber erzürnt zeigte. Vielen war klar, dass er seine schlechte Laune sonst an ihnen auslassen würde.

»Verzeiht, mein Fürst«, versuchte Wlada, sofort die Wogen zu glätten.

Gleichzeitig stahl sich ein bezauberndes Lächeln in ihr Gesicht. Augen, so unschuldig wie von einem Rehkitz, blickten ihn unterwürfig an. Die Lippen, leicht zu einem Schmollmund verzogen, verhießen eine zusätzliche Entschuldigung. Allerdings würde diese erst des Nachts in der Stille seines Zeltes vorgebracht werden. Das war ein weiterer der vielen Aspekte der bildhübschen Frau, die ihn verwirrten. Sie schaffte es immer wieder, mögliche Streitpunkte bereits im Keim zu ersticken.

»Mein Leben ist zu langweilig«, fuhr sie mit ihrer honigweichen Stimme fort. »Versteht Ihr, mein stolzer Recke? Ich wüsste nicht, was ich Euch erzählen könnte. Aufgewachsen auf einem Bauernhof, gelehrig bei den Priestern im Gau Nisan und erzogen an den Höfen der Milzener. So gibt es wenig Wichtiges über mich zu berichten, was Euch auch nur einen Herzschlag lang interessieren könnte. Ich lebte ein bescheidenes Leben, bevor ich in Eures getreten bin. Einzig durch Eure Anwesenheit wird mein Dasein mit Sinn erfüllt.«

Ein Blick auf ihre wunderschönen, blutroten Lippen, und schon sah sich Milos in seinen Gedanken einlenken. So erging es ihm in der letzten Zeit häufig. Wann immer er einen gewissen Groll gegen seine schwarzhaarige Begleiterin verspürt hatte, schaffte sie es innerhalb weniger Augenblicke, alles ins Gegenteil zu verkehren.

»Verdammt, Wlada, versucht Ihr schon wieder, mich zu …«

Er wurde jedoch jäh durch den Ausruf eines seiner Männer unterbrochen.

»Seht, da kommt jemand auf uns zugeritten!«

Milos stand auf und trat an den Rand der weiten Sumpfebene. Er war gezwungen, eine Hand zu benutzen, um seinen Blick gegen die tief stehende Sonne abzuschirmen. Nach einiger Zeit gelang es ihm tatsächlich, einen Reiter am Horizont auszumachen. In einem eigenartigen Zickzack-Muster galoppierte der Mann auf sie zu. Wäre der Fürst der Daleminzer nicht in der Lage gewesen, die befremdliche Fortbewegung zu verstehen, hätte er den Berittenen für verrückt gehalten.

»Ich wusste, dass es funktioniert«, rief er laut und erfreut aus. Mit einem siegessicheren Grinsen wandte er sich zu seinen Männern um. »Los, bereitet euch auf die Weiterreise vor! Dämmt das Feuer ein, packt eure Sachen zusammen und bindet die Pferde aneinander. Wir haben noch einen weiten Ritt vor uns. Zudem beabsichtige ich nicht, auf halbem Weg zu übernachten. Wer nicht augenblicklich abmarschbereit ist, wird hier zurückgelassen!«

»Wieso, mein Fürst?«, erbat Babattz eine Auskunft.

Manchmal fragte sich Milos, ob er den richtigen Jungen zum Schildträger erwählt hatte. So pflichtbewusst er auch seine Arbeit verrichtete, aber gelegentlich war der Jüngling schwer von Begriff.

»Da draußen ist ein mehr als tückischer Sumpf. Kein Außenstehender ist in der Lage, problemlos zur Burg der Lusitzer vorzudringen. Wir benötigen aus dem Grund einen Führer, der uns durch diesen Irrgarten aus Wasserlöchern, Sumpfflächen und Tiefmooren hindurchführt. Die seltsame Reitbewegung des Mannes da draußen dürfte in etwa dem Pfad entsprechen, welchen wir ebenso zurücklegen werden«, führte Milos seinem Untergebenen aus.

Mittlerweile hatte sich die gesamte Ehrengarde hinter ihm versammelt. Er stand weiterhin am Rande der weiten und trostlosen Ebene. Obwohl bereits einige Zeit vergangen war, befand sich der Reiter nach wie vor auf der Sumpffläche. Nervös tänzelte sein Pferd auf der Stelle umher. In gleicher Weise verhielten sich auch die Tiere seiner Begleiter.

In dem Moment begann es erneut zu schneien. Wie so oft während der letzten Monde setzte ein ganz schwacher Schneefall ein. Nie blieben die Flocken allerdings lang genug liegen, um die Erde mit einem weißen Tuch zu bedecken. Dennoch war die Kühle der Luft bereits so tief abgesunken, dass sich auf den Pfützen des Sumpfes ein leichter Eisfilm bildete.

Auch die Pflanzen konnten keinen Schutz mehr gegen die klirrende Kälte der Nächte aufbringen. Viele der Gewächse im Wald zeigten schon Anzeichen von Frostschäden. Gleichsam sahen das Gras und die niedrigen Büsche auf der Fläche des Moores braun, ungesund und abgestorben aus. Milos wusste nicht genau, wie es seinen Bauern im Moment erging. Als wäre das schon nicht schlimm genug, kam es ihm zu Ohren, dass der nächste Sommer wohl weniger ertragreich werden würde als sonst üblich. Vor allem auch die Obstbäume schienen unter dem zeitigen Frost stark zu leiden.

Mit ausreichend anhaltendem Frost war es unter Umständen sogar möglich, dass das weite Sumpffeld zufror, überlegte sich der Fürst. An diese Eventualität hatte er noch gar nicht gedacht. Wenn der Winter lang genug wäre, bestünde durchaus die Chance, die Burg der

Lusitzer auf direktem Weg zu erreichen. Allerdings stellte das jetzt keine Option mehr für ihn dar. Letztlich war der Krieg gegen die verhassten Deutschen längst ausgebrochen. Um diesen zu gewinnen, benötigte er unbedingt die Hilfe des Bruderstammes der Lusitzer. Sich dabei noch Gedanken über einen Angriff zu machen, war mehr als nur kontraproduktiv.

Das Warten auf den Reiter zog sich zunehmend in die Länge. Das große Benachrichtigungsfeuer war mittlerweile so gut wie komplett heruntergebrannt. Milos selbst taten die Augen weh. Schließlich starrte er ununterbrochen auf die weite Ebene hinaus. Die letzten Klafter legte der Bote allerdings in nur wenigen Augenblicken zurück.

Bevor der Berittene in der Lage war, ein Wort an die Gruppe zu richten, ergriff Milos das Wort. »Haaalt! Ich bin Milos, der Fürst der Daleminzer. Mit wem habe ich die Ehre zu sprechen?«

»Man nennt mich Korla den Fürchterlichen. Ich bin erster Herold des Stammführers Marko der Lusitzer. Wieso habt Ihr unser Land ohne die Erlaubnis der Familienführer betreten? Ich wüsste nicht, dass wir in irgendwelchen Verhandlungen mit Eurer Sippe stehen. Erklärt Euch, Fürst der Daleminzer!«

»Ich bin nicht wegen eines alten Streits hier. Diese Dinge sind längst vergangen. Ich bin wegen unserer gemeinsamen Feinde hergekommen. Wärt Ihr wohl so freundlich, mich zu Eurem Oberhaupt zu bringen? Es gibt eine Angelegenheit, die ich lieber unter vier Augen mit ihm besprechen möchte«, entgegnete Milos.

Nachfolgend trat ein kurzer Moment des Schweigens ein. Das gab dem Anführer der Daleminzer die Möglichkeit, sich den Boten näher anzuschauen. Schlank, von hohem Wuchs und mit edlen Zügen stellte er wohl einen Verwandten eines der Familienoberhäupter dar. Hinter strahlend blauen Augen war zudem eine gewisse Intelligenz zu vermuten. Milos entschied für sich, Korla mit aller Vorsicht zu begegnen.

»Jurij hat mir die Vollmacht gegeben, zehn Männer ins Herz der Burg Kosilenzien zu führen. So wählt Eure Getreuen, als dass wir so schnell wie irgend möglich aufbrechen können. Ich möchte es Euch gern ersparen, nachts durch die Moorfelder zu irren«, übermittelte der Bote die Anweisung des Anführers der Lusitzer.

»Jurij? Was ist mit Syman? Ist Euer alter Sippenvorsteher verstorben? Es ist lange her, dass mein Stamm mit Eurem in Kontakt stand«, beabsichtigte Milos zu erfahren.

»Syman ist schon lange bei den Göttern. Es hat sich bei uns viel getan. Davon könnt Ihr Euch jedoch selbst überzeugen. Bestimmt Eure Männer und lasst uns endlich aufbrechen. Die Witterung ist zu ungemütlich, als dass ich beabsichtige, hier die ganz Nacht zu verbringen.«

Innerhalb weniger Herzschläge hatte Milos seine Begleitung gewählt. Neben seinem Schildträger Babattz und dem Bannerträger Jakub nahm er acht kampfgestählte Krieger mit. Den übrigen Männern trug er auf, an dieser Stelle zu warten. Trotz der ungastlichen Witterung wies er sie an, auf dieser Lichtung ein Lager aufzuschlagen.

Kurz vor dem Abmarsch zögerte Korla.

»Ich sprach von zehn Männern, welche Euch begleiten dürfen«, stellte der Reiter die Bedingungen erneut fest.

»Und ich zähle auch zehn Männer«, entgegnete Milos.

Dem Blick des Boten folgend, trafen seine Augen die schwarzhaarige Schönheit. Mit einem verschmitzten Lächeln auf den Lippen erhob der Fürst abermals die Stimme.

»Dies ist meine Beraterin Wlada. Wie unschwer zu erkennen – sie ist kein Mann. Da Ihr nur die Anzahl der Männer begrenzt habt, darf ich wohl so viele Frauen mitnehmen, wie es mir gefällt. Oder etwa nicht?«, erfreute sich der Anführer der Daleminzer an der Möglichkeit, den Lusitzer überlistet zu haben.

»Nun denn, großer Fürst. Wie immer es Euch beliebt«, stellte die schmallippige Antwort des Boten dar.

Ohne auf eine weitere Erwiderung zu warten, ritt Korla in den Sumpf hinein. Milos gab daraufhin dem Pferd ebenfalls die Sporen und folgte dem Reiter. Seine Getreuen kamen ihm einer Perlenkette gleich nach. Jeder achtete darauf, in der Spur des Vordermanns zu bleiben. Alle verspürten eine gewisse Furcht vor den tückischen Wasserlöchern.

Mehr noch als vor dem Sumpfland, das ihn umgab, fürchtete sich der Fürst vor den Dingen, die ihn am Ende des Weges erwarteten. Die Aussicht, einen neuen Ratsführer des Stammes der Lusitzer zu treffen, machte ihn nervös. Mehr als je zuvor war er sich der Tatsache bewusst, dass der Konflikt gegen die Deutschen einzig mit den Lusitzern zu gewinnen war. Sein Schicksal und das Leben aller Daleminzer hingen an den Verhandlungen, welche er in nächster Zeit zu führen hatte.

Friedrich

Glucksend lachte Brid, als sie auf dem Schoß des großen Wanderers saß. Wie bereits schon vor Monden zog sie belustigt an dem langen, dichten und grauen Bart des seltsamen Mannes. Vom ersten Augenblick an hatte das kleine Mädchen den Riesen in ihr Herz geschlossen. Das hatte sich auch bei dieser Begegnung nicht geändert. Während Friedrich panisch davongelaufen war, hatte sich die jüngste Schwester mutig der Bedrohung entgegengestellt.

Tatsächlich hatte der ältere Bruder im Wegrennen sogar den Kontakt zu seinen Geschwistern verloren. Wenn er ehrlich zu sich selbst sein sollte, waren ihm im Moment der Flucht der Bruder und die Schwester für einen Herzschlag vollkommen egal gewesen. Angsterfüllt war Friedrich wenig heldenhaft auf dem schmalen Pfad vor der unheimlichen Situation davongerannt. Erneut zeigte es sich, dass er eben doch nicht so stark und mutig war wie sein großer Bruder Stefan.

Das helle und klare Lachen seiner kleinen Schwester stoppte ihn in seiner Flucht. Zu seiner Verwunderung musste er feststellen, dass der Schatten nur Herr Johannes gewesen war. Egal wie verrückt es schien, den einsamen Wanderer ausgerechnet hier in der Wildnis anzutreffen, spürte er dennoch einen riesigen Stein vom Herzen fallen. Am meisten war Friedrich darüber erleichtert, dass mit Herrn Johannes ein Erwachsener an seiner Seite stand. Endlich hatte er jemanden, der ihm sagen konnte, was er machen sollte.

Nun saßen sie in einer Kuhle am Rande des schmalen Pfades. Vor ihnen brannte ein beachtliches Lagerfeuer. Obwohl Friedrich anfänglich dagegen gewesen war, ein derart großes Feuer anzufachen, hatte ihn Herr Johannes davon überzeugt, dass dadurch keinerlei Gefahr bestehen würde. Der Riese behauptete, wissen zu können, ob sich jemand in ihrer Nähe befände oder nicht. So berichtete der Wanderer, dass sich zu dem Zeitpunkt ein Fuchs, acht Eichhörnchen und ein Hase in der näheren Umgebung aufhielten. Friedrich hielt das Gebaren des Wanderers deswegen für reichlich großspurig. Egal wie geheimnisvoll der Einsiedler auch daherkam, so etwas konnte niemand wissen. Trotzdem war er glücklich darüber, nicht mehr die Verantwortung allein tragen zu müssen.

»Wie kommt es, dass du uns hier draußen gefunden hast?«, wollte Brid plötzlich von Herrn Johannes erfahren und sah dem Giganten mit ihren großen und unschuldigen Augen ins Gesicht. Überrascht davon, dass die kleine Schwester eine derartig intelligente Frage stellte, hätte Friedrich sich beinahe am Essen verschluckt. Eigentlich hätte er es an ihrer Stelle sein müssen, den Riesen danach zu fragen.

»Tatsächlich stellte es einen Zufall dar. Ich bin gerade auf dem Rückweg aus dem weiten Westen. Einen Tag später, und ich wäre bereits tief im Osten gewesen. Einen Tag früher, und wir wären uns wahrscheinlich nie begegnet«, versuchte sich der Wanderer an einer Erklärung.

»Mutter sagt immer, auch eine halbe Lüge ist eine Lüge. Entweder eine Person sagt die ganze Wahrheit oder sie sollte lieber schweigen«, entgegnete Brid mit spitzer Zunge.

Diesmal verschluckte Friedrich sich tatsächlich an dem Hasenbraten. Hustend versuchte er, das Stückchen Fleisch aus seiner Luftröhre zu lösen, welches sich vor Schrecken darin verfangen hatte. Obwohl er Herrn Johannes unendlich dankbar dafür war, dass er ihnen ein richtiges Essen zubereitet hatte, traute er dem Mann nicht gänzlich. Dass nun seine jüngere Schwester mit ihrer Frage in dieselbe Kerbe schlug, brachte ihn gehörig aus der Ruhe.

»Ähm, ja! Ich weiß nicht …«, stammelte Herr Johannes dem kleinen Mädchen entgegen, das immer noch auf seinem Schoß saß und mit ihren treuherzigen Kinderaugen unschuldig wie ein Engel den Wanderer anglitzerte.

Ihr Zwillingsbruder Lucas saß ebenso in direkter Nachbarschaft. Allerdings knaupelte er genüsslich an seiner Hasenkeule. Wie es schien, war ihm die Unterhaltung vollkommen egal. Mehr als alles andere war er nur glücklich über den warmen Braten.

Entnervt knickte der Riese plötzlich ein. Anscheinend hatte er nicht damit gerechnet, dass ihm das kleine Mädchen derart auf den Zahn fühlte. Auch ihm war es rätselhaft, woher Brid diese Regsamkeit nahm.

»Tatsächlich war ich vor ein paar Nächten in eurem Dorf. Als ich dort jede Menge unbekannte Menschen antraf, habe ich mir natürlich Sorgen um euch gemacht. Aus Gesprächen, die ich von den neuen Bewohnern belauscht hatte, erfuhr ich, dass die ganzen vorherigen Siedler auf dem Weg zu einem schwarzen Berg wären. Da ich mich in dieser Gegend gut auskenne, hab ich den Pfad hier gewählt, der mich ungefähr in die richtige Richtung führt.«

»Der Pfad führt zurück?«, platzte es plötzlich aus Friedrich heraus. »Wir können nicht wieder dahin! Ich habe es meiner Mutter versprechen müssen, die Zwillinge in Sicherheit zu bringen. Wir werden auf gar keinen Fall zu diesem Unhold laufen.«

Nachfolgend berichtete er von den Geschehnissen während des Überfalls auf ihr Dorf und der erzwungenen Wanderschaft der Schwarzwasser entlang. Besonders versuchte er, die schlechte Behandlung durch die Büttel des Schultheißen herauszukehren. An dieser Stelle hörte Herr Johannes überaus interessiert zu. Friedrich hatte sogar das Gefühl, dass sich der Wanderer erbost über die Entwicklung zeigte. Allerdings ließ er sich das nicht sonderlich anmerken.

»Natürlich kann ich euch unter diesen Umständen nicht zurückbringen. Das versteht sich wohl von selbst«, grummelte der Waldläufer vor sich hin, während sich sein Gesicht für einen Moment verzog.

Friedrich meinte, einen dunklen Schatten im Antlitz des eigentlich so netten Riesen zu sehen. Umso mehr fragte der Junge sich, was das für ein Mann war, dem sie sich hier so vorbehaltlos anvertrauten.

»Verdammte Menschen und ihre kleinlichen Intrigen! Weshalb muss immer alles so kompliziert sein? Wäre ich doch nur unter meinem Berg geblieben, statt mich in derlei Dinge einzumischen. Der Winter ist bereits viel zu nah«, fluchte der Riese.

»Wieso warst du wieder in unserem Dorf? Ich dachte, du seist stets nur einmal an einem Ort? Habe ich dir gefehlt, dass du mich deswegen so schnell wiedersehen wolltest?«, fragte Brid leicht vorlaut dazwischen.

Mit einem väterlichen Lächeln blickte der riesige Mann auf die Zwillinge nieder. So schloss er in den warmen Ausdruck auch Lucas mit ein, der nach wie vor auf einer Hasenkeule herumkaute. Kurz sah der Junge auf, als er merkte, dass er im Zentrum des Interesses stand. Da jedoch keiner das Wort an ihn richtete, aß er schmatzend sein Mahl weiter.

»Also wart Ihr wirklich auf dem Weg, um uns erneut zu besuchen?«, fragte nun auch Friedrich frei heraus.

»Ich dachte, die Frage hätte ich schon beantwortet«, entgegnete Herr Johannes zunehmend ungehaltener.

Da die Kinder merkten, dass sie mit ihrer Neugierde zu weit gingen, wechselten sie das Thema. Zumindest Brid fand eine neue Frage, welche sie dem Wanderer stellen konnte.

»Was geschieht nun mit uns?«, wollte sie wissen.

Glücklich darüber, dass er nicht gezwungen war, genau dieselbe Frage zu stellen, spitzte Friedrich die Ohren, um auf die Antwort von Herrn Johannes zu warten. Dieser ließ sich mit seiner Erwiderung jedoch Zeit und rutschte zunehmend unruhig auf seinem Platz umher. Augenscheinlich schien er sich darin unwohl zu fühlen, ein solches Gespräch mit den Kindern führen zu müssen. Am liebsten wäre er wahrscheinlich direkt davongerannt. Allerdings saß Brid nach wie vor auf seinem Schoß. Bevor der Wanderer in der Lage war, eine Entgegnung zu formulieren, ergriff das kleine Mädchen neuerlich das Wort.

»Ach, es ist schon nicht so schlimm. Wir werden irgendwie über die Runden kommen. Mach dir deswegen keine Gedanken«, tröstete sie ihn mit ihrer glockenhellen Stimme. »Bis hierher haben wir es auch alleine geschafft. Dass es bereits zu schneien begonnen hat, ist für uns auch nicht sonderlich entmutigend. Wir sind doch noch jung und an so etwas gewöhnt.«

Wenn Friedrich sein Geschwisterchen nicht besser kennen würde, hätte er es für ein sehr manipulatives Mädchen gehalten. Derart hatte früher höchstens Anna versucht, etwas von ihren Eltern zu erpressen. Sollte sich Brid dies tatsächlich von ihrer Schwester abgeguckt haben? Friedrich war immer davon ausgegangen, dass sie das Nesthäkchen und die Unschuld in Person wäre. Wie sie nun allerdings mit ihren großen Kinderaugen klimpernd auf dem Schoß des mächtigen Waldläufers saß, wirkte sie wie das genaue Gegenteil.

»Aber du kannst uns vielleicht noch so eine schöne Geschichte erzählen, so wie du es im Frühjahr getan hast. Ich würde mich so darüber freuen, noch mehr von Recken, Prinzessinnen und Drachen zu hören! Wer weiß schon, wann wir wieder dazu kommen, irgendwo eine friedliche Geschichte zu vernehmen«, wünschte sich Brid.

Nun war es auch an Friedrich, dass er mit leicht geöffnetem Mund dasaß. Er wusste nicht, wie, doch seine kleine Schwester schaffte es anscheinend, eine Seite in dem großen Mann zu wecken, dass er sich unvermittelt bereit zeigte, ihnen zu helfen.

Ein kehliges und tiefes Brummen stieg daraufhin aus dem Bauch des Wanderers herauf. Zugleich verfinsterte sich der Blick des Mannes. Im Schein des Lagerfeuers war zwar nicht allzu viel auszumachen, doch war Friedrich sich sicher, gekräuselte Augenbrauen zu sehen. Der Moment dauerte allerdings nur einen Augenblick. Schon nach kurzer Zeit glättete sich das Antlitz des Waldläufers wieder. Offensichtlich schien er sich der Situation zu ergeben. Mit einem lauten Seufzer wandte er sich an Brid.

»Natürlich lass ich euch hier im Wald nicht allein. Was wäre ich für ein Unmensch, drei so nette Kinder durch eine derartige Wildnis stolpern zu lassen! Ihr hattet sowieso wahnsinniges Glück, dass ihr mir begegnet seid. In diesen Wäldern hausen mehr Dinge, als sich die meisten Menschen auch nur vorstellen können. Viele der Wesen sind nicht besonders nett. Vor allem drei so kleine, niedliche und wohlgenährte Kinderchen dürften den Geschöpfen in derartigen Zeiten äußerst gelegen kommen. Von den Wenden will ich lieber gar nicht erst anfangen …«

Dankbar schlang das kleine Mädchen ihre Arme um den Leib des Riesen. Zumindest versuchte sie es. Allerdings war der Körper von Herrn Johannes nicht nur groß, sondern auch sehr kräftig. So schaffte es Brid gerade einmal, seinen Bauch zu umfassen. Dennoch ließ die Berührung den Waldläufer zufrieden lächeln. Je eine Hand legte Herr Johannes auf die Köpfe von Lucas und Brid. Gleichzeitig nickte er in

Friedrichs Richtung, um ihm ebenso in die Geste einzuschließen. Es wirkte, als wäre allein mit diesem Nicken alles wieder in Ordnung. Friedrich hatte das gute Gefühl, dass von nun an alles besser werden würde.

»Ich weiß auch ganz genau, was ich mit euch anstellen werde. Ich habe eine alte Bekannte, die bestimmt darauf versessen ist, drei so hübsche Kinder wie euch kennenzulernen. Zufällig wohnt sie gar nicht so weit weg von hier«, gab der Waldläufer bekannt.

»Hier soll jemand leben? In diesen dichten Wäldern? Ich dachte immer, wir wären die einzigen Siedler in diesem Teil des Reiches«, platzte es aus Friedrich heraus.

»Natürlich nicht! In diesen undurchdringlichen Wäldern existiert und lebt mehr, als ihr euch auch nur vorstellen könnt. Die Frau ist eine Einsiedlerin. Ähnlich wie ich scheut sie die Gegenwart anderer Menschen. Während ich jedoch stetig auf Wanderschaft bin, lebt sie zurückgezogen in einem einsamen Tal.«

»Aber wenn sie keine anderen Menschen mag, wieso beabsichtigt Ihr dann, uns zu der Frau zu schicken?«, wunderte sich Friedrich.

Daraufhin warf der Wanderer erneut einen jener dunklen und düsteren Blicke über das Lagerfeuer hinweg. Allerdings dauerte der Moment keinen Wimpernschlag lang. Sogleich versuchte sich der Waldläufer, offen zu erklären.

»Sie schuldet mir noch einen großen Gefallen. Da ich nicht die Möglichkeit sehe, euch auf meine Wanderschaft mitzunehmen, denke ich, dass es das Beste ist, wenn ich euch bei meiner Bekannten belasse. Sie wird euch schon nicht gleich fressen«, lachte der Riese schelmisch.

Gleichzeitig stieß er mit seinen Finger in den Bauch von Brid, die sofort zu kichern begann.

»Wenn Ihr der Meinung seid, dass wir bei Eurer Bekannten in Sicherheit sind, dann habe ich nichts dagegen. Mutter hat uns darum gebeten, dass wir uns zum Frühjahr in unserem alten Dorf wiederfinden. Dementsprechend wäre es schon von Vorteil, in dieser Gegend zu überwintern. Der Rückweg wäre für uns nicht sonderlich lang«, fasste Friedrich die Situation zusammen.

Zum ersten Mal in seinem Leben hatte er das Gefühl, etwas Bedeutsames zu bestimmen. Vielleicht war die Rolle eines Erwachsenen doch nicht so übel, ging es Friedrich dabei durch den Kopf.

Freudig strahlend streckte er seine Hand aus, um die Vereinbarung mit dem riesigen Wanderer zu besiegeln. Wie Gleichgestellte beeideten sie beide die Entscheidung mit einem kräftigen Händedruck. Fasziniert stellte Friedrich dabei fest, dass seine kleine Hand so gut wie vollständig in der riesenhaften Pranke des Waldläufers verschwand. Mit dieser Abmachung war er letztlich doch noch der Held in diesem Abenteuer. Als Herold der Zwillinge hatte er es geschafft, sie aus der ausweglos scheinenden Situation, im Winter durch einen dichten Wald zu irren, herauszuholen.

In diesem Moment war er nicht mehr nur der kleine Bruder. Von etlichen Sorgen befreit blickte Friedrich einer Zukunft entgegen, die nicht mehr ganz so düster wirkte. Wenn die Möglichkeit bestand, die Winterzeit im Warmen und Trockenen zu verbringen, ergaben sich mit Sicherheit im Frühling gänzlich andere Optionen. Vielleicht entpuppte sich die komplette Geschichte von Vertreibung und Enteignung bis dahin nicht mehr nur als ein einziger Albtraum, so hoffte er von ganzem Herzen.

Er hatte seiner Mutter versprochen, sich um die Zwillinge zu kümmern. Sie müssten nur die paar frostigen Monde überstehen, um bei den ersten warmen Sonnenstrahlen ihre Mutter und die Geschwister zu suchen. Friedrich hoffte, wünschte und betete dafür, dass der Plan aufging. Im Frühjahr würden sie endlich die geliebten Verwandten in ihrem alten Dorf wiedersehen. Davon war er in diesem Augenblick fest überzeugt. Hätte er geahnt, was ihn und die Geschwister bei der Einsiedlerin erwarten würde, hätte er dem Plan des Wanderers aber nie zugestimmt.

»Jurij! Jurij, so wartet doch! Was soll das? Das kann nicht Euer Ernst sein?«, rief Milos, während er hinter dem Oberhaupt der Lusitzer herlief.

Das war nunmehr die vierte Unterhaltung, welche er bereits mit dem älteren Mann geführt hatte. Leider hatte sich für ihn bisher daraus noch nichts Fruchtbares ergeben. Eigensinnig, dickköpfig und wenig daran interessiert, sich mit den übrigen Stämmen zu vereinen, wehrte sich Jurij vehement gegen die Angebote des Anführers der Daleminzer. Es war fast so, als wäre dem anderen die Zukunft seines Volkes vollkommen egal.

»Milos, fangt nicht schon wieder damit an!«, entgegnete der Lusitzer bereits merklich genervt seinem Gesprächspartner, während er seine Schritte abermals beschleunigte, um sich einer weiteren Diskussion mit Milos zu entziehen.

Wie es schien, schlug in jenem Moment die verhaltene Weigerung in totale Ablehnung um. Vielleicht hatte es Milos bei dem Versuch übertrieben, den Lusitzer umstimmen zu wollen, ihre Stämme im Kampf gegen einen gemeinsamen Feind zu vereinen.

»Versteht doch bitte: Wir haben kein Interesse daran, uns in einen solchen Konflikt hineinziehen zu lassen. Lasst die Deutschen sich in unserem Land sesshaft machen. Das Gebiet ist groß genug«, argumentierte Jurij. »Schaut Euch nur einmal auf Euren eigenen Ländern um: Winzige Weiler, kleine Flecken und einzelne Gehöfte liegen verstreut in Eurem Herrschaftsbereich. Es existiert kaum ein Landstrich, der wirklich besiedelt ist.«

Verzweifelt versuchte Milos weiterhin, mit dem Lusitzer Schritt zu halten. Er hatte sich fest vorgenommen, den Clanvorsteher noch heute umzustimmen. Warum zeigte sich der ältere Anführer nur derart verbohrt? Jedem war klar, dass die Deutschen die größte Bedrohung für ihre Stämme, Kultur und Religion darstellten, seit sie existierten.

Über kurz oder lang war der Niedergang der sorbischen Völker vorherbestimmt. Einzig die Lusitzer waren von ihrem bevorstehenden Untergang wenig beeindruckt, ganz als würden sie glauben, in diesen weiten Sümpfen unantastbar zu sein.

»Nun haltet doch endlich inne und bleibt stehen!«, forderte Milos schon ein wenig außer Atem den älteren Mann energisch auf.

Tatsächlich verlangsamte Jurij daraufhin seine Schritte, stoppte sogar ganz in seiner Bewegung ab und wendete sich langsam herum, um Milos mit einem finsteren Blick zu fixieren. Für ihn schien die Unterredung bereits viel zu lange anzudauern. Offensichtlich hatte er schon alles gesagt, was es zu sagen gab. Trotzdem erhob Jurij noch einmal die Stimme.

»Beansprucht meine Gastfreundschaft nicht über Gebühr hinaus! Ich bin jederzeit dazu geneigt, Euch aus Kosilenzien hinauszuwerfen. Obwohl uns seit etlichen Wintern kein Anführer von Eurem Clan einen Besuch mehr abgestattet hat, stellt Ihr jede Menge ungebührliche Forderungen. Eure Familie hat seit unzähligen Monden kaum einen Gedanken an uns verschwendet, und Ihr bettelt jetzt um unsere Unterstützung? Ihr erwartet tatsächlich, dass wir uns Eurer Sache annehmen sollen, während sich niemand für unsere Belange interessiert? Warum sollten wir Euch entgegenkommen?«, warf Jurij ihm vor.

Prinzipiell hatte er mit der Einschätzung vollkommen recht, überlegte sich Milos. Ihm war tatsächlich nicht bekannt, dass sich auch nur einer der übrigen Stammesführer jemals bei den Lusitzern gezeigt hätte. Allerdings nützte es ihm wenig, dies in dieser Situation zuzugeben. Hier und heute galt es einzig, ein Bündnis gegen die Christen zu knüpfen. Längst vergangene Probleme waren kaum dafür geeignet, dieses Unterfangen voranzubringen. Die einstigen Streitereien konnten auch noch zu einer anderen Zeit und an einem anderen Ort beigelegt werden.

»Wir hatten alle mit unseren eigenen Obliegenheiten zu kämpfen«, entgegnete Milos entschuldigend.

»Ach wirklich? Ihr wart also gezwungen, Euch mit eigenen Angelegenheiten zu beschäftigen?«, ätzte Jurij zurück.

Verwirrt richtete Milos seinen Blick auf den korpulenten Gesprächspartner. Seine beachtliche Körperfülle zeugte davon, wie gut es den Lusitzern eigentlich erging.

»Ja natürlich, so wie jeder andere Stamm unseres Volkes auch«, erwähnte Milos.

»Etwa auch andauernde Kriege?«, entgegnete Jurij gepresst.

Milos begriff nicht. Mit gerunzelter Stirn blickte er seinen Gesprächspartner an.

»Ihr habt ja nicht die Polanen als Nachbarn im Nacken sitzen. Ihr seid gar nicht in der Lage zu begreifen, mit welchen Problemen wir hier zu kämpfen haben. Vergesst solche Begriffe wie Brudervolk! Zu einer anderen Zeit, an einem anderen Ort und mit anderen Menschen waren wir vielleicht einmal ein Volk. Das hat sich jedoch in den letzten einhundert Wintern vollkommen geändert. Nun sind wir nur noch Lusitzer. Alles andere ist ein Wunschdenken von Euch!«

Jurij drehte sich nach dieser flammenden Rede herum und verschwand von der Seite des Daleminzers. Milos wollte sich jedoch noch nicht geschlagen geben. Er beschleunigte seinen Lauf erneut, um mit dem Tempo des Gesprächspartners mitzuhalten. Mit weiten Schritten hielt der Häuptling der Lusitzer auf die Krone des Burgwalls zu, blieb aber zum Glück auf der Spitze der Verteidigungsanlage endlich stehen. Den Blick in die Ferne schweifend, stand der reife Anführer nur da. Es war, als würde er über die Zukunft nicht nur seiner, sondern aller sorbischen Sippen nachdenken.

Milos trat mit langsamen Schritten auf den Wall hinauf. Das gab ihm Zeit, sich die Anlage näher anzuschauen. Kosilenzien war eine sehr alte Schutz- und Trutzburg. Angeblich wurde sie von den Menschen erbaut, welche dieses Land vor den Sorben bewohnt hatten, und trotz ihres hohen Alters erfüllte die Burg immer noch ihren Dienst.

Allerdings hatten die Lusitzer die Festungsanlage für ihre Bedürfnisse erheblich erweitert.

Ursprünglich soll der Wall einzig aus Erde, Stein und Lehm bestanden haben, hatte er gehört. Zudem sei er wohl ringförmig aufgebaut und um einiges kleiner gewesen. Nachdem sich der Hof des Familienführers der Lusitzer hierher begeben hatte, war das Bollwerk jedoch weitläufig vergrößert worden. Mehr und mehr wirkte es wie ein zur Festung ausgebautes Dorf.

Milos erblickte auf dem Erdwall aufgesetzt eine hohe Holzpalisade. Gelegentlich von einem breiten Turm gesäumt, entstand dadurch eine enorme Verteidigungsanlage. Im Süden unterbrach eine gewaltige Holzkonstruktion den Wallkreis. Da die Anlage ursprünglich als Fluchtburg geplant gewesen war, hatte sie relativ wenig überdachte Fläche besessen. Die Burgherren waren mit der Zeit gezwungen, dies entscheidend zu verbessern.

Mit den Jahren ließen sie im Süden eine große Fachwerkhalle und mehrere Langhäuser errichten, die im Notfall für hunderte oder gar tausend Menschen als Heim dienen konnten. Die Gebäude sind geschickt in die Verteidigungsanlage integriert worden. Dadurch war es möglich, auch von den Dächern herunter etwaige Gegner anzugreifen. Milos zeigte sich von der gesamten Konstruktion tief beeindruckt. In Gedanken konnte er sich ausmalen, dass die Lusitzer hinter den dicken Mauern nahezu unangreifbar in Sicherheit lebten.

Nicht nur die Burganlage allein bewahrte die Bewohner vor feindlichen Übergriffen. Vielmehr noch als der Wall und die Palisaden selbst hielt das Sumpfland potenzielle Angreifer fern. Es war schwer vorstellbar, dass ein Heerbann in der Lage wäre, durch den Morast voranzukommen. Nunmehr verstand Milos auch die Zurückhaltung des anderen Stammesführers. Hier an diesem Ort war er so sicher wie im Schoß der Götter.

Milos trat auf den Holzturm neben den in die Jahre gekommenen Anführer und räusperte sich, um erneut auf seine Gegenwart aufmerksam zu machen. Noch hatte er seinen Plan nicht aufgegeben. Er glaubte weiterhin daran, Jurij auf seine Seite ziehen zu können.

»Ihr habt damals gegen die Polanen Krieg geführt. Das war eine schreckliche Zeit. Mir ist bewusst, dass auch mein Stamm gegen die Lusitzer zu Feld gezogen ist. Schließlich haben wir Euch Löbsalov abgerungen«, gestand er offen und wendete sich seinem Gegenüber zu. »Allerdings wisst Ihr selbst, dass es einst eine andere Zeit gewesen ist. Euer Stamm hat alle weiteren im Umkreis unterdrückt, unterworfen und Tribut aus ihnen herausgepresst. Meine Vorfahren haben sich in jener Epoche nur das zurückgeholt, was ihnen zuvor gestohlen worden war.«

»Was redet Ihr von den vergangenen Schlachten?«, fuhr Jurij plötzlich erbost herum.

»Entschuldigt bitte. Es ist ein Fehler, die alte Diskussion erneut aufflammen zu lassen«, gab Milos kleinlaut zu. »Dieses Kapitel unserer wechselvollen Geschichte ist für mich längst abgeschlossen. Ich bin als ein Fürst der Gegenwart angetreten, um mein Volk in eine glorreiche Zukunft zu führen. Den Ballast aus verflossenen Tagen möchte ich gern hinter mir lassen. Lasst uns aufhören, uns die Verbrechen, Verfehlungen und Vergehen gegenseitig vorzurechnen. Das führt letztlich zu nichts anderem als zu Streit.«

»Der letzte Waffengang gegen die Polanen liegt keine zwei Winter zurück«, berichtete Jurij daraufhin mit eindringlicher Stimme. »Unsere Nachbarn aus dem Osten lassen das Volk der Lusitzer gleichwohl immer noch für die damaligen Verfehlungen bezahlen. Aller vier oder fünf Winter erfolgt ein Feldzug gegen uns. Sowohl meine Vorgänger als auch ich haben alles Mögliche versucht, um diesem Wahnsinn Einhalt zu gebieten. Allerdings verspüren die Polanen kein Interesse daran, mit ihren Kriegszügen aufzuhören. Angeblich halten sie uns damit ab, unsererseits einen Angriff in Richtung Osten zu starten.«

Entsetzt über die vernommenen Worte hielt Milos inne. Ihm war bis heute nicht bewusst gewesen, was tief im Osten vor sich ging. Von den Polanen hatte er jedoch schon die wildesten Gerüchte gehört. Seitdem es einen König von deutschen Gnaden in Krakau gab, spielten sich die Polanen wie die Herren über alle Nichtdeutsche auf. So sollen sie die anderen Völker im weiten Osten bereits unter ihre Kontrolle gebracht haben.

Da das Gebiet der Daleminzer nicht direkt an das der Polanen grenzte, drangen einzig ein paar Geschichten bis zum See Glomuzi vor. Die meisten davon hatte Milos jedoch bis heute für pure Gerüchte oder Fantasieprodukte gehalten. Aus Jurijs Worten schloss er aber, dass dem nicht so war. Anscheinend hielt sich der polanische König für etwas Besseres und betrachtete sich und seine Position als höher gestellt. An eine mögliche Bedrohung aus dem Osten hatte Milos bis zu diesem Moment noch nicht gedacht. Viel zu sehr ragte das Schreckgespenst des Reiches über ihrer aller Häupter auf.

»Immer wieder fallen unsere östlichen Nachbarn über die Grenzgebiete her«, wusste Jurij zu berichten. »Teilweise verlieren wir auch die Kontrolle über entlegene Dörfer im Osten. Innerhalb der letzten fünfzig Winter haben wir die Hälfte unserer Länder eingebüßt. Ich gehe davon aus, dass die Polanen versuchen, uns klein zu halten. Wahrscheinlich agiert der König in Krakau auch mit dem Wissen oder im Auftrag der Deutschen. Ich sehe davon ab, die Polanen weiterhin als unsere Brüder zu bezeichnen. Für mich sind sie nur noch Wilde und Barbaren!«

»Die Deutschen sind doch aber das schlimmere Übel, dies sagt Ihr ja selbst. Sollte man daher nicht zuerst die Besatzer aus unseren Ländern vertreiben?«, versuchte es Milos mit einem Einwand.

»Ihr mit Euren Deutschen! Im Vergleich zu den Polanen wirken die Männer aus dem Reich wie fromme Schafe«, spottete der Anführer der Lusitzer.

Milos erkannte, dass er kaum eine Chance hatte, sein Gegenüber zu überzeugen. Gleichfalls war ihm bewusst, dass die Lusitzer größere Probleme besaßen als eine theoretische Übernahme durch das Reich. Tatsächlich befand sich der Stamm durch eine wesentlich realere und greifbarere Bedrohung in ständiger Gefahr.

»Ich bin immer davon ausgegangen, dass die Polanen genauso gegen die Deutschen eingestellt sind wie wir auch«, versuchte Milos einen anderen Weg, um sich mit dem älteren Herrscher zu verständigen.

»Ach, was sagt das schon aus! Für die Polanen sind die Deutschen sehr weit weg. Oder macht Ihr Euch etwa Gedanken um die Bewohner des fernen Frankenreiches?«, entgegnete Jurij wenig überzeugt und wies mit der Hand in den Osten. »Die Polanen sind mächtig genug, sich mit jedem anzulegen. Soweit ich gehört habe, sind die Angriffe auf uns nur eine Art Übung vor dem eigentlichen Feldzug. Angeblich wird zu jeder Heerschau ein kleiner Ausflug auf unser Gebiet unternommen. Die Polanen sollen danach gar bis zu den Böhmen und Ungarn marschiert sein. Ich gehe davon aus, dass sie uns immer nur zu einem Heerbann angreifen, bevor sie mit ihrem tatsächlichen Kriegszug beginnen.«

Müde setzte sich Jurij auf eine Bank am Rande der Holzpalisade. In sich zusammensinkend resignierte auch Milos. Es war, als würde sämtliche Kraft aus ihm entweichen.

»Versteht Ihr? Die Toten, Verschleppten und Vergewaltigten meines Volkes sind nur so eine Art Vorbereitung für diese Wilden!«, fuhr der Lusitzer weiter fort. »Ich kann nicht verstehen, warum nach über einhundert Wintern immer noch so ein Hass gegenüber unserem Stamm besteht. Mein Großvater und dessen Vater haben doch schon genug für die Verfehlungen unserer Vorfahren bezahlt. Dass aber weiterhin wir dafür bestraft werden, kann niemand aus unserem Volk nachvollziehen. Zudem begreifen es meine Untertanen auch nicht, dass keiner der anderen Stämme uns jemals zu Hilfe eilte. Die Lusitzer wurden von allen übrigen im Stich gelassen!«

In dem Moment sah der Anführer der Lusitzer älter denn je aus. Milos Hoffnung, diesen Mann zu einem Bündnis umstimmen zu können, schwand immer mehr. Eher das Gegenteil war zu erwarten, schließlich schien Jurij auch die Daleminzer für das Leid seines Volkes verantwortlich zu machen.

»Kann ich etwas für Euch tun?«, versuchte Milos dennoch, Zugang zu dem Mann zu erhalten.

»Ihr? Ihr seid gar nicht in der Lage, auch nur das Geringste zu unternehmen«, konterte Jurij und unterstrich mit einer wegwerfenden Geste seine Worte. Sein Antlitz verzog sich mehr und mehr zu einer grimmigen Maske. »Ich habe das Nötigste bereits in die Wege geleitet. Bitte verlasst mich jetzt. Ich halte das Gespräch schon seit längerem für beendet. Verschwindet bis morgen früh aus der Burg. Ich will Euch am morgigen Tag nicht mehr hier sehen!«

Milos hatte keine andere Wahl, als den Mann auf der Festungskrone allein zu lassen. Er sah die Chance auf Einigung endgültig verstrichen. Es bestand zwar durchaus die Möglichkeit, die Deutschen ohne die Lusitzer zu besiegen, allerdings waren seine Aussichten zu gewinnen ohne dieses Bündnis wesentlich geringer. Einen letzten Ausweg sah er noch darin, die Milzener auf seine Seite zu ziehen. Allerdings war dieser Stamm der Sorben um einiges eigenwilliger als jeder andere.

Ohne ein weiteres Wort zu verlieren, verließ Milos den Herrscher der Lusitzer. Enttäuscht schritt er auf das kleine Langhaus zu, welches er und seine Begleiter als Übernachtungsmöglichkeit zugeteilt bekommen hatten. Zu seiner Überraschung fand er Wlada mit Korla diskutierend am Eingang vor. Überhaupt sah er die Ratgeberin kaum noch, seitdem sie Kosilenzien erreicht hatten. Nach ihrer eigenen Aussage verfolgte sie seine Pläne auf ihre ganz spezielle Art – was auch immer das zu bedeuten hatte.

Frustriert, missmutig und mit sich selbst unzufrieden wegen der missglückten Verhandlung steuerte er direkt auf die Beraterin zu. In dem Moment störte es ihn ungemein, dass die Frau mit Korla schwatzend dastand. Überhaupt hätte Wlada viel mehr an seiner Seite weilen müssen. Es war schließlich ihre Aufgabe, ihn zu beraten. Vielleicht hätten sie es zu zweit eher geschafft, Jurij umzustimmen. Die Wut, welche sich durch die Ablehnung langsam in ihm aufstaute, fokussierte er in dem Augenblick auf die schwarzhaarige Schönheit.

»Wlada, wir brechen so schnell wie möglich auf. Beendet Eure Geschäfte oder was auch immer Ihr gerade beredet. Es gibt hier nichts mehr für uns zu tun«, befahl Milos im barschen Tonfall.

Wlada neigte nur ergeben den Kopf, ohne allerdings dergleichen zu tun. Vielmehr blieb sie auf der Stelle stehen und wand ihre Aufmerksamkeit weiterhin in Richtung des jungen Lusitzers. Sie sagte jedoch kein Wort. Einzig ein wissendes und süffisantes Lächeln umspielte ihre Lippen. Das steigerte Milos' Wut. Zugleich wendete er sich an den Herold.

»Korla! Wärt Ihr wohl so freundlich, uns wieder aus diesem stinkenden Sumpfgebiet herauszuführen? Es ist mir bewusst, dass Ihr ausschließlich auf Befehl Jurijs handelt. Er wird allerdings hoch erfreut sein, wenn Ihr uns so schnell wie möglich aus der Burg geleitet«, verlangte Milos von dem stolzen Recken.

»Die Verhandlungen sind anscheinend gescheitert«, stellte dieser überflüssigerweise fest.

»Ich wüsste nicht, was das einen einfachen Büttel angeht. Jedoch habt Ihr recht mit Eurer Einschätzung. Deswegen brechen wir so schnell wie möglich auf. Es wäre reine Zeitverschwendung, hier länger zu verweilen als unbedingt nötig. Weder Jurij noch der Stamm der Lusitzer scheinen Interesse daran zu haben, gegen die Deutschen ins Feld zu ziehen. Wie es scheint, haben sie sich von den sorbischen Völkern abgewendet«, gab Milos zähneknirschend bekannt.

Dabei warf er einen verächtlichen Blick in die Richtung, in welcher er den Vorsitzenden des Ältestenrates vermutete. Nach kurzem Innehalten wendete er sich erneut dem Herold zu.

»Wie dem auch sei. Korla, ich erstrebe dabei, auf Eure Hilfe zu hoffen, den Sumpf schnellstens verlassen zu können«, versuchte er es mit einem milderen Ton.

Wlada stand derweil immer noch daneben und beobachtete das Schauspiel, was sich ihr bot. Das brachte abermalig Milos' Zorn in Wallung. Obwohl sie seine persönliche Beraterin war, befand sie sich nicht außerhalb der fürstlichen Befehlsgewalt. An dem heutigen Tag hatte er genug erlebt, als dass er ihr erlauben würde, derart mit ihm umzugehen.

»Muss ich erst meinen Befehlen mehr Nachdruck verleihen? Oder habe ich Euch etwa während des letzten Mondes zu milde behandelt? Was nehmt Ihr Euch heraus, meine Anordnungen zu missachten!«, fuhr er sie an.

Erschrocken zuckte Wlada vor ihm zurück. Innerlich war sie gezwungen, sich zusammenzureißen. Dennoch richtete sie ihr Wort wieder an ihn. Entweder war Wlada unglaublich verfroren, oder sie besaß Informationen, welche in dem Moment von außerordentlicher Wichtigkeit waren.

»Mein Fürst, es tut mir leid, dass ich erneut Euren Befehl missachte und mich nicht zum Aufbruch fertig mache …«

»Nun sprecht schon, Weib!«, unterbrach Milos sie ungeduldig.

»Ich bin mir nicht gänzlich sicher, doch glaube ich, dass Ihr von falschen Voraussetzungen ausgeht. Hier in Kosilenzien ist nichts so, wie es auf den ersten Blick zu sein scheint«, orakelte Wlada mit verschwörerischem Unterton in der Stimme.

Milos zeigte sich nach dieser Aussage verwirrt. Aufgewühlt von der Abfuhr des hiesigen Herrschers verspürte er kaum Interesse daran, sich noch länger die rätselhaften Sätze der Beraterin anzuhören. Ein anderer Teil von ihm wollte daneben trotzdem erfahren, was ihre

Worte zu bedeuten hatten. Mit wenigen Schritten war er an Wlada herangetreten. Seine rechte Hand fuhr in das Haar der anmutigen Frau. Mit einem festen Griff vergrub er die Finger in ihrer schwarzen Mähne. Er benötigte nur einen Bruchteil seiner Kraft, um ihren Kopf in den Nacken zu reißen. Daraufhin verließ ein leise gehauchter Schmerzensschrei die Kehle der Frau.

Sie versuchte jedoch erst gar nicht, Gegenwehr zu leisten. Stattdessen sank sie auf ihre Knie, um dem schmerzhaften Griff die Brutalität zu nehmen. Tränen standen ihr dabei in den Augen. Allerdings verließ kein weiterer Laut Wladas Mund. Als einzige Reaktion schickte sie einen flehentlichen Blick in Korlas Richtung. Der reagierte sofort.

»Hört auf!«, platzte es aus dem Herold heraus. »Sie kann nichts dafür. Lasst Eure Wut nicht an Euren Untergebenen aus! Was seid Ihr für ein Herrscher? Wlada hat schlichtweg herausgefunden, dass Jurij nicht der tatsächliche Ratsvorsitzende der Lusitzer ist. Wollt Ihr sie dafür etwa bestrafen?«

Erbost fuhr Milos zu dem jungen Mann herum. In dem Augenblick stand Korla bereits breitbeinig hinter ihm. Mit einer Hand an seinem Schwertknauf schaute er ihm bedrohlich in die Augen. Der junge Fürst war kurzzeitig versucht, die unausgesprochene Einladung zu einem Schwertkampf anzunehmen. Allerdings fiel ihm in dem Moment ein, wo er sich befand und was die Aussage des jungen Lusitzers konkret bedeutete.

»Was wollt Ihr damit andeuten? Was wird hier gespielt?«, fragte Milos in scharfem Ton.

Die Männer standen sich immer noch feindlich gegenüber und blickten sich finster an. Korla schien zu überlegen, ob es ratsam wäre, das Schwert zu ziehen, entschied sich stattdessen lieber dazu, die Nachfragen zu beantworten.

»Was ist daran nicht zu verstehen? Jurij ist tatsächlich nicht das Oberhaupt unseres Stammes. Vielmehr stellt er nur den ersten Berater da. Nun lasst doch endlich das Haar der armen Frau los! Sie hat Euch nichts getan. Ihr einziges Verbrechen bestand darin, Euch die Wahrheit zu sagen.«

Milos ließ daraufhin von seiner Ratgeberin ab. Die Neugier siegte über seine Wut.

»Wer, wenn nicht Jurij, ist nun der ominöse Führer der Lusitzer?«

Gespannt lauschte er, was Korla ihm zu berichten wusste.

Friedrich

Die ersten Tage bei Frau Saskia verliefen für die drei Geschwister wie im Traum. Nach den ganzen schrecklichen Ereignissen, welche sie zuvor erlebt hatten, konnten sie ihr Glück kaum fassen. Es war fast so, als wären sie im Paradies angelangt.

Herr Johannes hatte sie einige Zeit durch den tiefen Wald geführt. Dabei trug er Brid und Lucas sogar abwechselnd auf den Schultern. Besonders das kleine Mädchen war sich wie eine Prinzessin vorgekommen. Als wäre er ein Pferd, hatte sie den riesigen Wanderer beständig angespornt, über Wurzeln, Steine und Bäche zu springen. Statt sich jedoch über die Behandlung zu beschweren, hatte Herr Johannes lachend und beschwingt mitgespielt. Übermütig waren sie gar ein paar Mal einen Hang hoch und wieder hinunter gerannt.

Zwischenzeitlich trug er auch die Zwillinge zusammen, jeweils ein Kind auf einer der mächtigen Schultern sitzend, umher. Friedrich hätte nie gedacht, dass es derart kräftige Menschen überhaupt gab. Er ertappte sich sogar dabei, sich darüber zu ärgern, dass er selbst bereits so groß und alt war. Das wild vergnügte Verhalten der Geschwister ließ augenblicklich sein Herz höher schlagen. Seit ihrer Flucht hatte er sich darüber Sorgen gemacht, ob und wie die Zwillinge in der Lage wären, die Ereignisse der letzten Zeit zu verkraften. Anscheinend verarbeiteten sie die Geschehnisse um einiges besser als er selbst. Helles Kinderlachen war bisher immer am besten dafür geeignet, um trübselige Gedanken zu verscheuchen.

Er wusste nicht mehr, wie lange sie bereits unterwegs gewesen waren. Allerdings kam es ihm so vor, als wäre er nur eine kurze Zeit gewandert. Auf der anderen Seite erinnerte er sich an eine gewisse Anzahl Täler, Bäche und Berge, die sie zuvor durchschritten hatten.

Die Hütte, welche sie eines frühen Abends erreicht hatten, war ebenso verwunderlich wie die Wanderung zuvor. An einem Hang gelegen, zwischen mächtigen Eichen stehend und von allerlei Büschen umwachsen, lag das kleine Häuschen gut versteckt. Nur derjenige, der die exakte Lage der Behausung kannte, würde diesen Ort finden.

Obwohl das niedrige Heim unbewohnt schien, zeugte sein Innenleben vom genauen Gegenteil. Die Zwillinge waren noch zu klein, um sich an ihre alte Heimat zu erinnern. Friedrich hatte jedoch noch die Bilder aus Bardowick in seinem Hinterkopf. Deswegen kamen ihm große Handelshäuser mit einigen Zimmern vertraut vor. Einem solchen Haus der Handelsgilde gleich, bestand die vermeintlich winzige Hütte von Frau Saskia aus ganzen sieben geräumigen Kammern. Es wirkte eher wie ein Palast denn wie eine versteckte Bleibe.

Nebst einer stattlichen Küche mit einem riesigen Backofen existierten Schlafzimmer, Esszimmer, Gästezimmer, Stube und eine große Vorratskammer. Des Weiteren lag ein siebtes Zimmer am Ende eines langen Flures. Allerdings erklärte die Hausherrin nicht, was sich hinter der Tür befand. Obgleich Friedrich sich schon am ersten Tag darüber wunderte, ignorierte er zuerst diesen seltsamen Umstand. Zu sehr nahm ihn das restliche Haus mit all seiner Pracht in Beschlag.

Friedrich mutmaßte, dass der Großteil der Räume in den Hang hineingearbeitet war. Anders ließ sich die Vielzahl der Zimmer nicht erklären. Nach einer kurzen Begrüßung hatten die Kinder und ihr Begleiter sich schnell im beheizten Wohnzimmer von Frau Saskia wiedergefunden. Am warmen Ofen sitzend äußerte Herr Johannes sich über die Zukunft seiner Schützlinge. Während er sprach, holte er seine große Pfeife hervor, um kurz darauf dicke Ringe in die Luft zu paffen. Binnen weniger Augenblicke hatte sich eine behagliche Gemütlichkeit eingestellt, ganz als wären Chaos, Flucht und Vertreibung ausgesperrt worden.

»Wie schon gesagt, ich muss dringend weiter«, hörte Friedrich Herrn Johannes sprechen, nachdem er mit großen Augen ausgiebig den geräumigen Raum betrachtet hatte. »Euren Erzählungen zufolge schaue ich besser einmal nach eurer Mutter und euren Geschwistern. Auch diesen Hilbert von Dahlenburg sollte ich mir einmal aus der Nähe ansehen. Allerdings habe ich noch etliche eigene Geschäfte, denen ich gezwungen bin nachzugehen. Die Tage rinnen nur so zwischen meinen Fingern hindurch. Ich muss …«

»Aber wieso kannst du nicht bei uns bleiben?«, warf Brid sofort ein. »Wir kennen doch Frau Saskia gar nicht. Auch wenn sie bestimmt eine ganz liebe Frau ist: Bei dir fühlen wir uns wohl und ebenso sicher. Verweile doch bitte noch ein paar Tage hier!«

Mit ihren großen und runden Augen schaffte es die Kleine beinahe, den Riesen in seiner Meinung umzustimmen. Nunmehr verstand Friedrich auch, warum seine Schwester bis heute immer alles erhielt, was sie sich gewünscht hatte. Wahrscheinlich hatte der Blick bei den Eltern genauso Wunder gewirkt, stellte er schmunzelnd für sich fest.

»Ich habe wirklich keine Zeit mehr, mein Liebes. Selbst der Tag, welchen ich damit verbracht habe, euch hierher zu bringen, brennt mir unter den Nägeln. So leid es mir auch tut, aber ich kann nicht mehr länger hierbleiben.«

Mit diesen Worten erhob Herr Johannes sich und bat Frau Saskia, ihm nach draußen zu folgen. Nachdem die Hausherrin und Herr Johannes aus dem Haus verschwunden waren, sahen die Zwillinge ihren großen Bruder fragend an. Leider war er auch nur dazu in der Lage, mit seinen Schultern zu zucken. Obwohl Friedrich wusste, dass es sich nicht gehörte, andere Menschen zu belauschen, schlich er auf leisen Sohlen an die Tür. Wenn immer Erwachsene den Raum verließen, um irgendetwas unter sich zu besprechen, ging es fast ausschließlich um die jeweiligen Kinder. Zumindest kannte er dies noch aus seiner eigenen Kindheit. Mutter und Vater hatten dasselbe Verhalten auch an den Tag gelegt, wenn sie über das Benehmen eines ihrer Sprösslinge beratschlagten. Und tatsächlich hörte er die gedämpften Stimmen, die über ihn und seine Geschwister sprachen.

»Ich wusste nicht, wo ich sie hätte sonst hinbringen können«, war die Stimme von Herrn Johannes zu erkennen. »Ihr wisst so gut wie ich, dass es kaum noch vertrauenswürdige Bewohner in diesen alten Wäldern gibt. Mir würde auf Anhieb niemand mehr einfallen, der hier in der Nähe sein Haus besäße.«

»Was ist mit Jakub dem Jäger?«, fragte Frau Saskia. »Oder Ihr könntet sie doch auch zu Kunrada der Kräuterfrau bringen.«

»Meint Ihr nicht, dass ich nicht auch schon daran gedacht hätte? Kunrada weilt leider nicht mehr unter uns. Zumindest war ihre Hütte eingefallen und es wirkte, als wäre bereits seit vielen Monden keiner mehr dort gewesen. Von Jakub will ich gar nicht erst anfangen. Seid Ihr wirklich der Meinung, die drei Kleinen bei dem alten Griesgram belassen zu können?«

»Ja, Ihr habt wahrscheinlich recht. Aber Ihr wisst doch, dass sie auch hier nicht bleiben können. Wie könnt Ihr nur von mir verlangen, auf drei Kinder aufzupassen? Ich vertraue mir selbst nicht einmal. Euch ist doch wohl bewusst, was alles passieren kann.«

»Frau Saskia! Davon will ich nichts mehr hören. Ich dachte, über jene Ereignisse wollten wir nicht mehr reden? Damals habe ich Euch vor die Wahl gestellt: Entweder Ihr ändert Euer Leben oder Ihr wärt gezwungen, die Konsequenzen zu tragen. Nun erzählt Ihr mir, dass dies alles gar nicht stimmt. Seid Ihr etwa noch dieselbe wie vor siebzig Sommern?«, zeigte sich der Riese zunehmend erbost.

»Nein, natürlich nicht«, wiegelte die Frau ab. »Ihr versteht mich vollkommen falsch. Das hatte ich nicht vor, damit auszudrücken. Allerdings hatte ich schon sehr lange Zeit keine Kinder mehr in meiner Nähe. Ich weiß einfach nicht, wie ich mit den Bälgern umzugehen habe. Bei den Waldgeistern! Ich versuche ja selbst, den Kontakt mit den normalen Menschen zu vermeiden. Was ich beabsichtige, Euch zu sagen, ist, dass ich nicht weiß, wie es gilt, die Kleinen zu behandeln.«

Innerhalb ihrer Begründung hatte Frau Saskia ihre Stimme zunehmend einschmeichelnder und weicher klingen lassen. Selbst Friedrich war klar, dass die Frau etwas anderes sagte, als sie eigentlich meinte. Umso überraschter war er, als sich der Wanderer nicht zu der Aussage äußerte. Stattdessen fuhr die Einsiedlerin in ihrer Rede weiter fort.

»Mein guter, alter Freund. Ich bin nicht mehr die Person von damals. Mir ist sehr wohl bewusst, dass wir einen Vertrag miteinander haben. Ich habe nicht vor, unsere Vereinbarung zu brechen. Seht Euch doch bloß einmal um. Wirkt hier irgendwas, als befände ich mich noch in meinem vorherigen Leben? Ich glaube nicht! Wenn es denn sein muss, dann kümmere ich mich um die drei Bälger«, versuchte die Frau, den Wanderer zu beruhigen.

Brummend gab der Riese daraufhin seine Meinung zum Ausdruck. Anscheinend war es ihm nicht so ohne Weiteres möglich, der Frau zu vertrauen. Allerdings hatte er zuvor schon bekannt gegeben, dass er über keine andere Wahl verfügte, als die Kinder hier zu belassen. Dementsprechend verschärfte sich hörbar der Ton in Herrn Johannes Stimme.

»Ich warne Euch: Wehe, den drei Geschwistern passiert etwas! Ich habe keine Zeit, mich um derlei Dinge zu kümmern. Ihr merkt doch selbst, wie die Natur im Augenblick verrücktspielt. Es ist nunmehr an mir, herauszufinden, was im Moment vor sich geht. Ich lege das Wohlergehen der drei deswegen in Eure Hände. Enttäuscht mich nicht!«

Friedrich vernahm daraufhin eine kleine Pause im Gespräch der beiden Erwachsenen. Förmlich konnte er sich vor seinem geistigen Auge vorstellen, wie Frau Saskia zusammenzuckte, während Herr Johannes sie mit seinem Blick gefangen hielt.

Der Waldläufer wechselte das Thema nach dem Moment der kurzen Stille.

»Was ich aber noch wissen will: Wie geht es ihm?«

»Wie soll es ihm schon gehen? So wie immer. Hat sich denn in der Zeit, seitdem Ihr Euch darum kümmert, überhaupt irgendwas verändert?«, entgegnete die Einsiedlerin fragend.

»Nein, natürlich nicht. Ihr habt recht. Zumindest beruhigt mich dieses Wissen ein wenig. Ich hatte schon angenommen, dass er vielleicht etwas mit den derzeitigen Veränderungen zu tun haben könnte«, antwortete er mehr zu sich selbst als zu der Gesprächspartnerin. »Nun muss ich mich aber sputen. Ich habe hier bereits viel zu viel Zeit verloren. Wenn ich mir überlege, was ich noch alles zu erledigen habe, wird mir ganz angst und bange.«

Friedrich vernahm, wie sich die Stimme von Herrn Johannes immer weiter fortbewegte, ganz als würde sich der Wanderer mit eiligen Schritten von der Hütte entfernen. Schwach vernahm er den letzten Satz des Mannes aus weiter Ferne.

»Ich werde zum Frühjahr zurückkehren. Passt nur auf die drei auf! Mehr verlange ich nicht von Euch.«

Eiligst war Friedrich nun gezwungen, in die Stube zu seinen Geschwistern zurückzukehren. Auf keinen Fall dürfte Frau Saskia wissen, dass er das Gespräch mit angehört hatte. Da sie augenscheinlich genötigt waren, den Winter über bei dieser Frau zu verbringen, wäre es fatal, schon den ersten Tag mit einem Missverständnis zu beginnen. Noch wusste er nicht, was die Einsiedlerin für ein Mensch war.

In dem Wohnzimmer fand er die Zwillinge friedlich schlafend auf einem großen Fell vor dem Ofen wieder. Die Vertreibung aus ihrem alten Dorf, die Flucht und der lange Marsch durch den Wald hatten ihnen offensichtlich sämtliche Kräfte geraubt. Er selbst suchte sich daraufhin einen Platz auf einem der gemütlichen Stühle.

Keinen Herzschlag zu früh hatte er sich in Position gesetzt. In dem Moment, als er die vorher servierte Tasse mit dem gesüßten, aber mittlerweile erkalteten Sud zur Hand genommen hatte, betrat Frau Saskia die Stube. Kurz blieb sie in der Tür stehen. Anscheinend war sie es nicht gewohnt, schlafende Kinder vor ihrem Ofen vorzufinden. Dies gab Friedrich die Chance, sich die Frau endlich genauer anzusehen.

Augenscheinlich war sie um einiges älter als seine eigene Mutter. Hatte Herr Johannes vorhin nicht von siebzig Sommern gesprochen, durchzog es als Frage seinen Kopf. Vermutlich hatte er sich aber auch nur verhört. Kaum ein Mensch war in der Lage, derart viele Sommer zu erleben.

Das Gesicht der betagten Einsiedlerin zeugte zudem von einem entbehrungsreichen und langen Leben. Eine ausgeprägte Nase ließ das Antlitz wie das eines Raubvogels wirken. Daneben hatten sich etliche Grübchen, Warzen und Falten in das Gesicht der Hausherrin gegraben. Wahrscheinlich sahen aber alle einsamen Einsiedler ein wenig eigen aus, vermutete Friedrich.

»Es ist nett von Euch, uns hier aufzunehmen«, versuchte er, eine Konversation mit der Frau zu beginnen.

Statt einer Antwort legte sie ihren Zeigefinger auf die Lippen und deutete auf die Zwillinge, welche selig auf dem Boden schlummerten. Mit einer Hand zeigte sie auf eine Tür, die in die Küche führte und bedeutete Friedrich, ihr zu folgen. In dem anderen Zimmer angekommen, bot sie ihm einen Hocker an. Wie selbstverständlich nahm er an dem Küchentisch Platz.

»Wieso lebt Ihr derart weit im Wald allein und zurückgezogen?«

»Warum nicht?«, entgegnete sie Friedrich mit einer Gegenfrage. »Was mich aber noch viel mehr interessiert: Hast du genug gelauscht, um deine Neugierde zu befriedigen? Es ist sehr unhöflich, die Person zu bespitzeln, welche dir ein Dach über den Kopf bietet. Du hättest aber auch sehr gern mit nach draußen kommen können, um Herrn Johannes selbst zu verabschieden.«

Mit offenem Mund saß Friedrich vor der Frau, die ihm den Rücken zukehrend in aller Seelenruhe verschiedenste Dinge aus ihrer Vorratskammer herausholte. Am liebsten hätte er sich in Grund und Boden geschämt. Die Frau hatte natürlich vollkommen recht, das wusste er selbst und das gebot auch seine Erziehung.

»Es tut mir leid«, gab er unvermittelt ganz kleinlaut die Verfehlung zu. »Ihr müsst verstehen, dass ich die Verantwortung über meine beiden Geschwister habe. Meine Mutter hat einzig mir aufgetragen, mich um Brid und Lucas zu kümmern. Obwohl Herr Johannes ein sehr netter Mensch ist, kennen wir ihn nicht sonderlich gut. Ich war ein wenig neugierig und auch besorgt, was mit uns weiter geschehen soll.«

Frau Saskia legte die Rüben zur Seite, welche sie aus der Kammer geholt hatte, und kam um den breiten Küchentisch herum. Einen Herzschlag lang stand sie vor ihm und bedachte ihn mit einem tiefgründigen Blick. Für einen Augenblick fühlte sich Friedrich sehr unwohl. Er wusste nicht, was im Kopf der Einsiedlerin vorging. Die Situation entspannte sich aber, als sie mit einer Hand durch sein Haar wuschelte.

»Es ist schon in Ordnung. Das verstehe ich. Du bist der große Bruder und musst dich um deine Geschwister kümmern. Keine Sorge, ich nehme dir das nicht übel. Ich habe dem alten Griesgram versprochen, euch zu umhegen. Gemeinhin versuche ich auch, meine Versprechen zu halten.«

Mit einem breiten Grinsen stand die Greisin vor ihm. Ihr freundliches Auftreten reichte aus, Friedrich einen Teil seiner Ängste zu nehmen. Mehr und mehr baute er Vertrauen zu der älteren Frau auf, ja, es stellte sich gar so etwas wie Wohlempfinden bei ihm ein. Vielleicht war es hier ja doch nicht so übel, ging es ihm durch den Kopf.

»Pass auf! Ich nenne dich ja bereits Friedrich. Warum sagst du nicht Mütterchen Saskia zu mir? Betrachte mich doch als eine entfernte Verwandte von euch. Stell dir vor, ihr wärt den Winter über zu eurer Großmutter oder Großtante verreist. Damit wird es bestimmt auch für die beiden Kleinen einfacher, sich hier bei mir einzugewöhnen. Kannst du dich mit dieser Idee anfreunden?«, fragte sie ihn direkt heraus.

Anfänglich überlegte er verhalten, wo bei der ganzen Sache der Haken war. Vater hatte früher immer gemeint, dass, wenn etwas zu gut klang, es das meistens am Ende nicht war. Allerdings fand Friedrich kein Haar in der Suppe. Er hatte dem einsamen Wanderer vertraut. Da dieser der Meinung war, sie wären bei Frau Saskia am besten aufgehoben, akzeptierte Friedrich letztlich das Angebot der Einsiedlerin.

»Dann machen wir das so. Eine andere Wahl haben wir schließlich nicht«, gestand er ihr ein. »Wir sind aus unserem Zuhause vertrieben worden. Zudem hat uns unsere Mutter fortgeschickt, weil sie Angst hatte, dass mit uns alles erdenklich Schlimme geschehen könnte. Angeblich war für uns vorgesehen, dass wir in irgendwelchen engen Bergwerkschächten zu schuften hätten. Das war der Grund für Mutter, uns zu befehligen, uns im Wald zu verstecken.«

Mit Tränen in den Augen berichtete er von ihrem bisherigen Leidensweg. Er hoffte, dass Frau Saskia verstand, warum sie gezwungen waren, den Winter über bei ihr zu verbringen. Aufmunternd gab sie ihm daraufhin mit einem Nicken zu verstehen, dass er weitererzählen sollte.

»Es reicht allerdings aus, uns nur bis zum Frühling ein Dach über dem Kopf zu gewähren. Ich hoffe, das stellt für Euch keine zu große Unannehmlichkeit dar. Wir haben mit unserer Mutter ausgemacht, dass wir uns bei den ersten warmen Sonnenstrahlen wiederfinden werden«, vertraute er sich der Frau an.

Aus einem ihm unerfindlichen Grund vergrößerte sich das Lachen im Antlitz des Großmütterchens. Er verstand nicht, warum sich Frau Saskia darüber amüsierte, dass sie ihre Heimat verloren hatten. Er hütete sich jedoch davor, ihr dies ins Gesicht zu sagen. Vielmehr lächelte er nur zurück.

»Was auch immer zuvor mit euch geschehen ist: Nun seid ihr bei mir in Sicherheit. Das verspreche ich euch. Nun wäre es aber ratsam, uns etwas zu Essen zu machen. Deine Geschwister sind bestimmt schon ganz ausgehungert nach eurer entbehrungsreichen Flucht. Wie wäre es, wenn du mir dabei hilfst, während sich Lucas und Brid noch weiter ausschlafen?«, schlug sie ihm vor.

Friedrich zeigte sich einverstanden und begab sich nachfolgend zu einem nahen Bach. Mit zwei großen Eimern in der Hand musste er sich einen schmalen Pfad am Rande des Hügels hinunterkämpfen. Nachdem er das eiskalte und kristallklare Wasser die Anhöhe hinaufgeschleppt hatte, fragte er sich, wie dies die Einsiedlerin jeden Tag selbst schaffte. Nach der zweiten Runde stand er außer Atem und nach Luft schnappend am Eingang der versteckten Hütte.

Frau Saskia antwortete jedoch nur, dass sie nicht so alt wäre, wie er vielleicht zu glauben meinte. Allerdings wollte er ihren Worten nicht so recht Glauben schenken. Er war sich nach wie vor sicher, von Herrn Johannes gehört zu haben, wie er von siebzig Sommern gesprochen hatte, als er Frau Saskia zum ersten Mal begegnet sei. Zudem wirkte die Frau auf ihn, als wäre sie tatsächlich so alt wie ein Großmütterchen.

Seine Eltern hatten den Kindern erzählt, dass all ihre vier Großeltern relativ frühzeitig zum Herrgott in den Himmel aufgestiegen waren. Demnach war es für ihn ein vollkommen neues Gefühl, sich einer betagteren mütterlichen Person anzunähern. Er hielt es ihr außerdem zugute, dass sie ihn nicht wie ein Kind behandelte. Von Anfang an akzeptierte Frau Saskia den Umstand, dass er die Verantwortung für die beiden Geschwister innehatte.

Eher im Gegenteil, stellte sie für die jüngeren Kinder eine Art Gegenpol zu ihm dar. Während er Brid und Lucas Sachen verbot oder Dinge auftrug, war es bei Frau Saskia ganz anders. Ab dem ersten Tag an verwöhnte sie vor allem die Zwillinge mit allerlei Speisen und Getränken. Es gab kaum einen Wunsch, den die Frau ihren zwei kleinsten Gästen abschlug. Tatsächlich erwischte sich auch Friedrich dabei, wie er länger schlief als jemals zuvor. So ausgeruht wie zu dieser Zeit hatte er sich noch nie in seinem Leben gefühlt.

Dies hatte wahrscheinlich mit dem Umstand zu tun, dass er noch nie in einem eigenen Bett genächtigt hatte. Davor war er immer gezwungen gewesen, sich die Schlafgelegenheit mit einem seiner Geschwister zu teilen. Die schmale Hütte in ihrem alten Dorf war nicht groß genug gewesen, als dass Platz für acht Betten bestanden hätte. Obwohl auch das momentane Nachtlager eher als klein zu beschreiben war, durfte er es immerhin sein Eigen nennen. Ebenso schliefen die Zwillinge auf Säcken, die mit getrocknetem Seegras und Schilf gefüllt waren. Selbst die Tatsache, dass sie nicht gezwungen waren mit, dem stinkenden Vieh unter einem Dach zu schlafen, verwunderte ihn zusehends.

Der Ofen von Frau Saskia verströmte beständig eine angenehme Wärme in der Hütte. Wie selbstverständlich sorgte Friedrich dafür, dass stets genügend Feuerholz zur Verfügung stand. Dessen ungeachtet fragte er sich auch hier, wie es das Großmütterchen zuvor geschafft hatte, sich selbst um alles zu kümmern. Der Ofen benötigte Unmengen an Holz, um den ganzen Tag zu laufen. So verbrachte er oft den Morgen damit, in den Wald zu gehen, um Bäume zu schlagen. Mehr denn je fühlte er sich als Mann. Liebend gern hätte er in dem Moment Stefan vor sich gehabt, um ihm zu zeigen, dass er nicht der kleine Junge war, für den ihn der größere Bruder immer gehalten hatte. Er hätte dem Älteren gezeigt, dass er die schwierigen Arbeiten genauso gut erledigen konnte.

Brid und Lucas ging es in der Zwischenzeit besser als jemals zuvor in ihrem Leben. Anfangs waren sie mit ihrem größeren Bruder in den Wald gezogen, um die Gegend zu erkunden. Allerdings hatte Frau Saskia mehr und mehr darauf bestanden, sie im Haus zu belassen. Da das Wetter zunehmend kälter und ungemütlicher anmutete, hatte Friedrich der Idee zuerst auch vorbehaltlos beigepflichtet. Dies bedeutete jedoch, dass die Zwillinge fast ausnahmslos ihre Zeit im Heim der Frau verbrachten, die zuvor als Einsiedlerin gelebt hatte.

Mit den ins Land gehenden Tagen hatte Friedrich mehr und mehr Arbeiten im Haushalt von der alten Frau übernommen aus Dank für das Dach über den Kopf, das Essen und die Hilfe, die sie erhalten haben. Brid und Lucas hingegen wurden von Frau Saskia mit vielerlei Leckereien versorgt. Während der ältere Bruder im Wald war, um Fallen für kleine Tiere aufzustellen, Feuerholz zu schlagen oder Wasser heranzuschaffen, bekochte das Großmütterchen die Zwillinge, als wären sie ihre eigenen Kinder.

Am Abend waren meistens nur noch Reste für Friedrich übrig. Dennoch schmeckten die Überbleibsel der kleinen Küchelchen, Obstkuchen und Honigleckereien unglaublich gut. Er hielt es währenddessen für richtig, dass seine Geschwister mehr bekamen als er selbst. Schließlich bezahlten sie nichts für die Möglichkeit, den Winter im Warmen, in Ruhe und in Frieden zu verbringen.

Während der ersten Zeit fragte Friedrich sich oft, womit sie so viel Nettigkeit, Entgegenkommen und Glück verdient hatten. Wären sie Herrn Johannes nicht im Wald begegnet und hätte dieser sie nicht zum Haus von Mütterchen Saskia gebracht, würden sie wahrscheinlich bereits tot im finsteren Unterholz liegen. Zumindest war Friedrich sich sicher, dass sie ohne fremde Hilfe niemals alleine im Wald überlebt hätten.

Allerdings sollte sich seine Meinung über Frau Saskia im Laufe der Zeit noch ändern. Sein Vater hatte mit dem Ausspruch, dass alles, was zu gut erscheine, nicht gut sei, nur zu recht gehabt. Leider galt es für Friedrich, diese Weisheit erst nach einem einen Mond andauernden Aufenthalt bei der Einsiedlerin im vollen Umfang zu begreifen. Er wusste nicht, ob es da nicht vielleicht schon zu spät für sie drei war.

Milos

Eiskalter Wind wehte über den Festungswall inmitten der weiten und kargen Sumpffläche. Milos ließ seinen Blick über ein Land schweifen, welches sich seiner Meinung nach kaum bewirtschaften ließ. Er fragte sich deswegen zum wiederholten Male, wie es die Lusitzer schafften, genug Nahrung für alle anzubauen. Offenkundig schien es ihnen jedoch an nichts zu mangeln.

Das alte Holz der Palisaden sah teilweise brüchig und wurmstichig aus. Wahrscheinlich war die Haltbarkeit von Holz in den hiesigen Landstrichen um einiges geringer als in seiner Heimat. In den Sommern muss es hier unerträglich heiß sein, ging es ihm durch den Kopf. Die spärliche Überdachung der Aussichtsplattform wirkte ebenso, als wäre sie bereits ein Dutzend Winter alt.

Schulterzuckend wendete er sich von der Betrachtung der Burganlage ab. Es war schließlich keine Befestigung der Daleminzer und er war auch nicht deswegen hierhergekommen. Im Innenhof warteten längst seine zehn Begleiter auf ihn. Wie es weiterging, wusste er noch nicht. Jurij hatte ihn zwar unmissverständlich aufgefordert, die Burg zu verlassen, gleichwohl benötigte er dafür einen Führer durch die Sümpfe. Natürlich war es auch denkbar, sich selbst einen Weg zu suchen, was allerdings etliche Tage dauern könnte. Die Vorstellung, derart lange in dieser unwirtlichen Gegend verbringen zu müssen, ließ ihn leicht frösteln.

Korla als ihr eigentlicher Führer war nach dem seltsamen Gespräch davongeeilt, ohne auch nur ein weiteres Wort zu verlieren. Milos kam sich deswegen zurückgewiesen vor. Vor allem der Inhalt des Dialogs mit dem Lusitzer hatte mehr Fragen aufgeworfen, als dass er

Klarheit gebracht hätte. Sollte Jurij tatsächlich nicht der Ratsvorsitzende sein? Das würde bedeuten, dass man Milos schon seit Tagen belogen und betrogen hatte. Noch wusste er nicht, wie er darauf zu reagieren hatte. Ihm war jedoch klar, dass hinter allem wesentlich mehr stecken konnte, als es auf den ersten Anblick aussah.

Obwohl er in der Festung nur ein Gast war, erwartete der Fürst der Daleminzer, auch als ein solcher behandelt zu werden. Dass der Herold ihn ohne ein weiteres Wort stehen gelassen hatte, widersprach gänzlich den Gepflogenheiten innerhalb ihres Volkes. Sie waren schließlich keine jener barbarischen Deutschen, die auf gute Sitten, Gebräuche und Anstand verzichteten.

Nachdem er von der Mauerkrone heruntergestiegen war, stand Milos nunmehr zwischen seinen Männern. Eine gewisse Vertrautheit und ein Schutzgefühl stellten sich sofort bei ihm ein. Er wusste Babattz, Jakub und Pawlo an seiner Seite. Allerdings irritierte es ihn, dass Wlada dem Wappenherold der Lusitzer hinterhergerannt war. Was hatte ihr Verhalten wohl zu bedeuten?

»Brechen wir nun auf oder nicht, mein Herr?«, riss ihn die ungeduldige Stimme von Babattz aus den Überlegungen.

Wie immer in letzter Zeit entpuppte sich der Junge als ein wenig zu vorschnell. Es war wohl an ihm, sich demnächst einen neuen Schildträger zu suchen, machte Milos sich klar. Die Aufgabe des Schildträgers war es, als Vertreter des Fürsten kleinere Botengänge zu erledigen, Verlautbarungen zu verbreiten und im Kriegsfall den Schild zu tragen. Es war garantiert nicht sein Auftrag, ständig Fragen zu stellen, ungefragt Kommentare von sich zu geben und fortwährend dazwischenzureden.

»Wir brechen auf, wenn wir aufbrechen«, entgegnete Milos barsch dem jungen Untergebenen.

Die restlichen Männer der Eskorte hatten daraufhin übergangslos alle damit zu schaffen, ihre Waffen zu richten, einen Knopf zu schließen oder die dreckige Spitze ihrer Schuhe zu begutachten. Belustigt stellte Milos fest, wie Babattz vor Scham im Boden zu versinken begann. Eine leise Entschuldigung murmelnd, versuchte der Schildträger nachfolgend, sich zwischen den anderen Männern zu verstecken.

In dem Moment tauchte Wlada auf. Mit wehenden Haaren eilte die Ratgeberin auf sie zu. Leicht außer Atmen blieb sie einen Klafter vor dem großen Hengst des Fürsten stehen. Das Tier tänzelte ein paar Schritte zur Seite, als hätte es Angst vor der schwarzhaarigen Schönheit. Da sein Pferd sonst nie scheute, zog Milos die Stirn kraus. Wie so oft zeigte sich die Frau als ein einziges Mysterium. Allerdings kam er nicht mehr dazu, genauer darüber nachzudenken, als seine Beraterin eine ungeheure Neuigkeit verlauten ließ.

»Wir haben Torgausis eingenommen! Ein Bote kam heute Morgen und verbreitete die frohe Botschaft. Es ist vollbracht! Die Deutschen sind geschlagen. Zudem haben wir einen der wenigen befestigten Übergänge über die Elbe in unserer Hand.«

Ein feines Lächeln zauberte sich daraufhin in das Gesicht des Daleminzer Fürsten. Allerdings warf diese Nachricht eine Menge weitere Fragen auf. Wieso hatte Jurij ihnen die erfreuliche Mitteilung nicht selbst überbracht? Wenn der Bote bereits am Morgen eingetroffen war, wussten alle Lusitzer seit geraumer Zeit davon. Warum hatte ihn der andere Fürst trotz dessen weggeschickt? Mit dieser Information ergab die Ablehnung der Lusitzer noch weniger Sinn als ohnehin schon.

»Wlada, auf ein Wort!«, zitierte Milos die Ratgeberin zu sich.

Nachdem er von seinem Ross gestiegen war, ging er gemeinsam mit der Frau ein paar Schritte weit. Er hatte nicht vor, die restlichen Untergebenen an dem Gespräch teilnehmen zu lassen. Es gab Probleme, welche es für ihn galt, ausschließlich mit der Vertrauten zu besprechen. Vor allem wenn es sich um Angelegenheiten drehte, die ihn gänzlich in Verwirrung versetzten.

»Ich verstehe immer noch nicht, was dein Verhalten mit Korla zu bedeuten hatte. Was sollte das alles?«, zeigte er sich erbost. »Zudem verwirrt mich die Tatsache, dass die Lusitzer vor uns vom Fall der Festung Torgausis wussten. Hier passen etliche Dinge nicht zusammen. Auf Verschiedenes davon habe ich allerdings leider keinen Einfluss.« Den letzten Satz betonte er besonders und richtete dabei den befehlsgewohnten Blick auf die junge Frau. Zugleich zeigte sich eine ungewohnte Härte im Antlitz des Fürsten der Daleminzer. »Was jedoch meiner Macht untersteht, stellt den Umstand dar, von meinen Untergebenen absolute Treue zu verlangen. Also! Verratet mir endlich, was hier los ist!«

»Wie Ihr befehlt, mein Fürst«, entgegnete Wlada unterwürfig. »Korla ist der wahrhaftige Fürst der Lusitzer. Zumindest glaube ich dies. Dass Jurij nicht der ist, welcher er zu sein vorgibt, hat Korla bereits bestätigt. Während Ihr Euch in den letzten Tagen mit Jurij beschäftigt habt, war es mir vergönnt, mich mit den anderen Menschen in der Burg zu unterhalten. So bin ich das eine oder andere Mal auch dazu gekommen, mit dem vermeintlichen Herold zu sprechen. Tatsächlich hatte ich nie das Gefühl, dass es sich bei ihm lediglich um einen einfachen Krieger handelte«, versuchte sie, ihre Beobachtungen in Worte zu fassen.

»Los, berichtet weiter!«

»Was mir allerdings auffiel, war der Umstand, wie sich alle Korla gegenüber benahmen. Keiner richtete zuerst das Wort an ihn. Viele der Bediensteten in der Burg ließen ihm den Vortritt. Kein Mann erteilte in der Zeit unseres Aufenthaltes dem vermeintlichen Herold einen Befehl. Dies zusammen mit der Tatsache, dass er unsere Krieger im Gegenzug immer ausfragte, brachte mich zu der Erkenntnis, dass er jemand ganz anderes sein müsse.«

Milos strich sich gedankenverloren über das Kinn. Ihm war der Herold ebenso merkwürdig vorgekommen. Allerdings dachte er nicht, dass er ihn gleich für den Fürsten zu halten hatte. Das alles machte die hiesigen Verhältnisse für den jungen Daleminzer noch wesentlich undurchschaubarer, als sie ohnehin schon waren.

In dem Moment verließ eine Prozession von Männern das Haupthaus der Burg Kosilenzien. Dem ersten Reflex folgend, ergriff Milos den Knauf seines Schwertes. Er erinnerte sich jedoch sofort daran, wo er war und wie wenige Bewaffnete er bei sich wusste. Zudem war es müßig, anzunehmen, dass die Lusitzer planten, ihn zu ermorden. Dazu hatten sie bereits ausreichend Gelegenheit gehabt.

An der Spitze des Aufmarsches befand sich tatsächlich Korla. Mit weit ausladenden Schritten kam er auf die Gruppe der Daleminzer zu. Lag es an der teuren Rüstung, welche der vermeintliche Herold nun trug, oder war es darin begründet, dass ihm eine ganze Schar von hochrangigen Vertretern des gesamten Stammes folgte, dass er im Vergleich zu vorher älter, reifer und machtvoller wirkte? Keine zwei Klafter vor Milos blieb Korla mit den Tross im Rücken stehen.

»Fürst!«, begrüßte Milos Korla.

»Fürst?«

»Ich habe Euer Versteckspiel durchschaut. Gebt Euch keine Mühe mehr, Euch uns als einfachen Herold zu verkaufen«, wagte Milos den Vorstoß.

Einen Augenblick lang sahen sie sich fest in die Augen. Wie bei einem Wettkampf unter Kindern versuchte jeder so lange wie möglich, in die Pupillen des Gegenübers zu starren. Wlada unterbrach das Kräftemessen, indem sie zwischen die beiden jungen Männer trat. Verlegen räusperte sich Milos daraufhin, weil er sich zu dem kindischen Spiel hatte hinreißen lassen. Kurz darauf richtete er jedoch das Wort mit kräftiger Stimme an den anderen Stammesführer.

»Ist es immer noch Euer Wunsch, dass wir verschwinden? Habt Ihr uns weiterhin nichts anderes zu berichten als die Geschichte um Eure Probleme mit den Polanen? Möchtet Ihr mir ferner vorenthalten, dass mein Heer die Burg Torgausis eingenommen hat? Oder darf ich Euch nun davon unterrichten, dass in naher Zukunft auch die Feste Strehla an uns fallen wird?«

»Zuerst ist es wohl an mir, mich für diese Scharade zu entschuldigen«, entgegnete Korla, ohne auf die Worte des Vorredners zu reagieren. »Allerdings besaß ich dafür meine Gründe. Irgendwann werde ich sie Euch bei einem Glas gewürzten Wein in aller Ruhe darlegen und erklären. Wie dem auch sei: Es ist nicht so, dass ich der alleinige Herrscher über die Lusitzer bin. Wie Ihr wisst, halten wir nach wie vor an den alten Bräuchen fest. Die eigentliche Macht innerhalb meines Stammes liegt wie ehedem in den Händen des Rates der Sippenvorsteher.«

Nickend gab Milos dem Gleichgestellten zu verstehen, dass er derartige Probleme nur zu gut kannte. Korla zeigte sich kurz wegen der Geste irritiert, fuhr jedoch gleich in seiner Rede fort.

»Viele der Ältesten halten es für einen Fehler, dass wir uns unterhalten. Bevor ich deswegen beabsichtigte, das Gespräch mit Euch zu suchen, war es an mir, Eure tatsächlichen Beweggründe für diesen Besuch zu erfahren. Letztlich hatte ich gar keine andere Wahl, als mich als Herold zu tarnen. Ich hoffe, Ihr versteht und verzeiht mir die kleine List?«

»Ich will nicht behaupten, dass mir Eure Gedanken vollkommen fremd wären. Zudem ist es an mir zu gestehen, dass ich eventuell in Eurer Position ganz ähnlich gehandelt hätte. Trotzdem …«, unterbrach sich der Daleminzer in seiner Rede.

Für einen Augenblick wägte er ab, inwieweit er es sich erlauben konnte, den anderen Anführer verbal anzugreifen. Milos war hin und her gerissen. Auf der einen Seite fühlte er sich tatsächlich vor den Kopf gestoßen. Andererseits benötigte er nach wie vor die Hilfe des Bruderstammes, um gegen die Deutschen zu bestehen und zu gewinnen.

»Dennoch denke ich, dass Ihr zu weit gegangen seid. Hier geht es nicht um Grenzstreitigkeiten, den Verhandlungen über wirtschaftliche Beziehungen oder einen Vertrag über die gemeinschaftliche Nutzung einer Mühle. Ich bin zu Euch gekommen, damit wir gemeinsam in der Lage sind, eine Front gegen die Deutschen zu bilden. Es gibt dabei letztlich nichts zu verhandeln. Entweder Ihr seid gegen die Eindringlinge aus dem Westen, dann kämpft Euer Volk an unserer Seite. Oder Ihr begrüßt sowohl die Invasion als auch die Besitznahme und wir haben schon alles miteinander besprochen, was es zu bereden gibt«, schlug Milos einen aggressiveren Ton an, als er eigentlich beabsichtigt hatte.

Tatsächlich traf er mit der Ansage den Gesprächspartner bis ins Mark. Mit einem derartigen angriffslustigen Gegenüber hatte der Fürst der Lusitzer anscheinend nicht gerechnet. Fast konnte man meinen, als wenn Korla vor Milos zurückschreckte. Dies zauberte ein winziges Lächeln auf seine Lippen. Schnell hatte er sich aber wieder unter Kontrolle. Es wäre nicht hilfreich, den Anführer eines anderen Clans vor den Kopf zu stoßen oder gar zu demütigen.

»Natürlich verstehe ich Eure Zurückhaltung und Vorsicht«, lenkte Milos sofort wieder ein. »Durch die ganzen Verwicklungen haben wir uns schlichtweg auf dem falschen Fuß kennengelernt. Ich glaube, es wäre am besten, wenn wir noch einmal von vorn beginnen. Es geht hier letztlich um die Zukunft unserer beiden Völker, unserer beiden Länder und unserer beiden Kulturen. Da sollte kein Platz sein für Befremdlichkeiten und persönlichen Zwist.«

Dies reichte aus, um die Anspannung aus dem Gesicht des anderen Fürsten zu vertreiben. Mit einem schwachen Nicken gab Korla zu verstehen, dass er in ganz ähnlichen Bahnen dachte. Vielleicht hatten sie mehr gemeinsam, als das, was sie trennte.

»Nun, da wir endlich die Missverständnisse überwunden haben, können wir zu den eigentlichen Themen des Treffens kommen«, gab Korla bekannt. »Der Ältestenrat hat mir die Erlaubnis gegeben, mich mit Euch zu verständigen. Ich denke, es sollte uns ein Leichtes sein, zu einer Übereinkunft zu gelangen. Dass die Deutschen eine Bedrohung für alle wendischen Völker darstellen, steht wohl außer Frage. Allerdings gilt es für uns zu klären, inwieweit wir gegen die Eroberung vorzugehen haben.«

Nun war es an Milos, wohlwollend zu nicken. Nach den ganzen ergebnislosen Beratungen in den letzten Tagen errang er plötzlich im Moment der Abreise den größten Erfolg. Wären sie gleich am Anfang zu dem Gespräch gekommen, hätte er sich jede Menge Zeit, Energie und Frustration gespart. So stand er am Tag seines Aufbruchs auf dem Hauptplatz der Burg Kosilenzien und hielt diesen bittersüßen Sieg in Händen.

»Werter Korla, meine Männer und ich werden nun dennoch aufbrechen. Ihr hattet die ganzen letzten Nächte Zeit, Euch mir zu offenbaren. So sehr ich es begrüße, dass wir uns nun verständigt haben, bedarf es noch weiterer Unterhaltungen. Ich hoffe, Ihr versteht meine Entscheidung.«

»Natürlich kann ich das nachvollziehen. Es steht außer Frage, dass ich Euch gegenüber nicht ehrlich war. Viel mehr als den Anfang einer freundschaftlichen Beziehung soll dies hier im Moment auch gar nicht darstellen.«

»Dann sind wir uns also einig?«, fragte Milos nach.

»Selbstverständlich sind wir das! Habt Ihr etwas anderes angenommen?« Bevor Milos die Chance bekam, darauf zu antworten, fuhr Korla mit den Ausführungen weiter fort. »Ich werde Euch sehr bald nachfolgen, aber vorher habe ich hier noch ein paar Kleinigkeiten zu erledigen. Sobald ich alle von der Notwendigkeit überzeugt habe, endlich das Heft des Handels in die eigenen Hände zu nehmen, werde ich Euch folgen. Wartet auf einen Boten von mir.«

Wohlwollend nickte Milos. Er sah sich abschließend in seiner Entscheidung bestätigt, den Ausgleich mit den Lusitzern gesucht zu haben. Auch wenn die Verhandlungen etwas holprig begonnen hatten, befanden sie sich nunmehr auf einem guten Weg, ein Bündnis gegen die Deutschen zu bilden. Dieser Tag bildete eine wichtige Zäsur für alle sorbischen Völker. Von nun an hatten sie eine realistische Chance, die verhassten Eindringlinge aus ihren Ländern zu vertreiben. Womöglich würde die Barden in fünfzig Wintern ein Lied von diesem Moment singen.

»So sei es. Nach meinem Besuch bei Euch seid Ihr natürlich sehr herzlich eingeladen, das Land der Daleminzer zu betreten. Folgt mir nach, sobald Ihr Euren Ältestenrat von unserer Entscheidung überzeugt habt. Einzig wir zwei sind letztlich in der Lage, etwas gegen die Barbaren aus dem Westen zu unternehmen. Ihr und ich sind aus demselben Holz geschnitzt. Ich freue mich, Euch schon in naher Zukunft bei mir begrüßen zu dürfen. Egal welches Problem auch immer zwischen uns bestehen mag: Gegen die Möglichkeit, dass unser gesamtes Volk untergeht, wirkt es nahezu marginal«, endete Milos mit großen Worten.

Die beiden Fürsten reichten sich den Kriegergruß und bestätigten mit dieser Geste die Bemühungen für einen Ausgleich zwischen ihren Stämmen. Damit rückte ein gemeinsames Bündnis in greifbare Nähe. Mit dem Erfolg in Torgausis und dem erfreulichen Abschluss des Treffens sah Milos einen Silberstreif am sonst so düsteren Horizont. Zum ersten Mal glaubte er selbst daran, dass sie über die Chance verfügten, die verhassten Deutschen aus ihren Ländern zu vertreiben.

So ritt er gutgelaunt durch das Haupttor der Burg Kosilenzien hinaus. An seiner Seite wusste er einen neuen Führer durch die tückischen Sümpfe. Korla hatte in einem Spaß abgelehnt, sie erneut persönlich hindurch zu geleiten. Während des weiten Weges entlang von Mooren, Wasserlöchern und Untiefen freute Milos sich schon darauf, Wladas ausführlichen Bericht zu erhalten. Er war sich sicher, dass die Beraterin weit mehr herausgefunden hatte, als sie vorher zugegeben hatte. Sie war es schließlich gewesen, welche als Erstes die Scharade des Lusitzers durchschaut hatte. Wlada verfügte mit Sicherheit über zusätzliche Informationen, die ihm später von Nutzen sein konnten.

So ritt die kleine Gruppe auf die endlose Ebene vor den Burgmauern hinaus. Mittlerweile bedeckte eine leichte Schneeschicht die weite Fläche. So wirkte das Moor noch friedlicher und dadurch wesentlich tückischer auf den jungen Fürsten als zuvor. Allerdings befanden sie sich auf dem Heimweg. Was sollte nun noch schiefgehen?

Friedrich

Lautlos fiel die weiße Pracht in winzigen Flocken aus den Wolken. Tausende einzigartige kleine Kristalle rieselten vom Himmel. Stundenlang hätte Friedrich dem ganzen Spektakel zuschauen können. Neben der schweren Arbeit, welche er derzeit zu erledigen hatte, fand er leider kaum einen Moment der Ruhe, um den Anblick richtig zu genießen.

Obwohl der Winter eine kalte und dunkle Jahreszeit war, liebte er diesen Abschnitt des Sonnenzyklus besonders. Seine anderen Geschwister hatten immer auf Väterchen Frost und die damit verbundenen Einschränkungen geschimpft. Gerade seine beiden älteren Schwestern waren Sommermenschen. Solange es warm war, zeigten sich die Frauen am aktivsten und lebhaftesten. Im Verlauf der frostigen Jahreszeit saßen sie stets nur beisammen und nähten, bastelten oder strickten.

Für Friedrich war es früher immer das Größte gewesen, aus dem weißen Wunder eine Burg, Schneemenschen oder gar einen ganzen Bauernhof zu errichten. Während der Zeit der langen Nächte waren zudem die Tätigkeiten auf dem Hof der Eltern wesentlich geringer an Anzahl und Schwere. Viele der eigentlichen Verrichtungen begannen mit den ersten Vorboten des Frühlings. So war der Winter stets eine Spanne gewesen, in welcher Friedrich die meiste Freizeit für sich selbst zur Verfügung hatte.

Dies hatte sich jedoch innerhalb des letzten Mondes seit ihrem Aufenthalt bei Frau Saskia grundlegend geändert. Mehr denn je war er gezwungen, wie ein Erwachsener zu rackern und zu schuften. Anfänglich hatte er dies auch sehr gern und aus freiem Willen gemacht. Mit der Zeit war daraus allerdings eine lästige Pflicht geworden. Jegliches positive Gefühl hatte sich dabei ins Gegenteil verkehrt, bis er dieses Haus und seine Bewohnerin einfach nur noch hasste.

An jenem Morgen fühlte er sich mehr denn je wie ein Gefangener oder Leibeigener denn als ein Gast. Es existierten zwar keine Mauern, Gitter oder schwere Türen, Frau Saskia hatte es vielmehr geschafft, seine beiden Geschwister als eine Art Geisel zu nehmen. Wie die freundlichste Glucke verbrachte sie den ganzen Tag damit, sich um die Zwillinge zu kümmern. Im Normalfall wäre er über das Verhalten hoch erfreut gewesen. Es zeigte sich aber mittlerweile, dass die Frau Arges plante, ohne dass Friedrich jedoch einen Beweis dafür besaß.

Brid und Lucas saßen wie eh und je in letzter Zeit in der beheizten Stube und verputzten eine Süßspeise nach der anderen. Inzwischen war es so weit gekommen, dass die beiden nicht mehr in ihre ursprünglichen Kleidungsstücke passten. Frau Saskia hatte für die Geschwister deswegen warme, weiche und angenehme Tuniken genäht.

Dies wiederum hatte zur Folge, dass die Zwillinge nicht mehr in der Lage waren, das Haus zu verlassen. Sie besaßen schlichtweg keine vernünftigen Wintersachen, um bei dem eisigen Wetter auch nur eine kurze Zeit im Freien zu verbringen. Stattdessen saßen sie bei Honigspeisen vor dem beheizten Ofen, um sich von der Einsiedlerin stundenlang Geschichten erzählen zu lassen.

Das führte natürlich dazu, dass Frau Saskia weniger Zeit hatte, sich um andere Dinge in dem großen Haus zu kümmern. Nach und nach bürgerte es sich wie von selbst ein, dass Friedrich die liegen gebliebenen Tätigkeiten erledigte. Neben dem Kochen, Sticken und Nähen war er für so ziemlich alles andere verantwortlich. Daher arbeitete er plötzlich wesentlich mehr als jemals zuvor in seinem Leben. Da es jedoch ein schleichender Prozess gewesen war, der ihn dazu geführt hatte, erkannte er erst an jenem Morgen, in welcher Falle sie sich wirklich befanden.

Trotz der Erkenntnis fiel ihm keine Lösung ein, um sich und seine Geschwister aus der Lage zu befreien. Vor allem die Tatsache, dass sich Lucas und Brid unglaublich wohl fühlten, bereitete ihm zunehmend Kopfschmerzen. Wahrscheinlich dachten die beiden Kleinen noch nicht einmal im Traum daran, aus dem Haus von Frau Saskia verschwinden zu wollen. Viel zu gut erging es ihnen, als dass sie mit ihm in den unwirtlichen Wald fliehen würden.

All das Nachdenken und Grübeln brachte ihm jedoch wenig, wenn er zu keinem richtigen Ergebnis kam. Vermutlich war es für ihn sinnvoller, auf eine passende Gelegenheit zu warten, um aus der beängstigenden Situation zu entkommen. Letztlich war er sich in einem Punkt sicher: Die scheinbar so nette Einsiedlerin plante etwas Hinterhältiges mit ihnen. Allerdings beabsichtigte er nicht, so lange auszuharren, bis sie ihr Vorhaben ausgeführt hatte.

Müde, ausgelaugt und kraftlos betrat er daraufhin die versteckte Behausung. Die kurze Zeit, welche er vor der Hütte verbracht hatte, tat ihm jedoch ungleich gut. Selten bekam Friedrich von der Hausherrin die Möglichkeit, sich richtig auszuruhen. So war er gezwungen, außerhalb des Hauses in der Kälte zu warten, um einige Momente für sich selbst zu finden.

Im Haus war es wider Erwarten erstaunlich ruhig, es herrschte eine Grabesstille innerhalb der Mauern. Augenblicklich bildete sich eine Gänsehaut auf seinen Unterarmen, die ihm zu verstehen gab, dass etwas nicht stimmte. Diese Empfindung hatte er in letzter Zeit öfter bekommen, wann immer er direkt mit der älteren Frau zu tun hatte. Zu glatt, gespielt und aufgesetzt empfand er das heitere Benehmen der Eremitin.

Auf Zehnspitzen schlich er durch die Diele, um niemanden aufzuwecken. Wahrscheinlich schliefen seine Geschwister – so hoffte er zumindest. Mit einem Blick in die Stube überzeugte er sich schließlich davon, dass es den beiden gut ging. Wie kleine Engel lagen sie vor dem Ofen auf weichen Tierfellen und hielten ihren Mittagsschlaf. Tatsächlich standen auf einem Tisch noch Bretter mit allerlei Fressereien darauf. Wie schon in den Tagen zuvor hatten sich die Kinder ihre Mägen vollgeschlagen.

Allerdings war von Frau Saskia keine Spur zu finden. In keinem der anderen fünf Zimmer war die Hausherrin anzutreffen. Normalerweise verbrachte das Großmütterchen seine Zeit mit kochen. Die Küche jedoch war nicht besetzt. Einzig ein winziges Feuer glomm noch im Kamin und wartete darauf, erneut entfacht zu werden. Es war das erste Mal, dass er das Heim ohne seine Besitzerin vorfand.

Als einzige Option blieb nur, dass Frau Saskia im geheimen siebten Raum einer Tätigkeit nachging. Friedrich wusste immer noch nicht, was wohl hinter der letzten Tür verborgen lag. In der gesamten Zeit, welche sie nun schon in der Hütte verbracht hatten, war er niemals in dem Zimmer gewesen. Frau Saskia hatte das Verbot, diesen Teil des Hauses zu betreten, damit erklärt, dass der Raum dahinter eingestürzt wäre. Da ein Großteil der eigentlichen Zimmer unterhalb eines Hügels lag, war ihm diese Erklärung bis heute auch durchaus plausibel erschienen. Friedrich vertraute der älteren Frau aber immer weniger. Wahrscheinlich hatte sie ihn in der Hinsicht ebenso mit Unwahrheiten gefüttert wie mit allem anderen auch, mutmaßte er.

Langsam schlich er auf die Tür am Ende der Diele zu. Mucksmäuschenstill lag das komplette Haus vor ihm. Noch nicht einmal das alte Holz ließ sich dazu herab, einen knarrenden Laut von sich zugeben. Nur sein eigener Atem war zu hören. Je näher er der Tür kam, umso lauter pochte auch sein Herz. Vorsichtig näherte er sich dem hölzernen Rahmen. Er legte bedachtsam sein Ohr an die Tür, in der Hoffnung, irgendetwas von dahinter zu vernehmen.

»Wuuummm!«, hörte er ein unerwartetes Geräusch.

Erschrocken fuhr er zusammen und stolperte einige Schritte nach hinten. Ohne zu wissen, wie ihm geschah, fand er sich auf seinem Hosenboden wieder. Entsetzt starrte Friedrich auf die unscheinbare Holztür vor sich. Einen derart tiefen, dumpfen und alles durchdringenden Ton hatte er noch nie zuvor gehört. Es klang für ihn wie das Geräusch, was von einer unglaublich großen und schweren Trommel stammte.

Auf allen vieren krabbelte er von der unheimlichen, aber zum Glück auch verschlossenen Tür fort. Jetzt war er davon überzeugt, dass in dem Haus nicht alles mit rechten Dingen zuging. Allerdings war er sich nunmehr auch sicher, dass sich Frau Saskia nicht in ihren vier Wänden aufhielt. Dies reichte ihm aus, um eine Entscheidung zu treffen: Schnell wie der Wind eilte er in die Stube, wo seine Geschwisterchen schliefen.

»Brid! Lucas! Bitte wacht auf! Es ist Zeit aufzustehen. Los, ihr beiden, hoch mit euch!«, versuchte er, die zwei Kinder zu wecken.

Müde und verschlafen richteten sie sich auf und rieben sich ihre Augen. Allerdings hatten sie nicht viel Zeit, sich zu sammeln. Friedrich wusste nicht, wann Frau Saskia zurückkehren würde. Er war sich noch nicht einmal sicher, ob sie wirklich gegangen war. Einzig überzeugt war er davon, dass sie plötzlich die einzigartige Chance besaßen, von hier zu verschwinden.

Nun war es an Friedrich, endlich einer jener Helden aus den Geschichten zu sein, von denen er immer gehört hatte. Er war sich dessen gewiss, dass es sich bei der Eremitin nicht um eine normale Frau handelte. Die Herold oder Ritter dieser Legenden hatten stets die Pflicht, die Schwachen und Unschuldigen zu verteidigen. Mehr denn je war Friedrich der Meinung, dass die beiden Geschwister in Gefahr schwebten. Ein Zögern oder Hadern würde ihnen wahrscheinlich die einzige Möglichkeit für eine Flucht nehmen.

»Was ist denn los? Wir wollen schlafen. Friedrich, weshalb weckst du uns? Gibt es denn schon wieder was zu essen?« Lucas blinzelte ihn träge an.

»Ich habe so schön geträumt. Hättest du uns nicht weiterschlafen lassen können? Warum machst du hier so einen Lärm?«, schlug Brid in dieselbe Kerbe.

Beruhigend wirkte Friedrich auf die beiden Geschwister ein und strich mit jeweils einer Hand über die Köpfe der Zwillinge.

»Es ist an der Zeit, einen kleinen Ausflug zu machen. Wir waren schon lange nicht mehr draußen im Wald. Das wird bestimmt lustig, wenn wir durch den Schnee rennen und toben. Wisst ihr noch, wie es früher war? Da haben wir doch immer zusammen Schneemenschen gebaut. Ihr seid jetzt bereits so lange hier drin und verpasst noch den ganzen Winter«, versuchte er verzweifelt, die zwei zu motivieren, endlich aufzustehen.

Obwohl sich die beiden dagegen wehrten, schaffte er es, sie zum Aufstehen zu bewegen. Schlaftrunken stolperte Lucas durch die Räume der behaglichen Hütte. Irritiert blickte er sich um.

»Wo ist Tante Saskia?«, rief der Junge, als sie die Diele entlang gingen.

Friedrich war entsetzt, dass sein Bruder die Einsiedlerin tatsächlich Tante nannte. Er hatte es bis heute immer vermieden, eine zu freundschaftliche Beziehung zu der Frau aufzubauen. Mehr allerdings erschrak er darüber, dass die Stimme von Lucas laut in dem sonst stillen Haus erklang. Um nichts in der Welt beabsichtigte er, Frau Saskia auf seinen Plan aufmerksam zu machen. Entsprechend eilte er zu dem Jungen, um ihn zu beruhigen. Solange sie nicht mindestens eine Meile Abstand zu dem Haus hatten, sollten sie sich möglichst geräuschlos bewegen.

»Das gute Großmütterchen ist auch draußen im Schnee. Du musst hier nicht nach ihr suchen oder sie rufen. Sie wird dich hier drinnen höchstwahrscheinlich nicht hören«, beruhigte er den Kleinen.

»Was soll ich denn anziehen?«, fragte in dem Moment Brid. »Tante Saskia hat mir zwar immer wieder gesagt, sie plant für uns neue Wintersachen zu nähen, allerdings hat sie dafür bis heute noch keine Zeit gefunden. Wir haben doch gar keine richtige Gewandung für die Kälte. In dem dünnen Hemdchen werde ich wohl kaum in den Schnee rausgehen können«, fand sie eine Ausrede, um in der Stube bleiben zu dürfen.

Verzweifelt raufte sich Friedrich die Haare. Wie sollte er nur die beiden Quälgeister nach draußen befördern? Er wusste nicht, wie viel Zeit ihm noch blieb, daher wollte er diese wertvollen Momente keinesfalls mit längeren Diskussionen verschwenden.

»Brid! Lucas! Benehmt euch nicht wie Kleinkinder, aus dem Alter seid ihr längst heraus. Vor allem du, Lucas, hast doch noch im Frühjahr gesagt, du wärst bereits ein richtiger Mann. Auf unserem Acker im alten Dorf hast du genauso mitgeholfen, die Bäume zu roden und die Saat auszubringen. Warum legst du hier also ein Verhalten wie ein störrisches Kind an den Tag?«

Tatsächlich funktionierte die List bei seinen Geschwistern. Obwohl sie immer noch darüber murrten und sich dagegen wehrten, aus ihren Träumen gerissen worden zu sein, machten sie sich auf, die Hütte zu verlassen. Trotz allem war Friedrich gezwungen, den Bruder und die Schwester weiter anzutreiben.

»Sucht euch bitte in den anderen Zimmern warme Sachen. Frau Saskia wird bestimmt nicht böse sein, wenn ihr euch einige ihrer Mäntel ausleiht. Sie wird nicht wollen, dass ihr draußen friert. Zieht euch so richtig dick an«, forderte er sie zugleich auf.

Während er die Geräusche der Zwillinge aus den benachbarten Kammern hörte, wie sie nach Gewändern Ausschau hielten, war er bereits in der Küche. Wenn er etwas von der ersten Flucht gelernt hatte, dann war es die Notwendigkeit, dringend Verpflegung zum Überleben mit sich zu nehmen. So durchsuchte er den Wirtschaftsraum nach allerlei Nahrungsmitteln, die sich eine Weile lang hielten.

Zu seinem Glück war die Vorratskammer der Einsiedlerin reichhaltig gefüllt. Jede Menge Trockenobst und gepökeltes Fleisch trug er zu einem großen Haufen in der Mitte des Küchentisches zusammen.

Damit befüllte er einen geräumigen Rucksack. Dieser stand immer neben der Tür bereit, falls er irgendetwas Schweres zu transportieren hatte. Zusätzlich suchte er noch Zunder, Feuerstein und andere nützliche Dinge, welche sie womöglich auf ihrer Flucht benötigen würden. Nachdem er alles zusammengetragen hatte, rief er die beiden Geschwister zu sich.

Sehr zu seiner Erleichterung fand er sie in der Stube fertig angezogen vor. In den etwas zu groß geratenen Gewändern von Frau Saskia sahen die Zwillinge zwar ein wenig zum Schmunzeln aus, dies war ihm im Moment aber reichlich egal. Es galt für sie drei, so viele Meilen wie irgend möglich zwischen sich und das Haus zu bringen. Noch war von der Eremitin nichts zu entdecken. Friedrich glaubte, dass sie tatsächlich eine reelle Chance hatten, sich aus der Falle zu befreien.

»Auf geht es!«, spornte er deswegen Brid und Lucas an. »Wir laufen zuerst ein bisschen in den Wald hinein. Ich kenne da eine Lichtung, auf der liegt ganz viel unberührter Schnee. Dort können wir eine riesige Schneeburg bauen. Das habt ihr doch früher schon immer so gern gemacht.«

Kaum begeistert trotteten die zwei Kleinen vor ihm in den Wald. Er spähte in der Zwischenzeit in alle Richtungen. Wenn ausgerechnet in dem Moment Frau Saskia zurückkehren würde, wüsste er nicht, wie er reagieren sollte. So trieb er seine Geschwister an, ein wenig schneller zu laufen. Obwohl er beständig damit rechnete, dass ihre Flucht plötzlich schieflaufen könnte, passierte zum Glück rein gar nichts.

Als sie den nächsten Hügel erreicht hatten und er die Hütte der Einsiedlerin in einigem Abstand wusste, traute er sich zum ersten Mal, den Blick umzuwenden. Erschrocken zuckte er in der Folge zusammen. Dort, wo sich der Eingang der versteckten Behausung befand, stand die ältere Frau und fixierte ihn mit ihrem Blick über die gesamte

Entfernung hinweg. Ein eiskalter Schauer zog sich daraufhin seinen Rücken hinab. Zum Glück waren sie nun weit genug von ihr entfernt. Egal was die unheimliche Frau in dem Moment auch immer dachte, sie waren ihr entkommen. Nie und nimmer war sie in der Lage, sie noch einzuholen.

Mit einem leichten Schubs trieb er die zwei Geschwister an, über die Kuppe des Hügels zu laufen. Damit befanden sie sich außerhalb der Wahrnehmung der Einsiedlerin. Zudem lagen mittlerweile genug Klafter, Bäume und Büsche zwischen ihnen, dass er es sich erlaubte, ein wenig aufzuatmen. Trotz dessen beschleunigte er die Schritte, um so schnell wie möglich von diesem Ort zu verschwinden.

»Wo wollen denn meine beiden kleinen Lieblinge so plötzlich hin? Es gibt doch gleich etwas Süßes zum Nachmittag zu essen«, vernahm er aus heiterem Himmel eine Stimme von vorn.

Panisch drehte er den Kopf herum und blieb wie angewurzelt stehen. Direkt vor sich entdeckte er Frau Saskia, die mit unschuldigem Blick zwischen zwei mächtigen Bäumen stand. Links und rechts von ihr befanden sich bereits seine Geschwister, um sich an die Frau zu schmiegen. Wie hatte sie es nur geschafft, so schnell hierher zu kommen? Vor nicht einmal zehn Herzschlägen hatte sie sich doch noch hunderte Klafter weit entfernt am Eingang ihrer Hütte befunden.

Friedrich fand keine logische Erklärung, wie es die Frau vollbracht haben soll, sich so flink zu bewegen. Wahrscheinlich gab es dafür gar keine gottgefällige Begründung. Mutmaßlich war die Frau wohl eher mit dem Beelzebub im Bunde. Allerdings weigerte sich Friedrich, an derlei Dinge zu glauben. Bestimmt hatte er sich das alles nur eingebildet, redete er sich selbst ein. Es konnte gar nicht anders sein.

Liebevoll klammerten sich die beiden Kinder an die Einsiedlerin. Tatsächlich präsentierte sich ihm ein friedliches Bild, wie sie zu dritt zwischen verschneiten Bäumen standen. Er hatte deswegen keine andere Wahl, als sich schnell eine Ausrede einfallen zu lassen.

»Wir hatten nur vor, ein wenig in den Wald zu gehen, um im Schnee zu spielen. Für Kinder ist es doch immer ratsam, sich an der frischen Luft zu bewegen.«

»Ja! Friedrich wollte unbedingt mit uns eine Schneeburg bauen. Dabei haben wir überhaupt gar keine Lust darauf«, beschwerte sich zugleich Lucas bei ihrer Gastgeberin.

In dem Moment bemerkte Friedrich zum ersten Mal eine dicke Kette um den Hals von Frau Saskia. Zuvor hatte er zwar mehrmals ein Glitzern und Funkeln unter den Gewändern der Eremitin gesehen, allerdings hatte er sich nie sonderlich viel Gedanken um derlei Details gemacht. Verwirrt fragte er sich, was am Ende des Schmuckstücks wohl baumelte.

»Wir wollen wieder nach Hause«, drang Brids Stimme in den Vordergrund. »Mir ist kalt und ich habe auch ein bisschen Hunger. Gibt es denn etwas Leckeres zu essen?«

Verdattert blickte Friedrich auf die Dreigruppe vor sich. Aus der Überlegung gerissen, wusste er keine Erwiderung, sondern starrte Frau Saskia nur ungläubig an. Mit einem breiten Lächeln im Gesicht wendete sie sich daraufhin an ihn.

»Siehst du? Sie haben überhaupt kein Interesse daran, die warme Stube zu verlassen. Die armen Kleinen in die Kälte hinauszutreiben, so etwas macht man doch nicht. Ich hoffe, dies ist eine Lehre für dich«, drohte sie ihm hinter vorgehaltener Hand.

Mehr als ein oberflächliches Lächeln brachte er in der Folge nicht zustande. Er hatte nur eine Chance besessen – und diese haltlos verspielt. Wenn er doch nur schneller gewesen wäre, machte er sich selbst Vorwürfe. Der Wahnsinn, erst alle erdenklichen Dinge zusammenzusuchen, hatte zu viel der kostbaren Zeit vergeudet. Im Idealfall hätten sie bereits mindestens zwei Meilen weiter weg sein können. Stattdessen hatte er seine einzige Möglichkeit vergeben, sich und seine Geschwister aus den Fängen der Frau zu befreien. Er fühlte sich wie ein

Versager und ganz sicher nicht wie der Held einer der vielen Geschichten.

Während er noch über die verlorene Gelegenheit nachdachte, entschwand Frau Saskia mit jeweils einem Kind an einer Hand in Richtung ihres Hauses. Einen Moment lang stand Friedrich einsam in der weißen Pracht des verschneiten Winters. Für den Bruchteil eines Herzschlages überlegte er tatsächlich, einfach ohne Lucas und Brid aufzubrechen. Allein hatte er wahrscheinlich bessere Chancen, in der Wildnis zu überleben. Zudem würde die Einsiedlerin den beiden Kleinen schon nichts Schlimmes antun, redete er sich selbst ein. Im nächsten Frühjahr wäre er immer noch in der Lage, mit seinen großen Geschwistern und ihrer Mutter hierher zurückzukehren, um die Zwillinge abzuholen. So wären sie wenigstens den Winter über in Sicherheit. Es wäre einfach nur an ihm, weiter geradeaus zu laufen. Vorräte, Verpflegung und allerlei nützlichen Kram hatte er schließlich in dem Rucksack zur Verfügung. Nichts sprach dagegen, direkt loszumarschieren.

Benommen schüttelte er den Kopf. Kurz fragte er sich, woher diese seltsamen Gedanken kamen. Nie wäre er so herzlos, seine geliebten Geschwister bei der unheimlichen Frau zu belassen. Lieber würde er jahrelang in Knechtschaft schuften, als das Leben oder das Seelenheil von Brid und Lucas zu riskieren. So hatte er keine andere Wahl, als mit hängendem Kopf zu dem verhassten Haus zurückzukehren.

Während ihre Gastgeberin bereits wieder mit den Kindern in der Stube saß, um ihnen Geschichten zu erzählen, schlich sich Friedrich durch das Haus, um all die Dinge, welche er zuvor zusammengesucht hatte, an ihren ursprünglichen Ort zurückzulegen. Nachdem er mit der Tätigkeit fertig war, fand er sich gleichfalls in der Wohnstube ein. Mit einem wissenden Schmunzeln begrüßte ihn die Frau, vor der er sich immer mehr fürchtete.

»Ahhh, Friedrich! Wärst du vielleicht so lieb und würdest noch ein wenig Feuerholz aus dem Wald holen? Ich glaube, in dieser Nacht wird es besonders kalt. Ich würde es niemandem wünschen, bei dem Wetter unter freiem Himmel schlafen zu müssen. In derartig frostigen Nächten sind schon jede Menge Wanderer erfroren«, ließ sie ihn nach wie vor in ein Lächeln gekleidet wissen. »Die Menschen sind bei solchen Sachen auch stets zu unbedarft. Wie leicht kann einem in der Wildnis etwas passieren. Gefahren lauern dort draußen hinter jedem Baum, Stock und Stein.«

Ergeben senkte er den Kopf. Er hatte keine andere Wahl, als aufzubrechen, um im Wald weiteres Holz zu schlagen. Wenigstens waren seine Geschwister im Warmen und in Sicherheit, redete er sich selbst ein.

Herr Johannes

Sein Weg führte den alten Wanderer zuerst durch die vertrauten und gewohnten Wälder, Täler und Auen. Allerdings war sich Herr Johannes sicher, in diesen Gebieten keine Antworten auf seine bohrenden Fragen zu finden. So sehr er sich auch dagegen zu wehren versuchte, zog ihn die Neugier immer weiter in das Gebirgsvorland.

Es war für ihn ungemein bedeutend zu erfahren, was in der Welt draußen vor sich ging. Diese Neugier trieb ihn immer weiter voran. Er spürte es tief in seinen alten Knochen, dass außerhalb seiner Länder Dinge von großer Tragweite vonstattengingen. Allerdings hatte er keine Ahnung, wo er mit der Suche beginnen sollte. Er war schon sehr lange nicht mehr bei den Wenden im Flachland gewesen, welche oberhalb seines Reiches ihre Siedlungen unterhielten. Zudem war er sich sicher, dass ebenso die Deutschen in diesem Gebiet anzutreffen waren. Da er wusste, dass sich die beiden Völker wenig gut gesonnen waren, erahnte er schon, das Schlimmste vorzufinden.

An einer Kreuzung alter Handelswege tief im Wald erreichte er nach einiger Zeit der einsamen Wanderschaft ein größeres Rasthaus samt Nebengebäude. Wie es schien, wurde es von Bewohnern des Reiches bewirtschaftet. So tief innerhalb des Gebirges auf weitere Ansiedlungen der Deutschen zu stoßen, überraschte Herrn Johannes. Offensichtlich hatte sich wesentlich mehr verändert, als es für ihn zuvor zu erahnen war.

Gleichzeitig bemerkte er in seinen Gliedmaßen die Müdigkeit der langen Reise. Aus einer Laune heraus beschloss er, eine kurze Pause einzulegen. Aus dem Schornstein des Hauses stieg Rauch auf, der eine heimelige Möglichkeit zur Rast versprach. Aus der Küche wehte bereits der Geruch von gebratenem Fleisch zu ihm herüber. In dem Moment wurde ihm bewusst, dass er schon seit einem Mond keine richtige warme Mahlzeit mehr zu sich genommen hatte. Zudem war die Sonne gerade im Begriff, hinter dem Horizont zu verschwinden. Gegen ein weiches Bett war nie etwas einzuwenden, gestand er sich ein. Da er außerdem auch nichts gegen einen heißen Gewürzwein hatte, kehrte er in die gemütliche Raststube ein. Ein wenig Erholung würde ihm allemal guttun.

»Einen angenehmen guten Tag alle miteinander«, rief er beim Eintreten beschwingt in die Runde.

Außer einigen Brummlauten vernahm er keine weiteren Antworten aus der Wirtsstube. Der leckere Geruch aus der Küche ließ ihn jedoch über die missmutige Grundstimmung hinwegsehen. Nachdem er sich einen freien Platz am Fenster gesucht hatte, wartete er darauf, dass eine Wirtsfrau erschien, um ihn nach seinen Wünschen zu fragen. Stattdessen kam ein runzliger alter Mann daher. Mit einer leichten Verbeugung blieb der Wirt vor ihm stehen.

»Kann ich etwas für den gnädigen Herrn tun? Was wünscht der Herr zu speisen oder zu trinken?«

Irritiert schaute Herr Johannes das schmächtige Männlein an. Nachdem er seine Bestellung aufgegeben hatte, lief das Großväterchen sogleich los, um aus der Küche den Würzwein und den Braten zu holen. In der Zwischenzeit erschien eine bildhübsche Frau in der Blüte ihres Lebens auf den oberen Stufen der schmalen Stiege, die in den zweiten Stock führte.

»Hans, du alter Nichtsnutz, wo steckst du schon wieder?«, brüllte die Frau wenig schicklich von der Treppe herab.

Augenblicklich tauchte das kleine Männlein in der Tür zur Küche auf. »Hier bin ich, meine Augenweide! Was kann ich für dich tun?«, erwiderte der greise Wirt unterwürfig.

»Wieso sitzen da unten Gäste vor leeren Tischen? Was machst du nur die ganze Zeit über? Träumst du in den Tag hinein? Wovon sollen wir leben, wenn du nicht arbeitest?«, meckerte die Frau den Mann an.

Irritiert sah sich Herr Johannes die Szene an. Vom Alter her hätte man meinen können, die beiden als Tochter und Vater, womöglich sogar als Enkelin und Großvater zu sehen. Sie benahmen sich jedoch eher wie ein Ehepaar. In der Zwischenzeit schwebte die Frau die Treppe hinab. Mit weit ausladenden Hüftschwüngen sorgte sie dafür, dass sich alle Männer in dem Schankraum nach ihr umblickten. Dem einen oder anderen Gast schenkte sie gar ein gewinnendes Lächeln und ein kleines Augenzwinkern. Hinter dem Schanktresen angekommen, präsentierte sich die Frau den anwesenden Herrschaften. Selbst Herrn Johannes, trotz seiner zahlreichen Sommer, fiel das üppige Dekolleté auf, welches sie den Gästen darbot. Die Brüste der Frau standen währenddessen kurz davor, aus dem Mieder herauszuhüpfen.

Aus dem Augenwinkel bemerkte Herr Johannes, wie das schmächtige Männlein die Küche verließ. Auf einem großen Tablett versuchte das Großväterchen, mehrere massige Krüge mit gewürztem Wein zu transportieren. Mit reichlich Glück schaffte er es tatsächlich, jeden der Tonkrüge an den richtigen Platz zu bugsieren. Schwer atmend stand der arme Mann daraufhin am Rand des Tresens mit einem

Lappen in der Hand, mit dem er sich die vor Schweiß glänzende hohe Stirn trocknete.

Plötzlich riss jemand die Tür mit einem lauten Krachen auf. Im Eingang tauchten sechs bewaffnete Männer auf. Ohne die Tür hinter sich zu schließen, betrat die Horde den Schankraum. Der alte Mann machte sich erneut auf, seine neuen Gäste zu begrüßen. Nachdem er den gleichen Bückling wie bei Herrn Johannes vollführt hatte, schloss er die Tür, bevor die Wärme vollends aus der Schenke verflogen war.

»Los, Hans! Beeile dich, versorge unsere stolzen Reisige mit Getränken!«, befahl die Wirtsfrau mit lautstarker Stimme.

Zugleich machte sie sich daran, die Krieger persönlich zu begrüßen. Sie war sich ihrer Wirkung auf die Männer durchaus bewusst. Als sie sich schwingenden Ganges um den Tresen herum bewegte, drückte sie ihre Brüste nach oben, damit sie noch mehr zur Geltung kamen. Zur gleichen Zeit verließ eine weitere Person die oberste Etage. Ein junger Bursche von vielleicht gerade einmal achtzehn Sommern stieg die Treppe hinab. Ohne auf die Gäste zu achten, war er in dem Moment dabei, seine Hose zu schließen und die Tunika zu richten.

Als er unten angekommen war, trafen sich die Wirtsfrau und der Kerl am Tresen. Obwohl dieser Bursche offensichtlich zu jung für die Frau war, kniff diese ihm in den Hintern und flüsterte ihm etwas ins Ohr. Mit einem verschmitzten und dreckigen Lächeln richteten beide ihre Aufmerksamkeit auf die Spießgesellen. Der junge Mann erwiderte etwas und verschwand kurz darauf in der Küche.

Kurz darauf hatte die Wirtin den Tisch mit den Söldnern erreicht und begann mit einem jovialen Gespräch. Herr Johannes vernahm immer lauter werdendes Gelächter, zotige Witze und derbe Bemerkungen von der Runde. Augenscheinlich kümmerte sich die Wirtsfrau aufopferungsvoll um die neu eingetroffene Kundschaft.

»Hans? Hans, wo bleibst du nur?«, rief sie erneut in Richtung der Küche.

In dem Moment erschien besagter Mann in der Tür. Der alte Gastwirt trug das Brett auf seinen Händen, auf dem der Braten für Herrn Johannes lag.

»Ja, mein Schatz, ich komme gleich zu dir. Ich bringe noch schnell das Essen zu dem werten Herrn«, entgegnete er.

Kurze Zeit später stand eine große gebratene Keule saftigen Fleisches vor dem Wanderer. Das Wasser lief Herrn Johannes im Mund zusammen, während das Großväterchen fragte, ob er einen weiteren Wunsch verspürte.

»Entschuldigt bitte, Ihr seid doch Herr Hans? Richtig?«, fragte Herr Johannes nach.

Der alte Mann bejahte dies.

»Verzeiht mir bitte meine Neugierde, es ist mir jedoch etwas aufgefallen: Die wunderschöne Frau da drüben ist bestimmt Euer Eheweib? Gehe ich richtig in der Annahme, dass dies hier Euer Wirtshaus ist?«

Mit einem ängstlichen Blick überzeugte sich der alte Mann davon, dass seine Frau mit den Kriegern beschäftigt war. Da sie ihre Aufmerksamkeit gänzlich auf die große Runde richtete, setzte sich das Großväterchen zu ihm.

»Ja, das ist meine Raststube. Ich habe sie von meinem Vater geerbt. Gott habe ihn selig. Er ist viel zu früh von uns gegangen. Genauso wie meine Agathe auch. Seit drei Sommern bin ich nunmehr mit meiner Gertrude verheiratet. Sie ist mein Augenstern, das habt Ihr richtig erkannt. In meinem Alter noch einmal das Glück zu haben, eine derartige Schönheit sein Eigen zu nennen – wer kann das schon von sich behaupten?«

»Warum schuftet Ihr dann ganz allein? Ich sehe einzig euch bei der Arbeit. Habt Ihr keine Gehilfen zur Hand?«, fragte Herr Johannes.

»In der Küche hilft mir meine Tochter aus«, erzählte der alte Wirt. »Allerdings ist sie mit der Küchenarbeit heillos überlastet. Eigentlich wäre es längst ratsam, mindestens drei weitere Menschen in der Küche zu beschäftigen. Meine geliebte Gertrude ist jedoch der Ansicht, dass dies viel zu teuer wäre. Aus dem Grund schuftet meine Tochter rund um die Uhr, damit die Gäste etwas zu essen und zu trinken bekommen.«

»Aber ich habe doch vorhin einen Knecht gesehen«, stellte der Wanderer fest.

»Ja, schon. Aber er ist der Untergebene meiner Frau«, antwortete das schmächtige Männlein.

Da Herr Johannes nicht darauf reagierte, versuchte sich sein Gesprächspartner an einer Erklärung.

»Da ich bereits ein Alter erreicht habe, in welchem die schwere Arbeit für mich nicht so ohne Weiteres möglich ist, bestand meine Frau darauf, einen Knecht anzustellen. Dieser soll mir die gröbsten Tätigkeiten abnehmen. Warum ich allerdings immer noch gezwungen bin, Holz zu hacken und das Wasser zu holen, weiß ich nicht. Ich sage mir jedoch immer – wer rastet, der rostet.« Ein verlegenes Lächeln huschte über das Gesicht des Wirtes.

Herr Johannes bedankte sich für das Gespräch. Innerlich zählte er eins und eins zusammen. Es reichte schließlich aus, die Frau zu beobachten, wie sie den Reisigen schöne Augen machte. Tatsächlich saß sie dem Anführer der kleinen Truppe bereits auf dem Schoß und stieß in dem Moment mit ihm an. Lautes Gejohle und Gelächter begleitete die Szene. Während ihr Mann für drei schuftete, ließ es sich die Wirtin offensichtlich gut ergehen.

Unterdessen war es einzig Herr Hans, der in dem halb gefüllten Schankraum umherlief, um die Gäste zu versorgen. Erstaunlich flink und behände für sein Alter schaffte es das kleine Männlein, alle Gäste zu bedienen. Selbst ein mit schweren Krügen voll besetztes Tablett bugsierte der Gastwirt bruchfrei zu den jeweiligen Tischen. Es erfreute Herrn Johannes, einen solch hart arbeitenden Menschen zu sehen.

Da das Sonnenlicht nunmehr vollkommen erloschen war, saß er indes in einer dunklen Ecke des verwinkelten Erdgeschosses. Von dort konnte er das gesamte Geschehen in dem Wirtshaus beobachten. Wiederholt sah er, wie die Schönheit zwischen der Küche, den Kriegern und dem jungen Burschen hin und her pendelte. Herr Johannes wusste noch nicht genau, welche Rolle der junge Mann in dem Stück spielte. Bei einer Gelegenheit erkannte er jedoch, wie der Knecht seiner Herrin in einer versteckten Ecke an den Busen ging. Statt sich darüber zu beschweren, genoss sie anscheinend die Aufmerksamkeit des aufdringlichen Burschen.

In dieser Art zog sich der weitere Abend hin. Der Würzwein floss in Strömen. Die Gäste, die Hausherrin und die Reisiger zeigten sich immer betrunkener. Herrn Hans fiel es indes immer schwerer, alle Personen in dem Schankraum zu bedienen. Augenscheinlich hatte der arme alte Mann Probleme mit seinen Gelenken und Knochen.

Weder den Knecht noch die Wirtsfrau schien das auch nur im Entferntesten zu interessieren. Eher im Gegenteil: Je später der Abend wurde, desto lauter schrie Frau Gertrude ihren Ehemann an, schneller zu arbeiten. Der Bursche kam und ging stattdessen andauernd, ohne einer tatsächlichen Tätigkeit nachzugehen. Herr Johannes vermutete, dass die beiden eine Schweinerei ausheckten. Allerdings hatte er keine Ahnung, was die beiden mit den Söldnern beabsichtigten. Irgendwann war dem einsamen Wanderer dieses Spiel zu viel. Er zahlte seine Zeche und verschwand schnellen Schrittes aus der Taverne.

Herr Johannes beschloss, dass er weder die Laune noch die Lust hatte, sich mit den Problemen anderer Menschen auseinanderzusetzen. Zu einer anderen Zeit und an einem anderen Ort hätte er wahrscheinlich eher das Bedürfnis verspürt, dieser Gertrude und ihrem Knecht eine Lektion zu erteilen. Es warteten jedoch die mannigfaltigen Veränderungen, Abweichungen und Geschehnisse in der Welt darauf, von ihm aufgedeckt zu werden. Schließlich hatte er sich nicht ohne Grund vorgenommen, die Geheimnisse zu ergründen, welche in dem Moment sein Reich bedrohten.

Obwohl es bereits tiefste Nacht war, verspürte er keine Angst. Der Wald, die Tiere und die Natur waren seine Freunde und Verbündeten. Er hatte sich schon viel zu lange von den kleinen Intrigen der einfachen Menschen aufhalten lassen, ging es ihm durch den Kopf. Wenn er sich sputete, würde er an dem Abend noch einige Meilen schaffen. Solange sich die Welt derart im Ungleichgewicht befand, würde er keine ruhige Minute mehr finden.

Stefan

»Woher hast du das?«, riss ihn eine kratzige Stimme brutal aus dem erholsamen Schlaf.

Die Augen zu öffnen, um den Störer der Träume finster anzusehen, gestaltete sich indes als ein wenig kompliziert. Zuerst galt es für Stefan, den verklebten Sand aus den Augenhöhlen zu blinzeln – dies jedoch ohne einen tatsächlichen Erfolg. So schüttelte er den Kopf, um die Benommenheit aus dem Schädel zu vertreiben. Als all das nichts brachte, half er mit den Händen nach.

Allerdings gehorchte ihm zu seiner Überraschung nur einer der Arme. Im schlaftrunkenen Zustand fragte er sich, was hier überhaupt los war. Mit der rechten Hand gelang es ihm schließlich, die Augäpfel von dem klebrigen Sekret zu befreien. Verwirrt erblickte Stefan einen alten Mann, der auf einem großen Stecken gestützt keine zwei Klafter entfernt dastand. Ein riesiger und langer, weißer Bart hing von seinem Kinn bis fast zum Boden hinab. Auf dem beinahe kahlen Schädel waren vereinzelt bleiche Strähnen zu entdecken. Sogar die Ohren verfügten über eine gewisse Behaarung in einem sehr hellen Grau.

»Los, rede endlich! Woher hast du das Zeichen?«, erwartete er, mit seiner tiefen und zunehmend ungehaltenen Stimme von ihm zu erfahren.

Ungeduldig schlug das Väterchen mit dem Stab nach Stefan. Ein entfernter und nur leicht wahrnehmbarer Schmerz kitzelte daraufhin dessen Oberschenkel. Anscheinend war es der Tattergreis nicht gewohnt, warten zu müssen, vermutete Stefan.

»Heh! Passt doch auf, Großvater«, fuhr Stefan das greise Männlein aus einem Reflex heraus an.

Während er sich auf den Arm stützte, der ihm gehorchte, überlegte er, ob es wohl sinnvoll wäre, den Fremden zu entwaffnen. Der alte Mann hatte sich erneut mit beiden Händen auf den Stab gestützt. Ein einfacher Tritt gegen den Stecken würde reichen, dem Alten ein wenig Benehmen beizubringen. Allerdings entschied Stefan sich dagegen. Solange er nicht einer direkten Bedrohung unterlag, wäre es vermessen, einen Konflikt zu provozieren. Nachdenklich warf ihm das Väterchen indes einen abschätzenden Blick zu. Er verzichtete glücklicherweise darauf, neuerlich mit dem Stab Schläge auszuteilen.

Dies gab Stefan die Möglichkeit, sich kurz umzusehen. Wie er feststellen konnte, befand er sich nicht mehr im Schnee. Vielmehr lehnte er mit dem Kopf an einem unglaublich großen Holzstamm, während sein restlicher Körper auf sehr angenehm weichem Moos ruhte. Wo war er bloß? Und warum lag hier kein Schnee oder Eis? Langsam schob er sich an dem Stamm mit einer Hand in eine sitzende Position, in der Hoffnung, dadurch die Umgebung besser überblicken zu können.

Umgehend bereute er die übereilte Handlung. Es fühlte sich an, als würde jemand mit einer spitzen und heißen Nadel in seinen Kopf stechen. Zugleich begann sich die Wiese um ihn herum in wahnsinniger Geschwindigkeit zu drehen, weswegen er das Gleichgewicht verlor. Kraftlos rutschte Stefan an dem Stamm herab und fiel auf die Seite. Gleichzeitig wollte sein Magen sich komplett entleeren. Abgesehen von einer sauren Flüssigkeit verließ jedoch nichts anderes seinen Rachen. Die Welt drehte sich derweil immer noch im wilden Reigen um seinen Kopf. Er stand kurz davor, erneut in Ohnmacht zu fallen.

»Du musst dich beruhigen, mein Sohn! Es nützt nichts, wenn du dich zu schnell bewegst. Unsere Heilerinnen haben dir ein starkes Mittel verabreicht. Ohne das Pulver würdest du wahrscheinlich vor Schmerzen laut aufheulen«, teilte ihm der weißhaarige Mann mit.

Jäh erinnerte er sich wieder an seine schwere Verletzung. Bruchstückhafte Fetzen von Gewalt, Flucht und Kämpfen wirbelten durch seinen Kopf. Wie automatisch tastete er nach der Wunde an seiner Schulter. Umwickelt von einigen Lagen Leinen spürte er nichts außer einer nachgiebigen Verwundung. Weder war etwas von Fleisch, Muskeln oder Sehnen zu spüren noch die eigene Berührung. Vielmehr fühlte es sich nur wie ein nasser Hafersack an, der auf seiner Schulter lag.

»Ihr habt mich versorgt und geheilt?«

»Ich glaube, ich muss dich enttäuschen. Sowohl ich als auch unsere Heilerinnen haben ihr Möglichstes getan. Es war uns jedoch nicht gegeben, dich so zu versorgen, dass dein Körper gegen diese schwere Verletzung bestehen wird. Der Wundbrand ist bereits zu weit und zu tief fortgeschritten. Anfangs hatte ich noch überlegt, dir den Arm abzunehmen. Allerdings hat der Brand längst auf deinen restlichen Körper übergegriffen. Es tut mir wirklich leid! Es ist für dich zu spät.« Der alte Mann sah Stefan fest in die Augen, als er diese Worte aussprach. Er wirkte sichtlich niedergeschlagen.

»Was meint Ihr? Wieso sollte es zu spät für mich sein?« Stefan verstand nicht, was der Mann andeuten wollte. »Es ist doch nur eine einfache Verwundung! Natürlich ist sie tief, aber davon sterbe ich doch nicht! Warum sagt Ihr mir derartig schreckliche Dinge?«

Erneut griff er an seine linke Schulter. Diesmal drückte er tiefer in den Verband hinein. Ein Teil seines Oberkörpers fühlte sich für ihn wie ein Fremdkörper an. Überhaupt verspürte er nichts, während er weiterhin seine Gliedmaßen betastete. Er hätte genauso gut auch den Körper eines Fremden berühren können.

»Wie ich schon sagte: Unsere Kräuterfrauen haben dir etwas gegeben, damit du die letzten Momente deines Lebens ohne starke Schmerzen erdulden kannst. Zudem hast du das Glück, hier in diesem besonderen Tal zu sterben. Es existieren weitaus schlimmere Tode. Glaube mir, ich weiß, wovon ich rede.«

Ungläubig starrte Stefan den Mann mit dem langen weißen Bart an. Er sollte sterben? Die Worte seines Gegenübers ergaben nicht den geringsten Sinn für ihn.

»Aber jetzt, wo uns nur noch wenig Zeit bleibt, verrate mir doch bitte, woher du das Zeichen hast«, sagte der Alte und tippte dabei auf Stefans rechte Schulter.

Gedankenverloren versuchte er, an die besagte Stelle zu greifen. Jäh kam ihm zu Bewusstsein, dass sein linker Arm nicht reagierte. Stefan rückten die verhängnisvollen Tage in dem Dorf am Schwarzen Berg in den Sinn. Besonders die seltsame Nacht mit dem Besuch des einsamen Wanderers stahl sich in den Vordergrund der Überlegungen. In Gedanken probierte er, sich an das verwirrende Muster von winzigen Narben zu erinnern, welches seit jenem Zeitpunkt seine Schulter zierte.

»Das ist kein Zeichen! Es ist eine Narbe, die ich mir während eines Kampfes zugezogen habe«, entgegnete er.

Wenig überzeugt, runzelte der Tattergreis die hohe Stirn.

Nach und nach hatte sich Stefans Situation gebessert. Der Kopf drehte sich nicht mehr ganz so schlimm. Die Übelkeit war ebenso verschwunden. So schaffte es Stefan, sich neuerlich aufzusetzen, während das Großväterchen immer noch angestrengt nachdachte. Das nahm Stefan zum Anlass, sich erneut an der Rinde des alten und riesigen Baumes aufzurichten.

Augenblicklich tauchten hinter dem weißhaarigen Greis mehrere große Krieger auf. In ihnen identifizierte er die Angreifer, welche ihn zuvor schon gestellt hatten. Diese grimmigen Kämpfer in ihren schweren Lederrüstungen drückten ihn sogleich wieder auf die Wiese zurück. Obwohl das weiche Moos reichlich auf dem Boden wuchs, schlug er hart mit dem Gesäß auf.

»Verdammt, was soll das?«, rief Stefan verärgert aus.

»Nur die Ruhe, mein Sohn. Wir haben es doch nicht etwa eilig?«, verspottete ihn der Tattergreis.

Nunmehr gezwungen, am Boden zu sitzen, ließ Stefan den Blick über das Tal wandern. Obgleich es relativ düster, wild und verwachsen wirkte, schien der Winter noch nicht bis hierher vorgedrungen zu sein. In einiger Entfernung waren die steil ansteigenden Hänge zu vermuten. Eigentümlicherweise strahlte der Baum hinter ihm ein schwach glimmendes Licht aus. Während sich die Talflanken zunehmend in Dunkelheit kleideten, war die Umgebung in ein leichtes Glühen gehüllt. Zudem spürte er ebenso eine bemerkenswerte Wärme von dem riesigen Stamm ausgehen. Wenn Stefan den Blick nach rechts schweifen ließ, so war es ihm schlichtweg unmöglich zu bestimmen, wie breit der Stamm tatsächlich war.

»Noch einmal von vorn«, begann der Weißhaarige erneut das Gespräch. Dabei pochte er vehement mit dem Stecken auf den Boden, ganz als würde er damit einen nicht hörbaren Takt vorgeben. »Du sagst also, die Narben wären durch eine Verwundung entstanden. Außerdem behauptest du, nicht zu wissen, welche Bedeutung sie haben. Hab ich das jetzt richtig zusammengefasst?«

»Seid Ihr schwer von Begriff? Genau das habe ich doch schon mehrfach betont. Nun verratet mir endlich, was hier vor sich geht! Ich verlange zu erfahren, wer Ihr seid und warum Ihr mich hier festhaltet. Was hat das alles zu bedeuten und weshalb behauptet Ihr, dass ich angeblich nur noch begrenzte Zeit zu leben habe?«, zeigte sich Stefan zunehmend ungehalten.

Erschrocken richtete der tattrige Greis seine volle Aufmerksamkeit auf Stefan. Während er sich über den langen und schlohweißen Bart streichelte, kam er anscheinend zu einer Erkenntnis. Mit einem kurzen einfachen Nicken erteilte er einem der beiden riesigen Krieger die Anweisung, Stefan aufzuhelfen. Im Anschluss daran trat der alte Mann an ihn heran. Mit geübten Handgriffen löste er die Binden an der verletzten Schulter.

Was Stefan daraufhin zu sehen bekam, ließ ihn beinahe umkippen. Das Fleisch um die tiefe Wunde herum hatte sich schon in ein eitriges Geschwür verwandelt. Die Ränder wiesen zudem dunkelbraune, graue und schwarze Farben auf. Aus mehreren Rissen lief übel riechender Eiter heraus. Der linke Arm hing wie ein Fremdkörper an seiner Seite. Er spürte keinerlei Empfindungen mehr von dem Teil seines Leibes. Angeekelt wendete Stefan den Blick ab.

»Ich spüre überhaupt nichts. Ich fühle mich so wie immer. Wie kann das sein?«, fragte er verzweifelt den Fremden.

»Mein Junge, ich hatte es doch schon erwähnt: Wir haben dir ein Mittel gegeben, damit du keine Schmerzen verspürst. Verstehst du?«

Unglauben sprach nach wie vor aus Stefans Blick.

»Der einzige Grund, warum dich die Krieger nicht gleich im Wald erschlagen haben, um dir einen ehrenhaften Kriegertod zu gewähren, ist dieses Zeichen auf deiner Schulter. Weißt du überhaupt, was es bedeutet?«

Stefan glaubte, dass ihm erneut die Beine unter dem Körper nachzugeben drohten. Verzweifelt versuchte er, sich an dem riesigen Baum festzuhalten, um nicht nochmals umzufallen. Allerdings tropfte die Erkenntnis, dass der alte Mann wohl recht hatte, langsam in seine Gedanken hinein. Nach einigen Herzschlägen begriff Stefan, dass er womöglich noch an diesem Tag sterben würde. Bei diesem Gedanken riss er den Kopf in den Nacken und lachte leise auf. Nachfolgend steigerte sich das Lachen in ein sehr lautes Gelächter. Im Geiste verfluchte er Gott dafür, ihm ein solches Schicksal aufgebürdet zu haben. Als er mit dem Ausbruch schierer Verzweiflung fertig war, richtete er das Wort an den seltsamen Alten.

»Nein, ich bin noch nicht irre. Ich empfinde es nur als eine göttliche Ironie, heute und hier zu sterben. Wenn Ihr wüsstet, was ich in den letzten Monden habe durchmachen müssen. Aber danach habt Ihr nicht gefragt. Da ich sowieso bald diese Welt verlasse, kann es mir egal sein, ob Ihr mich für einen Verrückten haltet oder nicht.«

Stefan erzählte daraufhin zuerst zögerlich, dann jedoch mit Nachdruck seine Geschichte. Erst ganz am Ende berichtete er dem Greis von der seltsamen Nacht in der Zelle. Die Geschehnisse durchzogen seine Gedanken wie verworrene Fetzen. Nach wie vor war sich Stefan nicht sicher, ob er doch nicht alles nur erträumt hatte. Vor allem in dem Moment, als er es laut ausgesprochen hatte, wirkte es auf ihn selbst wie eine wirre Sage eines fahrenden Spielmanns.

»Ich kann dir versichern, dass du dies alles nicht geträumt hast«, stellte der Mann mit dem langen Bart fest. »Egal wer dir das Symbol gegeben hat: Er wusste, wie er es zu zeichnen hatte. Zu meinen Lebzeiten habe ich es noch nicht gesehen. Das Wissen darüber besitze ich nur aus alten Büchern und von noch älteren Erzählungen. Durch das Zeichen bist du von den Göttern geküsst, wenn nicht sogar ein Teil von ihnen.« Nach einem Moment des Schweigens folgte jedoch ein Aber. »Ich verstehe aber nicht, warum ein unbedeutender Söldner wie du ein derartiges Mal trägt. Es existierte seit vielen hundert Monden kein Mensch mehr, der unter diesem Symbol auf Erden wandelte. In früheren Epochen wurden damit mächtige Krieger, starke Könige oder große Helden gekennzeichnet. Es aber an der Schulter eines einfachen Christen zu sehen, lässt mich in völliger Verwirrung zurück.«.

Stefan wusste nicht, ob es an der Verletzung lag, dass er immer weniger von dem verstand, was ihm sein Gegenüber zu sagen versuchte. Allerdings war ihm das auch reichlich egal. Seine Gedanken kreisten darum, dass er in sehr kurzer Zeit sterben würde. Fernab der Familie, der Kameraden und der Menschen, die er zu lieben gelernt hatte, würde er in diesem hintersten Winkel des Reiches zwischen Verrückten umkommen.

»Es ist jedoch nicht an mir, an den Wegen und Entscheidungen der Götter zu zweifeln«, setzte der Gesprächspartner seinen Monolog fort. »Irgendetwas hat der Allvater mit dir vor. Ich werde nicht darüber richten, ob es sinnvoll ist, dass sie dich auserwählt haben. Dagegen liegt es in meiner Macht, dafür zu sorgen, dass du überlebst. Es ist zwar eine Prozedur, welche schon sehr lange nicht mehr angewendet wurde. Zudem weiß ich nicht, ob ich dazu überhaupt noch in der Lage bin. Die äußeren Umstände zwingen mich gleichwohl zu diesem verzweifelten Schritt.«

Was kündigte der alte Mann mit seinen fast schon prophetischen Worten bloß an? Stefan begriff immer weniger, was die ganzen Leute von ihm wollten. Er fühlte sich zunehmend matter, schwacher und müder. Das führte mehr und mehr zu einer Gleichgültigkeit, was das Großväterchen mit ihm anstellen würde. Wahrscheinlich war alles besser, als einfach elendig zu verrecken. Stefan dachte in dem Moment daran, dass er sich eigentlich um seine Geschwister kümmern müsste. Zudem hatte er sich noch vorgenommen, sich an Hilbert von Dahlenburg zu rächen.

Gerade seine Schwester Katharina würde ihn sicherlich noch brauchen. In dem Moment fiel ihm so vieles ein, was er für sein Leben geplant hatte. Auf keinen Fall wollte er diese Welt einfach so verlassen!

Herr Johannes

Kaum mehr als eine Meile von dem Wirtshaus entfernt blieb der gigantische Wanderer plötzlich stehen. Ein tiefes Brummen lief seine Kehle hinauf und bahnte sich den Weg aus dem Mund heraus. Mit einem infernalisch lauten Schrei gab er seinen Unmut der Welt gegenüber bekannt. So kannte er sich selbst gar nicht. Derartig verhalten, überlegt und rational hatte er noch nie zuvor reagiert. Die Geschehnisse um das überaus seltsame Wetter, die Veränderung der Natur, die

Visionen und alle anderen ungewöhnlichen Gegebenheiten schienen zunehmend an seinem inneren Wesen zu ziehen.

Abrupt blieb er stehen. Das Gebaren dieser Frau Gertrude hatte ihn die ganze Zeit über beschäftigt. Ihm tat das kleine Väterchen leid, welches unter der Fuchtel der furchtbaren, wenngleich auch wunderschönen Frau stand. In dem Moment beschloss er, dass er doch noch ein wenig Zeit finden könnte, sich der Situation anzunehmen. Insgeheim freute er sich darauf, der Wirtin einen Streich zu spielen. Nicht umsonst war Herr Johannes wegen derartiger Scherze weit über alle Grenzen hinaus bekannt.

Zuvor galt es für ihn allerdings, einige wichtige Vorbereitungen zu treffen. Zumindest hatte er schon eine vage Idee, wie er sich einen Spaß mit der Wirtsfrau zu machen gedachte. Dafür suchte er sich am Rande des Pfades ein ruhiges Plätzchen. Für die Durchführung seines Plans war es dringend erforderlich, in eine andere Rolle zu schlüpfen. Das stellte zugleich auch immer den kompliziertesten Teil seiner Possen dar.

Nachdem er einen dichten und uneinsehbaren Busch gefunden hatte, kroch er unter das dicke Gestrüpp. Abseits aller neugierigen Blicke fand er die Ruhe und Abgeschiedenheit, die er für die knifflige Vorbereitung benötigte. Er wusste nicht, ob seine Begabung, die ihn so grundlegend von anderen Menschen unterschied, Magie war, die Berührung eines Dämons oder nur eine Laune der Natur. Dies, zusammen mit dem Umstand, dass er nicht alterte, machte ihn so besonders. Er war begierig zu wissen, warum er so anders war als all die Leute, denen er begegnete.

Während er noch über die vielen Rätsel seiner Existenz grübelte, hatte er sich in einen meditativen Zustand versetzt. Wie die tatsächliche Umwandlung vonstattenging, wusste er nicht im Einzelnen genau zu sagen. Es war vielmehr so, dass er nach dem Aufwachen aus der Meditation als eine andere Person auf Erden umherwandelte. Man kann behaupten, dass er danach schlichtweg nicht mehr er selbst war.

Die Veränderungen traten sofort ein. Seine Atmung hatte sich bereits extrem verlangsamt, der Herzschlag betrug nur noch die Hälfte des normalen Taktes. Zudem spürte er, wie das Blut wesentlich zäher durch seine Adern pulsierte als sonst. Innerhalb einiger Augenblicke reduzierten sich die Körperfunktionen auf ein Minimum.

Dessen ungeachtet arbeitete sein Gehirn auf Hochtouren. Die Luft, welche er in den wenigen Atemzügen einsog, gelangte ausnahmslos in seinen Kopf. Nun schloss sich der schwierigste Teil seiner Metamorphose an. In den folgenden Momenten musste er sich alles genau bildlich vorstellen und einprägen – jede Kleinigkeit, war sie auch noch so marginal, musste der sich verwandelnde Herr Johannes gedanklich speichern.

So stellte er sich das tiefe Grübchen auf seinem Antlitz vor. In gleicher Weise erdachte er sich eine Narbe über der Brust, ein markantes Muttermal im Gesicht und einen kleinen Schnitt oberhalb der Augenbraue. Viel bedeutender war jedoch die große und kräftige Statur. Zudem eignete er sich strahlend blaue Augen, volles dunkelblondes Haar und ein jugendliches Aussehen an.

Nachdem er sich alles in seinen Gedanken vorgestellt hatte, ging er zu dem schmerzvollen Teil der Prozedur über. Obwohl er in einer tiefen Meditation verweilte, die Augen geschlossen hielt und nichts von der Welt um sich herum mitbekam, spürte er die starken Schmerzen in seinem Leib. Ein kaum auszuhaltendes Ziehen durchdrang seinen Körper vom Scheitel bis zur Sohle.

Wäre er in dem Moment in der Lage gewesen zu schreien, hätte ein ohrenbetäubendes Wehklagen und Stöhnen den Wald durchdrungen. Doch in seiner meditativen Phase war er gezwungen, das alles mit sich selber auszumachen. So sehr er es liebte, anderen Menschen einen Streich zu spielen, hasste er es, den Prozess der Verwandlung über sich ergehen zu lassen. Er akzeptierte die Pein allerdings als Preis für den Gestaltwechsel. Zudem war es auch nicht das erste Mal, dass er sich dieser Prozedur unterzog. Er wusste, dass es irgendwann aufhören würde. Eigentlich dauerte es nur ein paar Herzschläge.

Nach einer kurzen Zeitspanne, die ihm wie eine Ewigkeit vorkam, war er ein neues Individuum. Augenblicklich spürte er die Veränderungen an seinem Körper. Im Vergleich zu seiner vorherigen Gestalt war er nunmehr ein wenig kleiner, schmächtiger und schlanker. Allerdings sah er gegenüber den landläufigen Menschen nach wie vor groß gewachsen, gesund und kräftig aus.

Viele bezeichneten ihn in seinem ursprünglichen Aussehen als einen Riesen. Nun war er nur noch ein strammer Bursche von hohem Wuchs. Allerdings musste seine Bekleidung auch seinem jetzigen Aussehen angepasst werden: Die Hose war zu lang und hing nur noch lose um seine Hüften, die Schuhe zu groß und der Mantel schleifte auf dem Boden unter seinen Füßen. Zudem reichte die Tunika bis zu den Knöcheln hinab. Er sah aus wie ein Bettler, der in übergroßen Lumpen gehüllt war. Daher galt es für ihn dringend, neue Gewänder aufzutun. Er hoffte, sich in der Nähe der Schenke bei einem der Gäste bedienen zu dürfen. Der Wanderer hatte nicht vor zu stehlen. Er beabsichtigte einzig, sich ein paar Sachen auszuleihen. Zumindest hatte er aber einen Plan, wie er gedachte, den weiteren Abend für sich zu gestalten. Bis dahin blieb ihm jedoch nichts anderes übrig, als sich in den deutlich zu großen Kleidern bis zum Wirtshaus zurückzuschleichen.

Tatsächlich entdeckte er in der Scheune, welche zu dem Gasthaus gehörte, die Pferde und Habseligkeiten der Krieger. Da sich momentan alle Menschen in der Gaststube aufhielten, bereitete es ihm kaum Probleme, deren Sachen durchzusehen und sich etwas Passendes auszuleihen. Damit keiner seine jeweilige Kleidung wiedererkennen konnte, nahm er aus jeder Satteltasche nur ein einziges Gewand. Zudem verdreckte er die Sachen im Schlamm, sodass es wirkte, als wäre er eine längere Strecke gewandert. Einzig Gürtel, Tasche, Messer und kleinere Utensilien behielt er aus seinem Gepäck bei. Nachdem er damit fertig verkleidet war, versteckte er seine ursprünglichen Sachen hinter der Scheune unter einer hohlen Baumwurzel.

Zufrieden mit seiner Aufmachung betrat der nicht mehr wiederzuerkennende Herr Johannes bald darauf das Wirtshaus als ganz normaler Wanderer. Keiner der Anwesenden schenkte ihm auch nur die geringste Aufmerksamkeit. Er setzte sich erneut etwas abseits an einen kleinen Tisch, der in einer Nische platziert, aber trotzdem von der Treppe und dem Tresen aus gut einsehbar war.

Herr Hans eilte wie eh und je durch die gut gefüllte Gaststube. Der Schweiß rann dem armen Mann in Bächen von der Stirn. Herr Johannes wusste nicht, wie das Großväterchen in der Lage war, diese Schwerstarbeit jeden Abend zu bewältigen. Mit einem Lächeln bedankte er sich dafür, den Würzwein und einen Kanten Brot samt Käse erhalten zu haben.

In der Zwischenzeit hatte Frau Gertrude die Gruppe der Krieger verlassen und stand hinter ihrem Tresen. Dabei ließ sie ihren Blick durch die Wirtsstube gleiten. Wie von Herrn Johannes beabsichtigt, blieben ihre Augen auf ihm hängen. Er sah förmlich, wie sich die schöne Wirtsfrau fragte, woher er so plötzlich erschienen war.

Mit einer geübten Geste drückte sie ihren Busen nach oben, um sich erneut ein stattliches Dekolleté zu formen, und schwebte kurz darauf hüftschwingend um den Tresen herum. In einem aufreizend langsamen Gang kam sie direkt auf seinen Tisch zu, um einen Augenaufschlag später unmittelbar vor ihm zu stehen. Ihr gewinnendstes Lächeln aufsetzend, richtete sie zugleich das Wort an ihn.

»Wen haben wir denn hier? Hallo, fremder Wanderer! Euch habe ich hier noch nie gesehen. Ihr seid wohl nicht aus dieser Gegend? Es ist immer nett, ein neues, junges und hübsches Antlitz zu Gesicht zu bekommen.«

Mit einem geheimnisvollen Schmunzeln bedachte Herr Johannes die reizvolle Frau. Dabei entblößte er seine beinahe makellosen Zähne. Er hatte bei der Umwandlung darauf geachtet, diese nicht zu weiß und zu schön zu gestalten. Dennoch sah sein Lächeln um einiges besser und voller aus als beim Großteil der Männer in seinem Alter.

Statt einer Erwiderung nahm er einen tiefen Schluck aus dem schweren, mit gewürztem Wein gefüllten Tonkrug. Über den Rand des Kruges hinweg trafen sich ihre Blicke. Anhand ihrer Reaktion wusste er nunmehr, dass das Spiel begonnen hatte. Sie hatte angebissen. Wie sie tickte, wusste er nur allzu gut.

»Aha! Ihr seid also ein eher schweigsamer Charakter. Dagegen habe ich nichts einzuwenden. Meiner Meinung nach reden die meisten Männer sowieso viel zu viel«, plauderte Frau Gertrude munter weiter und setzte sich ihm gegenüber.

In der Zwischenzeit war der Knecht wieder in der Speisestube aufgetaucht. Mit einem missbilligenden Blick stellte er fest, dass sich unvermittelt ein Konkurrent aufgetan hatte. Hinter dem Tresen stehend machte er sich weiterhin nicht die Mühe, Herrn Hans zu helfen. Stattdessen beobachtete er die Wirtsfrau und den Fremden mit finsterer Miene.

»Ich bin nicht so schweigsam, wie Ihr vielleicht denkt«, begann Herr Johannes, sich mit der schönen Frau zu unterhalten.

Im gleichen Augenblick knöpfte er seine Tunika auf. Indem er vorgab, dass ihm reichlich warm war, präsentierte er der Wirtin seine ausgeprägten Brustmuskeln. Betont lässig streifte er die Ärmel nach oben. Stark ausgebildete Oberarme lugten unter dem Leinen hervor. Sein Verhalten führte zum gewünschten Ergebnis: Mit großen Augen musterte Frau Gertrude den stattlichen Körperbau ihres Gesprächspartners.

»Ich bin nur ein einfacher Bursche auf Wanderschaft und befinde mich auf der Reise zu meinem Onkel. Er besitzt einige Tagesreisen entfernt einen Bauernhof. Ich hoffe, bei ihm unterzukommen. Es scheint im Moment aussichtslos, im alten Reich sein Glück zu versuchen. Hinter Männern wie mir sind ununterbrochen die Werber her. Ich habe jedoch keine Lust, mein Leben in einer Schlacht zu verlieren.

Es sind doch immer nur die Adligen, die gegen andere Adlige Krieg führen. Die Leidtragenden sind wir einfachen Menschen. Ich ersehne mir, hier am Rande des Reiches meine Ruhe und mein Glück zu finden«, erklärte er ihr.

Wie es jedoch schien, interessierte sich die Wirtsfrau kaum für seine Geschichte. Stattdessen war sie seinen strahlenden Augen erlegen. Schmachtend saß sie immer noch auf der anderen Seite des Tisches. Er fühlte sich, als ob sie ihn mit ihren Blicken entkleidete.

»Schade, dass Ihr weiter zu Eurem Onkel wollt. Für so einen stattlichen Burschen wie Euch haben wir hier stets Arbeit. Wobei ich betonen möchte, dass Ihr Euch dabei mit Sicherheit nicht krumm schuften werdet. Ich bin eine erfahrene Wirtin und benehme mich immer gut meinen Knechten gegenüber. Ihr könnt mir glauben, dass es Euch woanders kaum so prächtig ergehen wird wie hier«, säuselte sie und klimperte dabei vielversprechend mit ihren Augen.

Herr Johannes tat so, als ob er es sich überlegen würde, das Angebot anzunehmen. Währenddessen schien der Knecht zunehmend übellauniger zu werden. Herr Johannes sah, wie er gleich einem Raubtier auf Beutefang hinter dem Tresen herumschlich. Sogleich entschied er, die Situation zu nutzen. Er legte seine Hand für einen kurzen Augenblick auf den Arm der ihm gegenüber sitzenden Frau Gertrude. Wie zu erwarten war, schenkte ihm die Wirtsfrau daraufhin freudig ein Lächeln. Nur schwer konnte sich Herr Johannes gleichfalls ein Lächeln verkneifen, als er sah, wie der Knecht wutentbrannt das Wirtshaus verließ. Der Plan ging auf, stellte Herr Johannes freudig fest. Alles entwickelte sich prächtig. Um den Lauf der Dinge nicht zu stören, fuhr er mit seiner Geschichte auch unbeirrt fort.

»Tatsächlich ist es aber so, dass ich nicht mehr nennenswert viel Geld besitze. Die lange Reise ist nicht nur anstrengend, sondern ebenso sehr teuer. Obwohl ich fast immer unter Bäumen und Sträuchern nächtige, ist es mittlerweile zu kalt, um jede Nacht draußen zu verbringen. Gegen ein warmes Nachtlager, etwas zu essen und ein paar Kupferstücke hätte ich nichts einzuwenden«, legte er den Köder für Frau Gertrude aus.

Diese reagierte auch sofort auf die von ihm gewünschte Art und Weise. Manchmal machten es ihm die einfachen Menschen auch nur zu leicht.

»Dann dürft Ihr diesen Tag als Euren Glückstag bezeichnen. Es scheint eine Fügung des Schicksals zu sein, dass Euch das Leben ausgerechnet in meine bescheidene Gaststube geführt hat. Die nächste Zeit über benötige ich tatsächlich noch eine zusätzliche helfende Hand. Mein Mann und der Knecht sind im Moment reichlich mit den Wintervorbereitungen beschäftigt. Wie Ihr selbst festgestellt habt, ist Väterchen Frost erstaunlich früh über uns hereingebrochen.« Mit einem Finger berührte sie währenddessen leicht seinen Handrücken, gleichzeitig fuhr sie mit dem Gespräch fort. »Aus dem Grund benötige ich einen weiteren kräftigen Burschen im Haus. Es gibt so viele Dinge unter diesem Dach zu erledigen, die ich nur unzureichend selbst bewerkstelligen kann. Ich hoffe, Ihr versteht, was ich meine?« Mit leichten streichelnden Bewegungen über seinen Arm unterstrich sie ihr Angebot.

Tatsächlich schaffte er es, ein wenig Röte in seinem Gesicht aufsteigen zu lassen. Wenn er sich erst einmal in eine Rolle hineingefunden hatte, spielte Herr Johannes diese mit voller Überzeugung. Verlegen senkte er den Kopf. Zu forsch durfte er nicht auf die Einladung der Schönheit eingehen. Allerdings galt es auch, dem Fisch nicht zu viel Leine zu lassen.

»Aber Ihr seid doch eine verheiratete Frau! Was sagt denn Euer Mann dazu?«, begehrte Herr Johannes gespielt auf.

»Ach! Mein Hans ist ein alter, vom Leben gezeichneter Mann. Er ist schon lange nicht mehr in der Lage, seinen Pflichten als Ehemann nachzukommen. Kaum liegt er im Bett, schläft er bereits tief und fest. Wie soll eine Frau sich in so einer Ehe wohlfühlen, frage ich Euch?«

Unbestimmt begann er zu nicken. Ohne näher auf die direkte Einladung einzugehen, blieb er damit relativ vage. Er hoffte, sich zuerst noch ein wenig besser in die Zusammenhänge des Wirtshauses hineinversetzen zu können, bevor er mit seinem Spiel wirklich beginnen würde.

In dem Moment stand der andere Knecht neben dem Tisch. Erst nach mehrmaligem Räuspern reagierte Frau Gertrude auf dessen Anwesenheit. Unwirsch fuhr sie den jungen Burschen an.

»Was ist denn jetzt schon wieder?«

»Ich glaube, die Männer sind so weit. Wir sollten damit anfangen, die Plauderei in die richtigen Bahnen zu lenken«, redete der Knecht in einem verschwörerischen Tonfall auf die Wirtin ein.

Wie aus einem tiefen Traum wachte Frau Gertrude aus ihrem Gespräch mit Herrn Johannes auf. Leicht benommen schüttelte sie ihren Kopf. Gleichzeitig fuhr sie mit Zeige- und Mittelfinger zu ihrer Nasenwurzel. Mit kleinen Kreisbewegungen massierte sie sich diese Stelle.

»Natürlich, du hast recht! Wie konnte ich das vergessen? Ich komme sofort. Du kannst derweil schon alles vorbereiten. Ich bin hier gleich fertig«, gab sie eine Anweisung an den jungen Mann.

Augenblicklich wendete sie sich erneut an den einsamen Wanderer, während sich der Knecht aus der Wirtsstube entfernte. Dies allerdings nicht, ohne dem Reisenden eine Fülle von bösen Blicken zuzuwerfen.

»Tut mir leid, ich muss zuerst meiner Arbeit nachgehen. Es ist schwierig, ein Wirtshaus wie dieses zu führen. Mein Ehepartner ist leider kein sonderlich guter Geschäftsmann. So bleibt es an mir, dafür zu sorgen, dass die Einnahmen stimmen«, sagte sie zu Herrn Johannes und stand auf. »Es wäre mir jedoch ein Bedürfnis, wenn wir das Gespräch später fortführen könnten. Ich hoffe, Ihr nächtigt heute in einem unserer Zimmer? Zudem wäre es mir eine Freude, wenn Ihr Euch mein Angebot genau überlegen würdet. Vielleicht kommen wir schon heute Nacht zu einer gütlichen Einigung. Mich würde es jedenfalls sehr freuen, wenn Ihr ein paar Tage lang hierbleiben würdet.«

Mit einem lasziven Hüftschwung wendete sie sich von Herrn Johannes ab. Ein wiegender Schritt beförderte sie zu der Gruppe von Söldnern zurück. Kurz bevor sie sich erneut zu der Schar von Kriegern setzte, schickte sie ihm über die Schulter gewandt einen verführerischen Blick zu. Er meinte sogar, einen gehauchten Kuss auf ihren Lippen zu erkennen.

Die nachfolgende Zeit in dem Gastraum verlief ohne Begebenheiten. Der normale Ablauf eines Wirtshauses verhieß kaum eine großartige Abwechslung. Ungeachtet dessen fragte Herr Johannes sich, was Frau Gertrude mit ihrem Knecht ausbrütete. Dass sie eine Sauerei plante, stand für ihn außer Frage. Worauf sollte dies aber alles hinauslaufen? Es war ungemein wichtig, dass er dies für die Ausführung des Planes herausfinden könnte. Gespannt beobachtete er die Geschehnisse noch eine ganze Weile lang.

Als sich der Großteil der Gäste aufmachte, in Richtung ihrer Zimmer zu verschwinden, suchte auch Herr Johannes seine Schlafnische auf. Er war in einer Art Schlafsaal für zehn Nachtgäste untergebracht. Jeder Kunde des Wirtshauses erhielt darin eine eigene kleine abgetrennte Nische, in welche er sich zurückziehen konnte.

Auf dem Weg dorthin stand plötzlich Frau Gertrude vor ihm im Gang, ohne dass er die Möglichkeit hatte, ihr auszuweichen. Mittels ihrer üppigen Rundungen drückte sie ihn gegen die Wand und überzeugte sich mit einem kurzen Blick davon, dass sie in dem Flur ungestört waren. Obwohl die Frau mindestens einen Kopf kleiner als er war, schaffte sie es, ihn mit ihren Augen zu fesseln. Überrascht über ihre Willensstärke ließ er die schöne Gastwirtin ihr Spiel treiben.

Tatsächlich verlegte sich Frau Gertrude eher auf eine Handlung denn auf lange Worte. Ihre Hand fuhr an seinem Bein hinunter. Sie suchte das Ende der Tunika. Sobald sie die Stofflagen überwunden hatte, rutschte ihre Hand wieder nach oben und blitzschnell unter den

Bund seiner Hose. Augenblicklich hielt die Frau seine Männlichkeit in ihren Händen. Er hatte bei der Verwandlung daran gedacht, sich relativ üppig zu gestalten. »Sehr nett!«, hauchte sie daraufhin in sein Ohr und grinste frivol. »Ich glaube, wir müssen uns morgen früh unbedingt noch einmal unterhalten.«

Dabei betonte sie das letzte Wort in einer Weise, dass ihm sofort klar war, worauf sie grundsätzlich hinaus wollte. Ihm erneut ein verführerisches Lächeln schenkend, verschwand sie in Richtung des Erdgeschosses. Diese Situation feuerte ihn zusätzlich an, es dieser Person zu zeigen. Er freute sich schon diebisch darauf, zu sehen, wie sie reagierte, wenn er erst einmal fertig mit ihr war. Allerdings galt es für ihn, abzuwarten, bis die Lage im Wirtshaus sich beruhigt hatte. So lag er eine geraume Zeit nur still auf seinem Strohlager herum.

Als er sich sicher war, dass das Leben in dem großen Haus langsam zum Erliegen gekommen war, stand er leise auf. Dank seiner Fähigkeiten als Herr des Waldes war er in der Lage, sich vollkommen lautlos und unauffällig zu bewegen. So schaffte er es, aus dem Saal zu verschwinden, ohne einen der weiteren Übernachtungsgäste, die in den anderen Nischen nächtigten, zu wecken.

Im Erdgeschoss angekommen, lag alles dunkel, friedlich und verlassen vor ihm. Herr Johannes war sich jedoch sicher, dass der Knecht und die Wirtin etwas ausheckten und die Stille trügerisch war. In dem Moment witterte er mit seiner empfindlichen Nase den Geruch von siedenden Erzen. Verwirrung spiegelte sich daraufhin auf seinem Antlitz wider. So schlich er sich in die Küche und folgte dem Duft, welchen er hier am allerletzten erwartet und vermutet hätte. Als er erspähte, was dort vor sich ging, fragte er sich, was hier eigentlich gespielt wurde.

Nachdem der seltsame alte Kauz verschwunden war, bekam Stefan endlich Zeit, sich ein bisschen in Ruhe genauer umzusehen. Immer noch verstand er nicht, wo er sich überhaupt befand. Hielt er sich etwa längst im Himmel auf? Allerdings bezweifelte er, dass sich das Himmelreich genauso wie das Erdenreich anfühlen würde. Die Priester hatten in ihren Predigten das Jenseits stets komplett anders beschrieben. Zudem irritierte Stefan die Tatsache, dass ihn in einiger Entfernung vier grimmig und düster aussehende Krieger bewachten, die überhaupt nicht wie Engel wirkten. Nein, er war wohl noch am Leben.

Das ließ seinen Blick weiter über die Landschaft schweifen. Er befand sich, so viel konnte er erkennen, in einem tief eingeschnittenen Tal. Zu beiden Seiten sah er steile Hänge, die sich bis in unbekannte Höhen erstreckten. An den gegenüberliegenden Enden stieg die Schlucht nicht ganz so senkrecht an. Gewundene Pfade, welche verschlungen nach oben führten, konnte er in der Ferne erkennen. Ihn verunsicherte jedoch extrem, dass es hier unten verhältnismäßig hell war.

Die Sohle eines Tals müsste eigentlich ungleich dunkler sein als die Spitze eines Berges. Allerdings wirkte es auf ihn so, als ob er auf einer grünen Wiese inmitten eines Sonnentages läge. Von irgendwoher drang helles Licht zu ihm vor, dessen Quelle er sich nicht erklären konnte. Und noch etwas nahm Stefan erstaunt wahr: Es war erstaunlich warm in seiner direkten Umgebung. Verwundert stellte er fest, dass die Luft sich eher frühlingshaft oder gar sommerlich anfühlte als nach kaltem Winter. Samtweich, anschmiegsam und angenehm empfand er das Gras, auf dem er saß. Zwischen zarten Moosen und zierlichen Stängeln lag er so weich wie noch nie zuvor in seinem Leben.

Sogar die Baumrinde in seinem Rücken kam ihm kaum hart vor. Alles wirkte, als wäre es der normalen Welt entrückt. Wie konnte das aber sein? Es war doch tiefster Winter? Wie zum Hohn flatterten im nächsten Moment kleine Schmetterlinge über die saftig grüne Wiese zu Stefans Füßen. Im Geäst über sich nahm er zudem allerlei anderes Getier wahr. Ein Habicht zog kreisend über dem dichten Blätterdach seine Bahnen.

Erneut warf er einen Blick zu den großen Wachen hinüber. Vollkommen deplatziert prangten die vier Männer wie steinerne Statuen in der frühlingshaften Pracht. Die hellhaarigen und blauäugigen Männer wirkten, in schweres, dunkles Leder gerüstet und mit allerlei Eisen beschlagen, grobschlächtig und wild.

Bei dem Anblick der Krieger fühlte sich Stefan an alte Erzählungen von Barbaren erinnert. Ihre imposanten Waffen legten diesen Vergleich nahe. Große Äxte, mächtige Rundschilde und breite Schwerter ließen die vier Männer wie aus einer anderen Welt wirken. Während seiner Zeit als Spießgeselle unter Philipp von Dahlenburg hatte Stefan jede Menge verschiedenartigster Waffen, Rüstungen und Ausrüstung kennengelernt – noch nie zuvor jedoch konnte er derartiges Rüstzeug an Kämpfern begutachten.

Zum Glück ließen ihn die finsteren Gestalten zunächst in Ruhe. Wie es schien, hatten sie einzig den Auftrag, ihn im Auge zu behalten. Aber was hätte er schon anstellen können? Stefan fühlte sich außerstande, auf die Beine zu kommen. Obwohl er keine Schmerzen empfand, pochte etwas unterbewusst in seiner Seite. Seine Wunde lag zwar wieder unter einem Verband, doch wusste er, dass er sich außerordentlich schwer verwundet hatte. Obschon es ihm gefühlt besser ging, wusste er jedoch, dass dem nicht so war.

Wie auch immer es die Heiler geschafft hatten, dass er trotz allem kaum Schmerzen verspürte, erkannte Stefan, dass es mit ihm zu Ende ging. Wahrscheinlich war es nur eine Frage der Zeit, bis sein Leben einen unrühmlichen Abschluss fand. Der seltsame alte Kauz hatte es ja angedeutet. Bevor es jedoch so weit war, dass er starb, wollte er zumindest noch erfahren, wo er sich momentan aufhielt. Alles wies darauf hin, dass dies ein ganz besonderer Ort war. Ein mysteriöses

Geheimnis durchdrang die Lichtung, auf der er stand. Von dem gigantischen Baum, an welchem er im Augenblick lehnte, schien zugleich ein außergewöhnlicher Zauber auszugehen. Wie war das möglich? Wenigstens diese Erkenntnis sollte ihm vor seinem Ableben noch zukommen.

Stefan schaute den riesigen, unbegreiflich dicken Stamm in seinem Rücken hoch. Obschon er den Kopf weit in den Nacken legte, war es ihm unmöglich, bis weit in die Krone zu schauen. Der Stamm schien sich bis in die Unendlichkeit zu verlängern. Kein Weiß, Grau oder Blau war zwischen den Zweigen und Ästen auszumachen.

Stattdessen entdeckte er kleine Tiere, seltsame Lebewesen und verschwommene Schatten, die sich dazwischen bewegten. Das Geäst war umwoben von Myriaden von Blättern in allen Größen und Formen, die ihm vorstellbar waren. Hätte der Baum nicht längst sein Blätterdach abgeworfen haben müssen? Außerhalb des Tals hatte letztlich schon jeder Baum sein Kleid verloren. Hier allerdings wirkte es so, als wenn dieses Wunder der Natur noch nie zuvor auch nur ein einziges Grün abgestoßen hätte.

Die Augen zu engen Schlitzen zusammengepresst, versuchte Stefan, etwas in dem Meer von Farben und Formen zu erkennen. So sehr er sich jedoch auch anstrengte, versagte ihm sein Geist den Dienst. Die Menge an Eindrücken und Details, die auf ihn einstürmten, waren einfach zu viel. Gleichwohl war er sich in einem Punkt sicher: So wie er in das Labyrinth von Ästen hineinblickte, sah ihn irgendetwas von dort drinnen heraus wieder an. Irgendwo ganz oben am anderen Ende der Krone saß etwas oder jemand und blickte zu ihm hinunter. Ohnehin wirkte es auf ihn eher so, als dass er vielmehr einen Stamm hinuntersah als hinauf. Vollkommen natürlich wäre es, würde sich das Geäst zur Baumspitze hin verjüngen. Bei diesem Exemplar allerdings formte sich der Baum an der Spitze älter, breiter und dichter als hier unten.

Verstört musste Stefan den Blick abwenden. Das kleine und grüne Tal begann neuerlich, sich um ihn zu drehen. Ganz als hätte er zu viel und zu lange getanzt, wurde ihm immer schwindliger. Das unangenehme Gefühl versuchte er zu verscheuchen, indem er sich mit einer Hand den Kopf hielt.

Doch auch dies brachte ihm keinen Erfolg: Stefan verlor das Gleichgewicht und fiel auf die Seite. Für einen Moment vergrub er sein Gesicht in dem weichen und kalten Moos zwischen den großen Wurzeln des alten Baumes. Die angenehme Kühle sorgte dafür, dass sich sein Geist zunehmend beruhigte. Dennoch benötigte er eine Weile, bis er sich wieder getraute, den Kopf zu heben. Sehr zu seiner Beruhigung hatte die Welt endlich aufgehört, sich um ihn herum zu bewegen.

So beschloss er erneut, sich aufzurichten. Seine Finger krallten sich an der Rinde fest, um den Körper nach oben zu ziehen. Tatsächlich war es Stefan endlich möglich, sich bis auf die Knie zu wuchten. Allerdings reichte ihm das noch nicht aus. Er nahm all seine Kraft zusammen und stellte erst einen Fuß auf den weichen Boden, dann folgte der zweite. Im Anschluss zog er sich gänzlich hoch, bis er endlich aufrecht stand.

Diese sonst so alltägliche Bewegung hatte ihm beinahe die komplette Körperkraft geraubt, derer er noch mächtig war. Zudem wurde ihm erst in dem Augenblick bewusst, dass er nur den rechten Arm benutzt hatte. Die linke Seite zeigte sich nach wie vor vollkommen taub, fremd und unnütz. So stand er taumelnd, sich mit nur einer Hand abstützend, an der wandähnlichen Baumflanke. An welchen Ort hatte es ihn bloß verschlagen? Noch nie zuvor hatte er von einem derart gigantischen Baum gehört.

Seine Bewacher hatten zwar auf ihn reagiert und behielten ihn im Blick, ließen Stefan allerdings weiter gewähren. Was war er schon in der Lage, Sonderliches anzustellen? In seinem Zustand konnte er von Glück reden, wenn er sich halbwegs normal zu bewegen verstand.

Stolpernd tastete er sich mit kleinen Schritten an dem riesigen Stamm entlang. Stets verschwand die Flanke des Baumes in einiger Entfernung in der Krümmung. Sein Kopf sagte ihm, dass dies unmöglich eine Pflanze sein konnte. Vielmehr sprach allerhand dafür, dass es eher ein Bauwerk oder ein Wunder war, welches nur wie ein Baum aussah. Auf den Kopf zu hören, brachte Stefan allerdings wie so oft nicht weiter.

Während er sich langsam vorantastete, war er immer wieder gezwungen, mächtigen Wurzeln und breiten Strängen auszuweichen. So kam es ihm wie eine Ewigkeit vor, auch nur einen Bruchteil des Stamms umrundet zu haben. Auf der gegenüberliegenden Seite des Giganten entdeckte er unverhofft dunkle Öffnungen, die sich zwischen dem Wurzelwerk auftaten. Eine nahezu absolute Schwärze kündete von unheimlichen Dingen, welche unter der Erde hausten.

Für einen winzigen Augenblick schien es so einfach und so befreiend, in die unbekannten Höhlen hinunterzusteigen. Allerdings hielt ihn sein gesunder Menschenverstand sofort davon ab. Intuitiv wusste Stefan, dass er zu dem verborgenen Reich keinen Zutritt bekam. Es wirkte wie der Eingang in das Gefilde von etwas Größerem, Heiligem und Göttlichem. Kein Sterblicher sollte die Erlaubnis erhalten, dort hinabzusteigen, das spürte er.

Plötzlich vernahm er ein schwaches, kaum hörbares Flüstern. Wie ein leichtes Zupfen ganz hinten in seinem Kopf drang eine zarte Stimme in sein Bewusstsein. Stefan war jedoch nicht in der Lage, auch nur eine einzige Silbe zu verstehen. Es wirkte auf ihn vielmehr so, als wenn das Murmeln vor ihm davoneilte. Jedes Mal, wenn er kurz davor stand, ein Wort herauszuhören, entglitt ihm das Geräusch.

Bildete er sich das nur ein? Stefan war sich nicht sicher, ob er geschuldet der schweren Verletzung bereits unter Halluzinationen litt. Ein sprechender Baum? Absolut Unvorstellbar! Auch dass er vor einer dunklen Höhle Ehrfurcht empfand, sprach vielmehr für einen gesunden Verstand, als irgendetwas Mystischem. Wahrscheinlich entsprang auch alles nur seinem geschwächten Zustand, begründete sich Stefan die Vorkommnisse – oder der Tatsache, dass er bald sterben würde.

»Du spürst es auch?«, erklang jäh eine Stimme hinter seinem Rücken.

Erschrocken fuhr Stefan zusammen. Er hatte nicht bemerkt, dass jemand hinter ihn getreten war. Allerdings zeigte sich der Boden als derart weich und leise, dass es ein Leichtes war, sich anzuschleichen. Schwerfällig wendete sich Stefan um und stützte sich dabei am Stamm ab. Verschwitzt, müde und ausgelaugt lehnte er kurz darauf an dem Eingang zu einem Hohlraum, der sich unterhalb des uralten Baumes öffnete.

Vor Stefan stand erneut das seltsame Großväterchen. Das schlohweiße Haar und der ergraute Bart wirkten noch weitaus unordentlicher als zuvor. Der Mann stützte sich weiterhin auf seinen langen Stab. Allerdings hatte Stefan nunmehr das Gefühl, dass sein Gegenüber die Hilfe gar nicht benötigte. Sollte der Stock vielmehr nur eine vermeintliche Unterlegenheit demonstrieren? Der Greis spielte offensichtlich mit ihm.

»Was soll ich spüren? Meint Ihr damit, dass es mit mir zu Ende geht? Oder beabsichtigt Ihr etwa, von mir irgendwelche Empfindungen zu erfahren? Ich kann Euch nicht sagen, was ich von dem Ort halten soll. Es ist alles so verwirrend und kaum verständlich. Ich habe keine Ahnung, wo ich bin, wer Ihr alle seid und was Ihr von mir wollt.« Stefan steigerte sich zunehmend in eine Verärgerung hinein.

»Nur die Ruhe, mein Sohn«, versuchte ihn sein Gegenüber mit mäßigem Erfolg zu besänftigen. »Ich dachte nur, du würdest auch die Energie, die von diesem Giganten ausgeht, spüren. Es ist der Einzig Wahre, vor dem du stehst. ER spricht manchmal zu den Menschen. Du hattest eben den Anschein erweckt, als würdest auch du fähig sein, mit ihm zu kommunizieren – als würdest auch du etwas hören.«

Stefan dachte jedoch noch nicht einmal im Traum daran, sich dem Tattergreis zu erklären. Dessen Männer hatten ihn schließlich hierher entführt. Obwohl er den Unbekannten dankbar dafür war, dass sie ihn versorgt und verbunden hatten, fühlte er sich dennoch als ihr Gefangener. In dem Augenblick verstand er allerdings erst, was sein Gegenüber zu ihm gesagt hatte.

»Ich stehe vor IHM? Was meint Ihr? Redet Ihr etwa von dem Baum? Beabsichtigt Ihr, mir weiszumachen, dieses Ding hinter mir wäre ein ER? Behauptet Ihr wirklich, dass eine Pflanze zu mir sprechen könnte?« Stefans Fassungslosigkeit ließ seine Stimme hart klingen.

Mit jedem seiner Sätze war der alte Mann mehr zusammengezuckt. Anscheinend hatte Stefan mit den Erwiderungen eine empfindliche Stelle getroffen. Allerdings war ihm das alles vollkommen egal. Mehr und mehr fühlte er sich sowohl schlechter als auch schwächer. Sein Gesprächspartner hatte ihm vor einiger Zeit eröffnet, dass er im Sterben lag. Wahrscheinlich hatte die hiesige Heilerin ihm irgendwelche starken Kräuter gegeben, welche seine Sinne dämpften. Besagte Mittel schienen zunehmend nachzulassen.

Mehr denn je verspürte Stefan in der ganzen linken Körperhälfte ein Taubheitsgefühl von sich Besitz nehmen, ganz als würde er nur noch halbseitig existieren. Wenn er nun an die Wunde griff, spürte er tatsächlich an dieser Stelle ein immer intensiver werdendes Ziehen.

»Die Tollkirsche lässt nach«, bemerkte auch das Väterchen. »Soll ich nach der Heilerin schicken, damit sie dir einen neuen Sud verabreichen kann?« Besorgnis lag in seiner Stimme.

Ablehnend winkte Stefan mit dem gesunden Arm, weswegen er kurzzeitig aus dem Gleichgewicht geriet. Hätte er bloß nicht die große Wurzel losgelassen! Unbeholfen stolperte er über den unebenen Boden, unfähig, sich noch länger auf den Beinen zu halten. Schwerfällig sank er nieder.

»Lasst mich doch einfach in Ruhe!«, schrie Stefan resigniert. »Es ist mir egal, ob Ihr der Meinung seid, dass irgendwelche Büsche oder Bäume zu Euch reden. Mir ist es auch einerlei, wo ich mich im Augenblick befinde. Versteht Ihr nicht? Ich werde sterben und Ihr verschwendet meine letzten Atemzüge auf Erden mit Eurem inhaltslosen Geschwätz!«

Mittlerweile ersehnte sich Stefan förmlich den Zeitpunkt herbei, ins Himmelreich aufzufahren. Endlich würde er die Mühsal, die Pein und die schlechte Welt hinter sich lassen können. Es gab sogar noch einen guten Grund, das Diesseits zu verlassen: Würde er vielleicht auf der anderen Seite seinen Vater wiedersehen? Dessen Hinscheiden war damals völlig unvorhergesehen über ihn gekommen, ohne dass er sich richtig von ihm hätte verabschieden können.

»Es mag zwar stimmen, dass du im Sterben liegst. Aber so rasch geschieht es nun auch wieder nicht. Was du gerade verspürst, ist das Nachlassen der Kräfte der Kräuter und der Tinkturen. Dir sind noch einige wenige Momente gegeben, bevor du Midgard verlassen wirst. Ich verspreche dir, du wirst schnell genug merken, wenn es an der Zeit ist, dass deine Seele ihren Körper verlässt«, ließ der fremde Weißhaarige verlauten.

Verwirrt sah Stefan zu dem Mann hinüber – Midgard? Er hatte sein Leben bereits aufgegeben und gehofft, dass nun endlich alles hinter ihm läge. Nach den ganzen Kämpfen, Schlachten und Morden hatte er ersehnt, nun letztlich seinen Frieden zu finden. An diesem besonderen Ort seinem Schöpfer gegenüberzutreten, war sein letzter Wunsch.

»Was wollt Ihr nun noch von mir?« Stefans Stimme klang ungewohnt dünn. »Es ist vorbei. Lasst mich doch einfach hier liegen. Ich wüsste nicht, was ich noch in der Lage wäre für Euch zu tun. Verschwindet doch endlich von hier! Ich will niemanden mehr sehen.«

Tatsächlich war er kurz davor, in Tränen auszubrechen. Stefan empfand die ganze Welt urplötzlich als zutiefst gemein und ungerecht. Wieso war es ihm nie vergönnt gewesen, eine Frau kennenzulernen, einen eigenen Hof aufzubauen oder einen Sohn zu zeugen? Tausend Fragen schossen ihm durch den Kopf, auf die er keine Antwort wusste.

Erneut begann sich alles um ihn herum zu drehen. Nur noch am Rande nahm er die Welt um sich wahr, denn in dem Moment entschwand sein Bewusstsein bereits in ferne Gefilde. So verließ auch die letzte Spannung seine Muskeln. Verletzt und auf dem Weg ins Totenreich war es ihm nicht mehr gegeben, den ersten Kundigen zu hören, wie er noch nie zuvor erteilte Anweisungen an die Wächter ausgab.

Einmal mehr zeigte es sich, dass es ganz besondere Zeiten waren. Selbst ER erkannte das. Bereitwillig ließ ER die Ereignisse geschehen, die sich zwischen seinen Wurzeln abspielten.

Herr Johannes

Ähnlich einem Trüffelschwein schnupperte der verwandelte Riese sich durch das Dunkel der großen Küche. Am rückseitigen Ende entdeckte er einen kaum wahrnehmbaren Lichtschimmer, der von einer Öffnung hinter einem von Vorräten sich schier zu biegenden Regals ausging. Anscheinend war hier ein geheimer Durchgang oder eine Tür eingebaut. Nur dank seiner ausgesprochen guten Augen war er in der Lage, diesen zu entdecken. Aber wohin führte dieser Gang?

So viele Begabungen und Fertigkeiten er auch besaß: Die Befähigung, durch feste Wände und Türen zu wandeln, gehörte leider nicht dazu. Stattdessen untersuchte Herr Johannes das Gestell, ob nicht irgendwo ein verborgener Mechanismus versteckt lag, durch welchen er die Geheimtür zu öffnen vermochte. Auf der rechten Seite, hinter mehreren größeren Krügen, entdeckte er einen gut eingearbeiteten hölzernen Riegel. Als er diesen zur Seite schob, vernahm er ein leises

Klicken. Siehe da! So einfach hatte er es sich nicht vorgestellt, die Tür zu entriegeln. Ein leichtes Lächeln durchzog sein Gesicht.

Ein winziges Stück weit ruckte das Regal daraufhin in seine Richtung. Nachdem erst einmal die Mechanik betätigt war, bewegte sich das komplette Holzgerüst erstaunlich leicht und nahezu lautlos. Hinter der nach vorn aufschwingenden Geheimtür erspähte Herr Johannes eine schwach beleuchtete Stiege, welche offensichtlich in die Tiefe eines verborgenen Kellers hinab führte. Die schmale Holztreppe sah schon auf den ersten Blick aus, als ob sie auf jeder Stufe ein hörbares Knarren von sich geben würde. Er war jedoch nicht umsonst der berühmte Herrscher der Wälder und Berge. Ohne ein Geräusch zu erzeugen, schaffte es Herr Johannes, bis in das geheime Kellergeschoss des Wirtshauses vorzudringen.

Als er unten angekommen war und um eine Ecke spähte, erfasste sogar ihn ein Erstaunen sondergleichen: Vor einem großen Tisch voller Gerätschaften der Alchemie standen Herr Hans und sein Weib Gertrude in trauter Zweisamkeit. An einem in der Wand eingelassenen gemauerten Ofen befand sich der Knecht. Mit einem dicken Lederschurz bekleidet, hielt er ein klobiges Gefäß an einer eisernen Zange, die er über einer schweren tönernen Form schweben ließ.

Just in diesem Augenblick ergoss sich mit lautem Zischen eine weiße, strahlende und glühende Flüssigkeit aus dem Behältnis. Mit Dampf und Gebrause floss die unbekannte Schmelze in die Form. Der Eindringling benötigte einige Momente, um zu begreifen, was die drei Personen in dem Keller anstellten. Tatsächlich irritierte ihn, dass sie die Form umdrehten und von der anderen Seite erneut ein bisschen der weißen Masse nachgossen.

Er hatte zwar eine Vermutung, doch war er sich noch nicht sicher über die Begebenheiten. Allerdings musste er nicht mehr lange warten, bis der Knecht nach wenigen Augenblicken des Abkühlens die Form aufspringen ließ. Heraus polterten mehrere Silbermünzen. Diese verbrachte der Gehilfe noch in erhitzter Form sogleich in ein mit Asche,

Kohlestaub und Dreck gefülltes Gefäß. Offensichtlich versuchte er damit, den Münzen ein älteres Aussehen zu verleihen, mutmaßte der Wanderer.

In der Zwischenzeit nahm der Wirtshausbesitzer weitere runde Eisenscheiben zur Hand und befüllte die Form damit neu. Anscheinend fälschten die drei Wirtsleute die Münzen ihrer Schlafgäste. Wahrscheinlich hatten sie das Silber von den Reisigen bekommen, gestohlen oder ausgeliehen, um es hier unten umzugießen.

Dadurch, dass sie nun in ihrem Geheimversteck die Geldmünzen mit einem Eisenkern versahen, bekamen sie die Möglichkeit, mehr als die Hälfte des eigentlich dafür vorgesehenen Edelmetalls für sich zu behalten. Auf die Menge der Gäste pro Mondzyklus gesehen dürften sich die drei Betrüger ein ansehnliches Sümmchen ergaunert haben. Wesentlich bemerkenswerter fand er den Umstand, dass sich die beiden Wirtsleute fantastisch verstanden. Der Streit vom Abend war ihnen nicht anzumerken. Mittlerweile bezweifelte Herr Johannes sogar, dass beide tatsächlich ein Ehepaar waren. Wahrscheinlich spielten sie die Rolle der Wirtsleute nur, um sich eine vernünftige Tarnung zu bewahren. War der allabendlich vorgetragene Streit etwa auch nur Bestandteil ihrer Täuschung?

Nun verstand Herr Johannes auch, warum sich Herr Hans so wenig daran störte, dass sich seine Frau mit irgendwelchen Jünglingen vergnügte, wenn sie schlichtweg nur Kumpane der Gaunerei waren. Kaum begierig an dem Leben der jeweils anderen Person interessiert, schienen sie getrennt voneinander ihre eigenen Existenzen zu führen. Was sie verband, war einzig das Interesse daran, ihre Gäste um das sauer verdiente Silber zu erleichtern.

Da der heimliche Zuschauer eigentlich vorgehabt hatte, Frau Gertrude einen derben Streich zu spielen, weil sie mutmaßlich ihren Mann ausnutzte, was sich jedoch nun als Trugschluss herausstellte, beschloss er, es den beiden gleichermaßen heimzuzahlen. Nun, wo er wusste, was das Geheimnis des Wirtshauses darstellte, fiel ihm zugleich auch ein neuer Plan ein.

Dazu war es allerdings vonnöten, darauf zu warten, dass das Ehepaar und der Knecht mit den Fälscherarbeiten fertig wurden. So begab er sich erneut in seine Schlafnische, um auf die Chance zu harren, unbemerkt in den geheimen Keller zu gelangen, während die drei Gauner anderweitig beschäftigt waren. Und wie es der Zufall so wollte, musste er nicht allzu lange auf diesen Moment warten. Tatsächlich hörte er nach wenigen Augenblicken, wie sich drei Menschen die Treppe in den oberen Stock hinauf bewegten.

Da es bereits tiefe Nacht war, nahm er an, dass die drei Personen nach dem sehr langen Tag müde und abgeschlafft sein müssten. So wartete Herr Johannes nur kurz, bis das komplette Wirtshaus in friedlicher Ruhe vor sich hin schlummerte. Ohne Geräusche zu erzeugen, bewegte er sich neuerlich auf leisen Sohlen zuerst ins Erdgeschoss und dann in den verborgenen Keller mit der Alchemistenstube.

Auf einem Holzbrett lagen fein aufgereiht achtzehn große Silbermünzen, die mit einer Tinktur eingeschmiert waren. Damit versuchten die Fälscher offenbar, die Münzen über Nacht altern zu lassen. Als Herr der Berge verstand er sehr viel von Steinen, Erzen und Mineralien. Zudem hatte Herr Johannes seine besonderen Fähigkeiten im Laufe der vielen Sommer seines Lebens erweitert und verfeinert. Er legte eine Hand über eine der Münzen. Nach einem kurzen Moment der Konzentration spürte er den inneren Aufbau der verschiedenen Stoffe in dem Silberling. Es war zwar kein leichtes Unterfangen, doch schaffte er es, die tatsächliche Gegebenheit der Geldstücke zu verändern, ohne dass man von außen einen Unterschied bemerkte. Er hatte sich jedoch etwas Besonderes für den morgigen Tag einfallen lassen.

Der Fähigkeit, den Zustand von Metallen, Mineralien und Erzen zu ändern, verdankte Herr Johannes es auch, dass er selbst nie unter Geldproblemen litt. Obwohl er ein Eremit war, der unter einem Berg in seiner Festung lebte, verstand er die Notwendigkeit, Dinge zu erwerben, welche er nicht in der Lage war, aus eigener Hand herzustellen. Während es früher mehr eine Unvermeidlichkeit war, Silbertaler zu erschaffen, erachtete er es in dem Moment als lustige Möglichkeit, dem Gaunerpaar ein Schnippchen zu schlagen.

Nachdem er mit der Umwandlung der Münzen fertig war, verschwand er wieder nach oben zu den Schlafstätten. Beruhigt stellte er fest, dass niemandem seine Abwesenheit aufgefallen war. So legte er sich erneut zur Ruhe, um wenigstens die halbe Nacht Schlaf abzubekommen. Innerlich freute er sich schon auf den Morgen, wenn die ersten Gäste versuchten abzureisen.

Am nächsten Tag wachte er relativ früh auf. Augenscheinlich waren längst mehrere der Gäste auf den Beinen. Zudem nahmen seine Sinne eine rege Geschäftigkeit aus der Küche wahr. Die Wirtsleute, die Köchin und der Knecht schienen bereits seit geraumer Zeit wach zu sein. Nunmehr galt es für ihn, den zweiten Teil des Plans in die Tat umzusetzen.

Nachdem Herr Johannes sich frisch gemacht hatte, drehte er eine kleine Runde durch die Gaststube, den Hof und die Scheune, um sich einen schnellen Überblick zu verschaffen. Zu seiner Überraschung fand er den Knecht auf dem Hof vor, wie er seiner eigentlichen Arbeit nachging. Am Küchenausgang stand indessen die schöne Wirtsfrau und genoss den prächtigen Sonnenaufgang an diesem Morgen. So steuerte er direkt auf die Frau zu und begrüßte sie unterwürfig. Noch musste er seine Rolle spielen.

»Guten Tag, werte Frau Gertrude! Vielen Dank dafür, dass Ihr mich bei Euch habt schlafen lassen. Ich habe die Nacht über Euren Vorschlag nachgedacht. Ich muss gestehen, dass es mich schon reizt, ein paar Tage in diesem wundervollen Wirtshaus auszuhelfen. Nichts würde mir mehr Freude bereiten, als Euch zur Hand zu gehen.«

Dabei ergriff er schüchtern ihre Hand, um seinen Worten mehr Nachdruck zu verleihen und die Andeutungen zu unterstreichen. Nun, wo er wusste, dass er mit seinen Handlungen keinen ehrlichen

Menschen verletzte, verspürte Herr Johannes auch keine Hemmungen, sein Spiel bis zum Ende zu treiben. Mit großen und strahlenden Augen warf er der Gesprächspartnerin sein gewinnendstes Lächeln zu.

Nichtsahnend schmunzelte die Schönheit zurück. Er konnte förmlich sehen, wie sich die Frau bereits wilde Bettgeschichten in ihrem Geist ausmalte.

»Das ist aber schön zu erfahren. Ich hatte gehofft, dass Ihr Euch so entscheidet. Es ist auch nicht immer so voll wie gestern Abend. Ich kann Euch versprechen, dass wir in den nächsten Tagen wesentlich mehr Zeit haben, um uns ausführlich miteinander zu unterhalten.« Ihr Lächeln war eindeutig frivol.

Alles lief nach Plan. Und um seine List weiter zu betreiben, presste Herr Johannes mit ein wenig gespielter Unbeholfenheit seine Lippen auf den Mund der Wirtsfrau.

Empört über die Geste schubste sie ihn zuerst von sich. Allerdings stahl sich kurz darauf ein Lächeln auf die geschwungenen Lippen der Frau. Statt sich darüber zu beschweren, dass er sie ungefragt geküsst hatte, zog sie ihn im nächsten Augenblick zu sich heran.

»Ich glaube, ich sollte Euch zuvor klarmachen, wer hier das Sagen hat. Nicht, dass Ihr am Ende noch denkt, Ihr könntet hier der Bestimmer sein, mein strammer Knecht«, stellte sie herrisch fest und zwinkerte ihm dabei vielsagend zu. An Mehrdeutigkeiten waren die Äußerungen der Wirtsfrau kaum zu überbieten. »Das werdet Ihr aber noch schnell genug lernen, mein kleiner Prachtbursche«, schickte sie ihm hinterher, bevor sie in der Küche verschwand.

Im Umdrehen bemerkte er, wie ihn der Knecht hasserfüllt anblickte. So wie er es vermutet hatte, liebte der Bursche seine Herrin tatsächlich, während sie in ihm aber wahrscheinlich nicht mehr als nur einen Bettgefährten und Komplizen im Fälschen der Münzen sah. Zielgerichtet näherte Herr Johannes sich dem Knecht. Damit begann der zweite Teil des Streiches.

Mit einem breiten und dreckigen Grinsen stand er vor dem Nebenbuhler. Er wusste genau, wie er den anderen reizen konnte.

»Hallo, mein Freund«, begrüßte Herr Johannes den plötzlich verdutzt dreinschauenden jungen Mann. »Ich fange ab heute an, hier zu arbeiten und werde sicherlich ein paar deiner Aufgaben übernehmen. Frau Gertrude scheint ein Weib zu sein, das einen unstillbaren Appetit auf gewisse Sachen hat. Du wirst ihr wohl in der Hinsicht nicht mehr ausreichen. Keine Sorge! Ich bin, was derartige Dinge betrifft, sehr ausdauernd.«

Der Gehilfe stand nunmehr mit offenem Mund da, unmöglich in der Lage zu begreifen, was er zu hören bekam. Aus dem Grund legte Herr Johannes zugleich nach. Er nutzte die Gunst des Moments, um den Knecht vollends den Boden unter den Füßen wegzuziehen.

»Es freut mich zudem, mit dir zusammenzuarbeiten. Ich bin, was das Alchemistische betrifft, noch nicht so erfahren. Allerdings hat Frau Gertrude gemeint, du würdest mir schon zeigen, wie alles funktioniert. Es ist schön, dass ihr mich in eurer Runde willkommen heißt«, gab Herr Johannes freudestrahlend bekannt.

Dazu setzte er ein leicht dümmliches Grinsen auf. Mit einem unschuldigen Gesichtsausdruck mimte er den Dorftrottel. Das reichte aus, um den Gehilfen aus seiner Haut fahren zu lassen. Dass er plötzlich einen Konkurrenten im Bett zu erdulden hatte, wäre für den jungen Mann noch zu ertragen gewesen. Als er jedoch eröffnet bekam, dass der Rivale genauso in die Machenschaften im Keller eingeweiht war, riss dem Burschen die Hutschnur.

Ohne Herrn Johannes noch eines Blickes zu würdigen, stürmte der Knecht schnellen Schrittes in das Wirtshaus hinein. Während sich die Tür öffnete, hörte Herr Johannes bereits laute Stimmen und einen Streit aus der Gaststube. So eilte er hinterher, um nichts von dem Schauspiel zu verpassen, welches er sich des Nachts ausgedacht hatte.

Im Inneren des Gasthauses fand er die Situation vor, die er mit seinen Handlungen erreichen wollte. Die Gruppe von Söldnern vom Vorabend befand sich vor dem Tresen und wirkte sichtlich erzürnt. Zwei der Reisigen hatten sogar schon die Dolche gezückt, um ihren Aussagen mehr Nachdruck zu verleihen. Hinter dem Schanktisch stand derweil Herr Hans wie ein Häufchen Elend. Er probierte sich gegen die vorgebrachten Anschuldigungen zu verteidigen. Allerdings ließen die Bewaffneten ihn kaum zu Wort kommen.

»Wollt Ihr uns für dumm verkaufen? Wo ist Euer Weib? Los, raus mit der Sprache, oder ich schwöre Euch, Ihr werdet teuer dafür bezahlen!«, brüllte der Wortführer der Männer den Wirt an.

Herr Hans versuchte sich indes in Ausreden. Zum einen behauptete er, nicht zu wissen, was der Krieger genau meinte. Zum anderen gab er vor, dass er keine Ahnung hätte, wo sich seine Frau im Moment aufhielt.

»Haltet uns nicht für einfältig, alter Mann! Euer Weib war es, die uns gestern dazu überredet hat, unser Kupfer und Silber bei Euch einzulagern. Sie meinte, bevor wir des Nachts Opfer von Dieben würden, wäre es in Eurer schweren Eisentruhe wesentlich sicherer aufbewahrt.« Der Anführer der Truppe versuchte gar nicht erst, seine Wut zu unterdrücken.

»Natürlich! Genauso ist es. Da hat mein Eheweib recht. Aber womit können wir Euch verärgert haben?«, fragte Herr Hans scheinbar ahnungslos die Reisiger.

Das war zu viel für den bewaffneten Mann. Über den Tresen hinweg griff er an den Kragen des Tattergreises und zog den alten Mann zu sich heran.

»Warum haben wir dann heute Morgen wertlose Eisenmünzen wiederbekommen?«, baute sich der Mann vor ihm auf. »Für wie dumm haltet Ihr uns, dass Ihr denkt, wir würden den Unterschied nicht merken? Wenn wir nicht augenblicklich unsere Münzen zurückerhalten, werden wir dieses Wirtshaus auseinandernehmen, um die Münzen in jeder Ritze aufzuspüren! Beginnen werden wir damit, es in Euren Eingeweiden zu suchen«, drohte der Wortführer aufgebracht.

Erschrocken befreite sich Herr Hans aus dem Griff des Kriegers. In dem Augenblick war ein Tumult aus der Küche zu hören. Sowohl der Wirt als auch die Gruppe der Bewaffneten stürmten zugleich in das Zimmer mit der großen Kochstelle. Herr Johannes folgte der illustren Runde, in der Hoffnung, dass nunmehr sein Plan vollends aufging.

In der Kochstube angekommen, bot sich allen ein unerwarteter Anblick: Wild und laut gestikulierte dort der Knecht mit Frau Gertrude. Die versteckte Tür zu dem geheimen Kellergewölbe stand sperrangelweit offen. Während der Gehilfe wutentbrannt auf die schöne Wirtsfrau einredete, hatte diese mehrere große Lederbeutel an ihren Busen gequetscht.

»War es etwa deine Idee, mich durch diesen Schönling zu ersetzen? Ich dachte, du würdest etwas für mich empfinden! Wir hatten doch vorgehabt, uns irgendwo ein neues Leben aufzubauen, sobald wir genug Geld besäßen«, machte der junge Mann seiner Angebeteten und vermeintlichen Herrin schwere Vorwürfe.

Als Frau Gertrude die Söldner die Küche betreten sah, riss sie sich von ihrem Komplizen los. Dieser versuchte intuitiv, ihren Arm zu ergreifen, um sie nicht davonlaufen zu lassen. Doch er griff daneben und bekam stattdessen einen der Ledersäcke zu fassen. Im Eifer des Gefechts fiel dieser hinunter und so ergoss sich dessen Inhalt über den Küchenboden. Zum Vorschein kamen jede Menge Silbermünzen sowie ein paar Goldmünzen.

Mit schreckgeweiteten Augen stürmte die Betrügerin aus der Küche hinaus. Die Krieger warteten gar nicht erst eine Reaktion ab, sondern verfolgten die mit dem Silber flüchtende Frau. Sowohl Herr Hans als auch der Knecht sahen dem Schauspiel mit offenem Mund zu. Nachdem alle Bewaffneten der Frau hinterher gehetzt waren, richtete Herr Johannes sein Wort an die beiden Männer.

»Ihr solltet so schnell wie möglich verschwinden. Wenn die Reisiger erst einmal mit Frau Gertrude fertig sind, seid Ihr an der Reihe. Lauft mit den Sachen, die Ihr am Leib tragt. Hofft währenddessen darauf, dass die Reisiger kein Interesse haben, sich auch noch an Euch zu rächen«, zeigte er den beiden Halunken die Optionen auf.

Das ließen die zwei Männer sich nicht zweimal sagen. Auf dem Absatz machten sie kehrt und verschwanden erst aus der Küche, dann auch aus dem Gasthaus. Eine junge Magd, die ebenso Zeugin des Schauspiels war, stand indes wie angewurzelt in einer Ecke der Kochstube. Hatte dieser Hans nicht von einer Tochter gesprochen? Herr Johannes wusste zwar nicht, ob das Mädchen zu der Gaunerbande gehörte, aber das war ihm in dem Moment egal.

»Buh!«, reichte aus, um die junge Frau zu erschrecken.

Sie nahm daraufhin ihre Füße in die Hände und entfloh ebenso dem Wirtshaus. Indessen war ein lautes Wehklagen vom Hof zu hören. Herr Johannes machte sich auf, um dem Spektakel beizuwohnen.

Während einer der Söldner die Beutel mit dem Silber für sich sicherte, waren seine Kumpane bereits dabei, die Wirtin an ihren Haaren in die Scheune zu ziehen. Ihr Gewand war längst aufgerissen und ein Teil des zuvor zur Schau gestellten Busens hing nun schlaff für alle sichtbar heraus. Ein weiterer der Bewaffneten war gerade dabei, seine Kleidung abzulegen.

»So wie Ihr Euch gestern uns an den Hals geworfen habt, scheint Ihr eine unersättliche Frau zu sein. Nun denn, Weib! Wir sind genug Männer, um dafür zu sorgen, dass es Euch an nichts mangelt«, verspottete einer der Krieger die kreischende Frau.

»Das Silber behalten wir als Bezahlung. Unsere Dienste sind nicht gerade billig«, machte sich ein Zweiter über die Wirtin lustig.

Während Herr Johannes das Gelände des Wirtshauses verließ, vernahm er das Geschrei der Frau. Schelmisch lachte er in sich hinein, weil sein kleiner Streich so reibungslos funktioniert hatte. Obwohl sich die ganze Geschichte vollkommen anders entwickelte, als er zuerst angenommen hatte, wurden die richtigen Leute bestraft. Da es nichts mehr für ihn gab, weswegen es lohnte, an diesem Ort länger zu verweilen, nahm er seine Kleidung auf und verschwand in Richtung Wald.

Nachdem er den halben Tag gewandert war, suchte er einen verlassenen Ort auf. In der Abgeschiedenheit einer Talsenke verwandelte er sich wieder in den großen und geheimnisvollen Wanderer zurück, als welcher er damals zum ersten Mal das Licht der Welt erblickt hatte.

Die Geschehnisse in dem Wirtshaus hatten ihn tatsächlich von seinen düsteren Gedanken um die Veränderung der Welt und den mysteriösen Visionen abgelenkt. So machte er sich erneut auf, Antworten darauf zu finden, was oder wer für die Beeinflussung des Wetters, der Jahreszeiten und der Natur verantwortlich war.

Stefan

Dunkel, verschwommen und trübe war sein Blick, als er die Augen öffnete. Weilte er etwa immer noch unter den Lebenden? Hieß es nicht, er sei dem Tode geweiht? Jedes Mal, wenn er aufgrund seiner Schmerzen die Besinnung verloren hatte, bildete er sich ein, dass jetzt sein letztes Stündchen geschlagen hätte. Stattdessen wachte er ein ums andere Mal auf, um sich wiederholt in einer ausweglosen Situation wiederzufinden. Heute hatte er diese Ungewissheit und die Schmerzen allerdings endgültig satt. Warum ließ Gott ihn nicht einfach sterben? Er war doch nur ein ganz normaler Sohn eines einfachen Bauern.

Helden, Prinzen oder Heilige waren die Menschen, welche ein zweites, drittes und viertes Leben verdienten. In Geschichten und Sagen überlebten sie die Angriffe von Drachen, Hexen und Ketzern. Für größere Männer als ihn war es vorherbestimmt, eine zweite Chance zu erhalten. Bei ihm war es jedoch nunmehr so, dass er gefühlt schon die fünfte Wiedergeburt durchlebte. Wenn Stefan es nicht besser wüsste, wäre es an ihm zu behaupten, Gott hätte noch etwas ganz Besonderes mit ihm vor.

Deswegen hielt er mittlerweile seine Existenz für eine Aneinanderkettung der seltsamsten Ereignisse. Wie war es nur möglich, dass er hierher geraten war? Zumal auch weiterhin das Rätsel im Raum stand, wo dieses Hier überhaupt war, und weswegen er sich nach wie vor unter den Lebenden befand. Im Grunde genommen hätte er schon längst seinen Vater wiedertreffen müssen. Stefan hatte sich sogar darauf gefreut, die Zwänge des irdischen Daseins endlich abzustreifen.

Stattdessen nahm er Wände aus feuchter Erde wahr. Er lag auf einem Gestell in einer niedrigen Höhle. Wahrscheinlich hielt er sich unterhalb des riesigen Baumes auf, mutmaßte er. Warum auch immer der alte Mann ihn hierher gebracht hatte: Stefan fühlte sich überraschenderweise etwas besser als zuvor, wenngleich ihn heftige Schmerzen im Haupt, in der Schulter und auf der kompletten linken Seite weiterhin daran hinderten, einen klaren Gedanken zu fassen. Entsprechend träge verliefen seine Denkprozesse. Es dauerte eine ganze Weile, bis ihm auffiel, dass es an diesem Ort kein offenes Feuer gab. Nirgendwo existierte eine Flamme, Kerze oder Öllampe.

Stattdessen verströmte ein diffuses Glimmen von allen Seiten zugleich warmes Licht. Da Stefan sich nicht bedroht fühlte, stellte er die Lösung des Rätsels hintenan. Zuerst galt es für ihn zu erfahren, was um ihn herum vonstattenging. Er hasste es, ein Spielball von etwas Höherem zu sein. Schon die Tatsache, unter den Intrigen eines Adligen zu leiden, hatte ihn stets gestört und geärgert. Diese ungewisse Situation, in der er sich gerade befand, war für ihn jedoch um einiges schlimmer.

Die Gedanken an Hilbert und Philipp von Dahlenburg trieben erneut die Wut in ihm hoch. Davon aufgeputscht schaffte Stefan es, die Beine von der Liege zu schieben. Durch den Schwung geriet er in eine aufrechte Sitzposition. Augenblicklich wurde ihm ein wenig schummrig – ein Gefühl, das zu seiner Beruhigung recht schnell verging.

Mit einem prüfenden Griff musste Stefan sich davon überzeugen, dass die große Wunde an seiner linken Schulter nach wie vor existent war. Wie hätte sie auch so schnell verschwinden sollen, fragte er sich selbst scherzhaft. Er rutschte von der Liege, um die irdene Unterkunft zu begutachten. Tatsächlich bestanden die Wände aus purer Erde. Der schummrig beleuchtete Raum wirkte auf ihn wie ein von einem monströsen Tier in den Boden gegrabener riesiger Bau.

Geschwächt unternahm er einen kleinen Ausflug durch die Höhlen. Einem Irrgarten gleich erstreckten sich allerlei Kavernen, Gänge und Alkoven in dem irdenen Reich. Kein Raum glich dem nächsten. Sogar der Boden stieg oder fiel stetig auf und ab. Befand er sich etwa in einem selbst angelegten Heim eines verrückten Eremiten?

Am Ende eines langen Korridors ohne weitere Abzweigungen betrat er eine große, hallenähnliche Kaverne. Trotz der ungewohnten Umgebung stand er ruhig am Eingang der Grotte. In deren Mitte sah er ein gewaltiges Ungeheuer, von welchem er bisher nur in Geschichten gehört hatte. Ein Körper, der mindestens fünf Klafter lang war und etliche Ellen Dicke aufwies, lag im Zentrum einer flachen Mulde. Tatsächlich wirkte das Monstrum wie eine ins Vielfache vergrößerte Schlange. Als Ausgeburt der Hölle hatte die Schlange seit jeher versucht, den Menschen zu verführen, wusste Stefan. So war es für ihn nicht verwunderlich, an diesem Ort dem Teufel persönlich zu begegnen.

Dass das Untier richtige Zähne besaß, machte ihn jedoch stutzig. Ähnlich einem Wolf verfügte das monströse Tier über gewaltige und messerscharfe Hauer. Mit seinen tödlichen Werkzeugen probierte die Bestie, die Wurzeln zu zerbeißen, welche aus der Decke herausragten. Von Stefan nahm es dabei noch nicht einmal im Ansatz Notiz. Stattdessen grub es ein ums andere Mal seine Hauer in das harte Holz des gigantischen Baumes. So sehr sich das Ungeheuer auch abmühte, konnte es ihm bei jedem Biss nur wenige Splitter herausreißen.

Schaudernd wandte sich Stefan von dem Schauspiel ab. Durch einen anderen Gang verließ er die große Grotte und bewegte sich weiter durch den bizarren Irrgarten. Seltsamerweise war er dabei ganz ruhig. Er verspürte schlichtweg keine Angst, sich an diesem fremd anmutenden Ort zu verlaufen. Überhaupt empfand er kaum negative Gefühle. Selbst vor dem unheimlichen Monster hatte er sich nicht gefürchtet.

So erschreckte es ihn auch nicht, als er in einer anderen Grotte ein zweites Untier entdeckte. Zuerst war Stefan versucht zu glauben, im Kreis gelaufen zu sein. Diese Schlange verfügte jedoch über grüne Schuppen, während das Wesen zuvor eine blaue Färbung besessen hatte. Außerdem wies die Kreatur keine gelben, sondern rote Augen auf. Stefan war sich daher sicher, dass sich an diesem mysteriösen Ort gleich zwei Ungeheuer aufhielten. Je länger er in dem Labyrinth unterwegs war, desto weniger begriff er von der Welt, die ihn umgab. War er etwa doch gestorben und befand sich im Fegefeuer auf Reisen? Wenn es gleichwohl so wäre, verstand Stefan die Bestrafung in keiner Weise. Nichts von alledem ergab für ihn auch nur den Hauch eines Sinns. Egal wie viele Gänge und Kavernen er auch inspizierte, nirgendwo fand er einen Ausgang oder eine andere Person.

So lief er durch endlos wirkende Korridore und Stollen weiter. Allerdings kam er nie zweimal an der gleichen Stelle vorbei. Die Umgebung wirkte auf der einen Seite vertraut, aber zugleich auch neu und anders. Müde fand er schließlich einen Raum, welcher demjenigen glich, in dem er aufgewacht war. Trotzdem vermutete er, dass es sich um einen anderen handelte.

In der Mitte befand sich ebenso eine Art Liege, die aus einer dicken Wurzel gebildet war. Unendlich müde ließ er sich auf das Lager fallen. Er war schon viel zu lange durch die Gänge geirrt. Zerschlagen fielen ihm die Augen zu. Kurz vor der Schwelle, bevor er in einen tiefen Schlaf entglitt, vernahm er ein leises und zaghaftes Wispern.

Vielmehr waren es Gefühle, Gerüche und Bilder denn Worte, die ihm den Grund seines Hierseins vermittelten. Stefan vermutete, dass der Einzig Wahre ihn in sich aufgenommen hatte, weil er kurz davor stand, die Welt für immer zu verlassen. Offensichtlich war Stefan noch von immenser Bedeutung für die Schöpfung, anders konnte er sich sein Weiterbestehen nicht erklären. Das Zeichen auf seiner Schulter spielte dabei wohl auch eine nicht unwichtige Rolle, orakelte er im Hinüberdämmern.

Ohne den tatsächlichen Grund zu kennen, war der Einzig Wahre nur einer uralten Prophezeiung gefolgt. So beließ ER den jungen Mann in den heiligen Höhlen in seinem unermesslich großen Wurzellabyrinth. Einzig dort war ER in der Lage, das Leben dieses besonderen Menschen bewahren zu können. Wenigstens jedoch so lange ER selbst noch am Leben war. Etwas war geschehen. ER wusste nicht genau was, doch hatte sich etwas Fundamentales ereignet. Nach Äonen der Monotonie zeigten sich plötzlich ungeahnte Veränderungen am Horizont und zwischen den Welten.

ER war sich sicher: Stefan hatte etwas mit diesen Ereignissen zu tun. Dementsprechend war es für IHN unverzichtbar, den Burschen von seinen Verletzungen zu heilen. Allerdings wusste ER nicht, ob die Verwundungen der Seele schwerer wogen als die des Körpers. Es gab Wunden, die noch nicht einmal ER in der Lage war, richtig zu behandeln. Noch immer war ER sich nicht sicher, ob der Junge nicht doch seinen Verletzungen erliegen würde.

Der Wind strich eiskalt, schneidend und unbarmherzig über das zur Hälfte abgeerntete Feld zu seinen Füßen. Trostlos, düster und herbstlich präsentierte sich das Land, das vor dem Burgfürsten lag. Die Wolken hingen tief und schwer am Firmament. Es war nur eine Frage der Zeit, bis ein erneuter Schneeregen auf die umliegenden Äcker niederging. Wüsste er es nicht besser, würde er sagen, dass es beinahe schon Spätherbst, wenn nicht gar Winter war. Allerdings wusste Kuntz von Misena es besser.

Er hatte sich schließlich selbst aufgemacht, um seinen Männern bei der Arbeit zu helfen. Der unglaublich früh einsetzende Frost führte dazu, dass jedwede Hand auf den Feldern benötigt wurde. Es nützte niemandem etwas, hinter schweren Mauern zu hocken, während gleichzeitig keine ausreichende Verpflegung zur Verfügung stand. Aus dem Grund hatte er nahezu jedem seiner Untergebenen befohlen, den Bauern im Umkreis zur Hand zu gehen.

Zudem schlossen sich zusätzlich viele der Handwerker und Gehilfen aus der Festung seiner Aufforderung an. Nur durch diese Zusammenarbeit hatten sie es geschafft, genug Getreide, Obst und Gemüse einzufahren, damit zumindest eine Chance bestand, den Winter zu überleben. In der Folge gaben die Siedler bereitwillig einen Teil ihrer Ernte ab. Ohne die Hilfe aus der Burg Misena wären sie ohnehin nicht in der Lage gewesen, auch nur einen Bruchteil davon einzubringen.

Insgeheim hoffte der Burgvogt, dass keiner der wendischen Stämme auf die Idee kam, seine Burg genau zu diesem ungünstigen Zeitpunkt anzugreifen. Wahrscheinlich hatten aber auch ihre Feinde mit dem unerwarteten Wetterumschwung zu kämpfen. Tatsächlich musste Kuntz sich eingestehen, dass er einen derartigen Wettersturz noch niemals zuvor erlebt hatte. Es war, als würde die ganze Welt verrücktspielen.

Vor allem in Anbetracht der Tatsache, dass die letzten Winter unglaublich mild gewesen waren, kam die jetzige Situation vollkommen unerwartet. Der behäbige Bischof Achatius befand sich unterdes auf einem Rundritt zu den Kirchen im Umkreis. Der Kirchenmann hätte es mit Sicherheit nicht gutgeheißen, dass Kuntz die Bewohner am Tage des Herrn zur Arbeit antrieb. In der eigenen kleinen Vorstellung des Kirchenfürsten von der Welt existierten einzig die Gesetze Gottes und sonst nichts anderes.

Wahrscheinlich war Kuntz gezwungen, sich die Tiraden im Nachhinein anzuhören, überlegte sich der Burgvogt. Es wurde höchste Zeit, dass sich der eigentliche Bischof Benno wieder auf den Weg nach Misena begab. Der König hatte den vorherigen kirchlichen Amtsträger längst begnadigt. Aus dem Grund war es Kuntz schleierhaft, warum sich Benno immer noch nicht zurück auf seinem Bischofsstuhl befand.

In gleicher Weise galt dies allerdings auch für seinen Lehnsherrn, Egbert, der ebenso bereits seit etlichen Monden zurückerwartet wurde. Kuntz von Misena hoffte, dass es den beiden Männern gut erginge. Auf lange Sicht konnte er nur eine unzulängliche Vertretung für die beiden charismatischen Anführer sein. Mehr schlecht als recht versuchte er, die Mark am Laufen zu halten.

Glücklicherweise hatte er die Probleme, die durch den frühen Schneefall entstanden waren, rechtzeitig erkannt. Nunmehr saß er im Sattel seines Pferdes und ließ den Blick über das Feld vor sich schweifen. In langen Reihen arbeiteten die Männer beieinander und schnitten das schon sichtlich durch den Schnee auf den Boden gedrückte Getreide ab. Dahinter waren die Frauen aufgereiht, welche die gemähten Halme aufnahmen und zu dicken Bündeln verschnürten, während sie streng darauf achteten, das Korn nicht den Boden berühren zu lassen. Sie wussten: Sollten die Ähren zu nass werden, bestand die Möglichkeit, dass die Körner zu verfaulen beginnen würden. Damit wäre die komplette Garbe vernichtet.

»Wie kann ich helfen?«, fragte der Burgvogt einen in seiner Nähe arbeitenden Mann.

Verdutzt warf dieser einen Blick zurück. Anscheinend erkannte der Bauer Kuntz von Misena und zeigte sich daher überrascht, dass er als Vogt seine Hilfe anbot. Stammelnd versuchte der Siedler, sich aus der Situation zu befreien. Offenbar hielt er das Angebot des Kuntz von Misena für eine Falle. Daher murmelte er nur eine Entschuldigung und verzog sich auf die gegenüberliegende Seite des Feldes.

Achselzuckend wandte sich der alte Krieger an einen anderen Mann. Dieser benahm sich ähnlich verlegen. Allerdings schaffte es Kuntz, dem Bauern die Information zu entlocken, dass weitere Kutscher benötigt wurden. Das nahm er zum Anlass, in Richtung des nahen Sammelpunktes zu reiten. Er hoffte, dort jemanden zu finden, der nicht ganz so viel Angst vor ihm verspürte. Der Burgvogt verstand nicht, warum die einfache Landbevölkerung derart auf ihn reagierte.

Am Standort fand er eine ganze Schar rastender Männer vor. Viele von ihnen kannte er zumindest vom Sehen, einige waren ihm sogar dem Namen nach bekannt. Tatsächlich befanden sich auch fünf seiner Waffenknechte unter der Gruppe der Feldarbeiter. Dass sich seine Untergebenen so bereitwillig an der Ackerarbeit beteiligten, machte den Burgvogt stolz. Umso mehr verspürte er selbst den Wunsch, etwas Sinnvolles beizusteuern.

»Wie geht es voran, Honn?«, sprach er einen der Waffenknechte an, der sich gerade müde auf seine Sense stützte.

»Es wird, mein Vogt. Dies ist das letzte große Feld. Im Anschluss wäre es zwar noch möglich, dass wir bei den kleineren Äckern aushelfen. Allerdings ergibt das meiner Meinung nach wenig Sinn. Es ist ja nicht so, dass die Bauern vollkommen ohne Hilfe dastehen. Es gibt mehr als genug Tagelöhner, um die Arbeit zu erledigen. Ich glaube, wir wären den Leuten bei den kleinen Feldern nur im Wege.«

Mit einer hochgezogenen Augenbraue bedachte Kuntz den Waffenknecht vor sich. Dieser erkannte augenblicklich, dass er indirekt die Befehle seines Burgvogts infrage gestellt hatte.

»Es war natürlich richtig, dass wir den Bauern in der Umgebung geholfen haben, ihre Ernte einzufahren. Der Wetterumschwung kam viel zu unvorhergesehen, als dass die Siedler in der Lage gewesen wären, alle Äcker rechtzeitig abzuernten. Selbst mit unserer Hilfe haben sie es nur geschafft, einen Teil des Ertrages zu retten. Viele der Ähren sind bereits erfroren oder unbrauchbar«, relativierte Honn seine Aussage.

»Das ist schön zu hören. Es ist wichtig, dass die Männer erkennen, wie sinnvoll unser Beistand für die ortsansässigen Bauern ist. In gleicher Weise profitieren wir auch in der Burg von der Zusammenarbeit. Sollte sich das Wetter weiter so katastrophal entwickeln, kommt ein sehr langer und kalter Winter auf uns zu. Wir alle bilden eine Einheit. Ohne die Siedler aus der Umgebung kann die Trutzburg nicht überleben. Aber auch die Menschen in den Dörfern sind auf unseren Schutz angewiesen. Es ist ein Geben und Nehmen.«

Unruhig trat Honn von einem Fuß auf der anderen, weil er nicht wusste, was er auf die Aussage seines Herrn antworten sollte. Dieser befreite den Waffengefährten bereitwillig aus der unangenehmen Situation, wissend, dass er ihn mit seinen Aussagen überforderte.

»Macht Euch darüber keine Gedanken. Weswegen ich eigentlich hier bin, ist der Umstand, dass ich den Bauern ebenso zur Hand gehen will. Mir wurde auf dem Feld gesagt, dass noch Kutschfahrer benötigt würden. Ich suche einen Verantwortlichen, der mir sagen kann, ob, wo und wie es mir möglich ist, mich als Kutscher einzubringen.«

Darauf wusste Honn eine Antwort. Erleichtert darüber, dass er in der Lage war, seinem Burgvogt doch noch zu helfen, verwies er auf einen Mann am Rande des Rastplatzes. Bevor sich Kuntz an den Bauern wendete, wechselte er noch einige Sätze mit den anderen Untergebenen aus seiner Burg.

Kuntz hatte den Ackersmann, auf den ihn Honn aufmerksam gemacht hatte, ein ganzes Weilchen lang beobachtet. Es schien fast so, als ob er eine Art Anführer der Dorfbewohner wäre. Verwundert zeigte sich Kuntz darüber, dass er diesen für die Gemeinschaft wichtig erscheinenden, sehr markanten Mann nicht kannte. Als der Burgvogt sich ihm näherte, hörte er, wie der Siedler laute Anweisungen an einen Kutscher gab.

»Los, du da drüben, beweg dich flotter! Die Fuhre muss so schnell wie möglich in die Scheunen eingefahren werden. Es nützt nichts, das Getreide zu mähen, wenn es auf dem Wagen verdirbt. Schau dir die Wolken an! Es könnte jederzeit wieder anfangen zu regnen oder zu schneien.«

»Seid gegrüßt, guter Mann«, ging Kuntz von Misena kurzentschlossen auf den Sprecher zu. »Ich nehme an, Ihr wisst, wer ich bin. Darf ich erfahren, mit wem ich das Vergnügen habe, mich zu unterhalten?«

»Ich bin Cunrad, werter Herr«, entgegnete dieser verlegen.

Augenblicklich war nicht mehr viel von dem zuvor gezeigten Befehlston zu hören. Kuntz vermutete, dass der Mann in der Vergangenheit schlechte Erfahrungen mit Adligen gemacht hatte. Das traf aber wahrscheinlich auf jeden zu, der sich aufgemacht hatte, sein Glück in den wilden Grenzmarken zu finden.

»Nur die Ruhe, guter Mann. Ich bin ein einfacher Burgvogt, nicht der Markgraf persönlich. Dies wisst Ihr aber bestimmt schon. Ich habe nicht vor, Euch Ärger zu bereiten. Vielmehr ist es mein Ansinnen, Euch helfen zu wollen. Ich habe bereits meine Untergebenen hierher geschickt, um den Bauern zur Hand zu gehen. Deswegen fand ich, es wäre eine gute Idee, den Männern als Vorbild zu dienen.«

»Sehr wohl, mein Herr. Wie Ihr befehlt, werter Herr«, antwortete der Siedler noch unterwürfiger als zuvor.

Das erneute Buckeln vor ihm machte Kuntz von Misena zunehmend ungehaltener. Auf der einen Seite war er ein steter Verteidiger der Standesunterschiede. Er, als Adliger von niederem Rang, war sich seiner Stellung wohl bewusst. Als solches erwartete er auch von seinen Gesprächspartnern, dies anzuerkennen. Wenn sich jemand dessen ungeachtet allerdings als zu kriecherisch verhielt, brachte das ebenso sein Blut in Wallung.

»Nun ist aber genug mit diesem Kratzfuß-Getue! Ich bin nicht hier, um mich vom einfachen Bauernvolk hochleben zu lassen. Gebt mir eine Kutsche mit einer Ladung Getreide, die ich bis ins nächste Dorf fahren kann«, verlangte Kuntz in seinem gewohnten Befehlston.

Augenblicklich machte sich Cunrad daran, einen anderen Kutscher vom Bock zu vertreiben, um einen Wagen für ihn bereitzustellen. So hatte sich der Burgvogt das jedoch auch nicht vorgestellt.

»Verdammt! Jetzt reicht es mir. Steigt mit auf den Kutschbock auf. Ihr werdet mich ins nächste Dorf begleiten. Auf dem Weg dahin haben wir die Chance, uns ein bisschen zu unterhalten. Vielleicht lernen wir uns besser kennen und Ihr verliert Eure Angst vor mir«, befahl Kuntz von Misena.

Der Siedler hatte keine andere Wahl, als der Aufforderung nachzukommen. Innerhalb weniger Augenblicke nahm er den Platz neben dem Kutscher ein. Der Burgvogt war über das rasche Einknicken des Bauern sichtlich erstaunt. Zumindest den Versuch, Widerworte zu formulieren, hatte er erwartet. Schließlich war dieser Cunrad der Mann, welcher die gemeinsame Mähaktion koordinierte. Schulterzuckend machte es sich der Vogt nach einigen Momenten des Innehaltens auf den Wagen bequem. Mit einem abschätzenden Seitenblick auf den Siedler nahm er die Zügel in die Hand. In diesem Augenblick wurde Kuntz von Misena bewusst, wie töricht er sich tatsächlich benahm. Dessen ungeachtet war es nunmehr zu spät, die Aktion abzubrechen.

»Wieso habt Ihr eine solche Angst vor uns Adligen?«, verlangte Kuntz, von seinem Mitfahrer zu wissen.

Dieser gab allerdings nur wenige unartikulierte Brummlaute von sich, weshalb der Burgvogt noch einmal nachhaken musste.

»Oder ist es so, dass Ihr von uns generell eine schlechte Meinung habt? Vielleicht mögt Ihr aber auch nur mich im Besonderen nicht. Hat Euch ein Edelmann etwas angetan? So sprecht doch endlich! Oder beabsichtigt Ihr, mich zu verärgern?«

Stattdessen einer Antwort trat eine erdrückende Stille ein. Kuntz wusste, dass der Siedler über kurz oder lang gezwungen war, das Wort zu ergreifen. Entsprechend schwieg er. Und so trat es auch nach einer schier endlos dauernden Zeit ein.

»Ius primae noctis, mein Herr. Es war das Recht der ersten Nacht, welches meinen Glauben an Gott und die gottgegebene Herrschaft der Adligen ins Wanken gebracht hat. Versteht Ihr?«

Kuntz war darüber erstaunt, wie höflich und gewählt sich der Mann neben ihm ausdrückte. Langsam begriff er, woher der Wind zu wehen schien. Das Recht der ersten Nacht war schon so alt wie das Reich selber. Für viele Gutsherren und Lehnsherren stellte dieses Gesetz allerdings nur eine Möglichkeit dar, ihre Untertanen stärker zu kontrollieren und im Zweifel zu unterdrücken.

Aus seiner alten Heimat wusste er, dass sein Onkel auf den Besitzungen der Familie das Ius Primae Noctis eher als Spaß betrachtete. Zu Hochzeiten war sein Oheim oder ein Vertreter zum Brautpaar geritten, hatte ihnen den Segen des Gutsherren erteilt und im Anschluss einen Stechgroschen genommen. Durch jene Handlung war die Ehe nicht nur vor Gott, sondern auch vor dem Lehnsherrn rechtsgültig.

Es bestand zwar theoretisch die Eventualität, dass ein Adliger das Recht der ersten Nacht wirklich einfordern könnte, ohne den entsprechenden Geldersatz zu verlangen. Allerdings hatte Kuntz bisher noch nie davon gehört, dass dies ein Gutsherr auch faktisch gefordert hatte. Wenn er das Privileg nichtsdestotrotz tatsächlich erzwingen würde, so wäre er zumindest rein gedanklich im Recht. Er wusste hingegen selbst nicht, wie er darauf reagieren würde. Nunmehr interessierte es ihn brennend, was der Bauer in seiner alten Heimat erlebt hatte.

Im Folgenden ließ er sich eine Geschichte erzählen, die von Schicksalsschlägen kaum zu übertreffen war. Cunrads ehemaliger Gutsherr hatte sich demnach schamlos an den Besitztümern seiner Untergebenen bereichert. Als der Bauer offen die Gier und das Unrecht beim Bischof anprangerte, hatte der Adlige beschlossen, sich an Cunrad zu rächen. Noch während der Hochzeitsnacht stürmte der Landvogt die Gesellschaft mit seinen Männern und stahl die Braut für sein Recht der Entjungferung.

Allerdings befand sich die Frau Cunrads bereits in anderen Umständen. Das brachte den Gutsherrn noch mehr gegen die Familie auf. Rasend vor Wut war es nicht nur der Blaublütige, welcher die Frau des Bauern missbrauchte. Ebenso befahl er seinen Männern, sich an dem unschuldigen Weib zu vergreifen. Die frisch Vermählte zerbrach in jener Nacht. Nicht nur, dass sie ihr Kind verlor, auch innerlich starb die Braut an den Misshandlungen ihrer Seele.

Wenige Tage später fanden die Bewohner des Dorfes sie mit dem Gesicht nach unten in einem Teich treibend. Zu allem Unglück bestand der Dorfgeistliche darauf, sie außerhalb des Gottesackers zu beerdigen. Als Selbstmörderin war es der misshandelten Frau schließlich verboten, ins Himmelreich aufzusteigen. Deswegen durfte sie genauso wenig auf geweihtem Boden beerdigt werden wie Ketzer und Häretiker.

Das alles brachte Cunrad dazu, dem alten Reich den Rücken zu kehren, um in den Weiten der Grenzmark endlich seinen Frieden zu finden. Das Zusammentreffen mit dem Burgvogt riss bei dem Bauern längst verheilt geglaubte Wunden erneut auf. Kuntz verstand sehr wohl, was in dem Kopf des armen Mannes vor sich ging. Wären ihm diese Dinge passiert, würde er wahrscheinlich auch jedem Adligen misstrauen.

»Nur die Ruhe, guter Mann. Ich kann Eure Befürchtungen verstehen. Ich vermag Euch versprechen, dass viele der althergebrachten Gesetze und Regeln aus dem Reich hier nicht gelten. Wir sind eine geringe Anzahl Sachsen, Franken oder Lothringer, die von Unmengen Heiden umgeben sind. Ich bin weniger der Gutsherr, als vielmehr der Verteidiger dieser Landstriche. Die Siedler, welche in die Grenzmarken kommen, haben wesentlich mehr Freiheiten als anderswo im Reich«, versuchte Kuntz von Misena seine Gedanken in Worte zu fassen.

Mit einer Geste des linken Arms umfasste er das Land in der Nachbarschaft symbolhaft.

»Euer Dorf Dobritz wächst und gedeiht. Noch vor wenigen Wintern war es nur eine armselige Ansammlung von heruntergekommenen Hütten. Heute erstrahlt es in einem neuen Glanz. Wir sind auf dem besten Weg, das Land hier in ein kleines Paradies zu verwandeln. Natürlich ist nicht alles perfekt. Die Bedrohung durch die Heiden besteht nach wie vor. Zudem zeugt auch der extrem frühe Wintereinbruch davon, dass immer wieder etwas Unvorhergesehenes passieren kann«, sprach Kuntz weiter.

Bevor er seine Rede abschloss, nahm er den Siedler neben sich noch einmal in Augenschein. Relativ groß, hager und mit einem vom Leben gezeichneten Gesicht entsprach dieser der Idealvorstellung eines gottesfürchtigen Bauern.

»Es ist aber unser Land. Es gehört uns allein«, fuhr Kuntz von Misena nach einer kurzen Pause fort. »Hier existiert kein Landvogt, der Euch vorschreibt, wie Ihr Euer Dasein zu führen habt. Niemand wird Euch in diesen Weiten dazu zwingen, das Recht der ersten Nacht an einen Gutsherrn abzugeben. Wir alle sind hier unseres Glückes Schmied.«

Cunrad gab indes erneut nur unartikulierte Brummlaute von sich. Anscheinend war er sich nicht sicher darüber, was er von den Worten zu halten hatte, welche der Adlige äußerte. Der Ort Dobritz war währenddessen so gut wie erreicht. Die Fahrt auf der Kutsche war dank des Gesprächs erstaunlich schnell verlaufen. Kuntz fühlte eine innere Befriedigung dahingehend, dass er mitgeholfen hatte, das Feld abzuernten.

»Wie lang seid Ihr eigentlich schon in der Mark Misena?«, fragte der Burgvogt seinen Gesprächspartner.

»Ich bin erst seit sechs Monden hier, mein Herr«, entgegnete dieser erneut zurückhaltend.

Kuntz hatte gehofft, endlich zu dem Mann vorgedrungen zu sein. Es war ihm wichtig, ein gutes Verhältnis zu den Bauern in der Umgebung zu besitzen. Vor allem, wenn sich der Siedler als Sprecher der Siedlung herausstellte.

»Erst seit so kurzer Zeit? Trotzdem habt Ihr schon so eine hohe Stellung als Anführer der Dorfbewohner inne? Schließlich habt Ihr doch auf dem Feld die Ernteaktion geleitet. Oder irre ich mich in meiner Beobachtung?«

Kuntz von Misena machte eine Pause, damit sich sein Gegenüber erklären konnte. Der aber blieb stumm. Ungeduldig bohrte der Burgvogt daher weiter nach.

»Seid ihr es nun – oder nicht?«

»Was soll ich sagen? Die Bewohner des Dorfes Dobritz halten mich für einen geborenen Schulzen, mein Herr«, versuchte Cunrad sich zu erklären.

Da er keine Anstalten machte, weitere Ausführungen von sich zu geben, saß Kuntz ebenso schweigend auf dem Kutschbock. Ihr Ziel hatten die beiden Männer bereits vor Augen. Eine Ansammlung von Menschen vor der Hauptscheune deutete darauf hin, dass Kuntz die Kutsche in diese Richtung lenken musste. Innerlich akzeptierte er das Bedürfnis des Bauern, nicht mit ihm sprechen zu wollen. Dennoch hätte er sich gewünscht, dass sich der Mann auf seiner rechten Seite mehr öffnete.

Bevor sie allerdings ihr Ziel erreichten, setzte Cunrad doch noch zu einer Erklärung an. Offensichtlich hatte er nicht vor, die Dinge unausgesprochen zwischen ihnen stehen zu lassen.

»Verzeiht bitte, mein Vogt. Es fällt mir nicht leicht, einem Adligen gegenüber Vertrauen aufzubauen. Ich habe Euch meine Geschichte erzählt. Ich hoffe, Ihr versteht mich ein wenig. Ich bin nur ein einfacher Bauer, der sein Leben zu führen versucht. Eigentlich war es noch nicht einmal meine Absicht, den Posten des Dorfvorstehers anzunehmen. Meine Nachbarn und Freunde haben mich aber alle dazu gedrängt. Was blieb mir also anderes übrig, als ihnen allen den Gefallen zu tun?«

In dem Moment hatten sie den Sammelplatz vor der Scheune erreicht. Der Siedler wartete jedoch gar nicht erst ab, bis der Wagen zum Halten gekommen war. Anscheinend war er so versessen darauf, von dem Burgvogt wegzukommen, dass er das Gespräch von sich aus beendete. Mit einem weiten Satz sprang Cunrad vom Kutschbock herunter und lief zu den Freunden und Bekannten auf dem Dorfplatz hin.

Schulterzuckend akzeptierte Kuntz die Entscheidung des Mannes. Ursprünglich hatte er noch vorgehabt, dem Siedler zu erklären, dass er nicht sein Vogt war, sondern dass er nur die Befehlsgewalt über die Burg und ein paar Wirtschaftsgebäude, eine Mühle und drei kleinere Bauernhöfe am Fuße des Burgberges innehatte. Dobritz als Siedlung unterstand nur bedingt seinem Einfluss. Einzig der jeweilige Markgraf hatte das direkte Recht, über die Bauern zu verfügen.

In einiger Entfernung sah er Cunrad derweil zwischen zwei Bauernhäusern verschwinden. Anscheinend war ihre Begegnung damit beendet. In einer langgezogenen Kurve fuhr der Burgvogt die Kutsche an die Scheune heran. Noch bevor er das Gebäude erreicht hatte, befanden sich bereits mehrere Männer auf der Ladefläche. Innerhalb kürzester Zeit hatten die Arbeiter den Kutschwagen entladen.

Als er sich umdrehte, erspähte er schon ein neues Fuhrwerk, welches überbordend mit Getreide beladen über den Feldweg ruckelte. Freundlich wurde er anschließend von den Siedlern des Dorfes Dobritz verabschiedet, bevor er die Pferde antrieb und sich auf den Rückweg zu den Feldern machte. Auf dem Weg kam er zu der Überzeugung, seinen Männern den Abmarsch zu befehlen. Den Rest würden die Bauern auch ohne sie bewältigen, dessen war Kuntz sich sicher.

Derweil er mit seinem Gefährt auf dem unebenen Weg in Richtung der Äcker dahin schuckelte, glitten seine Gedanken zu dem vom Leben gezeichneten Siedler zurück. Vermutlich war es ratsam, gelegentlich nach dem Mann zu sehen, ermahnte sich Kuntz von Misena selbst. Aus einer derartigen Ablehnung jedweder Herrschaftsstrukturen heraus konnte sich durchaus eine Revolte entwickeln. Es wäre nicht der erste Bauernaufstand, den er erleben würde. So etwas konnte sich immer schnell aus Wut, Unterdrückung und Not entwickeln. Die Heiden als Bedrohung reichten ihm im Moment vollkommen aus. Zusätzlich dazu einen Aufstand der Bauern abzuwehren, dazu wäre er nicht imstande.

Anna

Am darauffolgenden Tag hatten sich die Geschehnisse um den Schiedsspruch hinsichtlich der Fischreusen in der gesamten Siedlung herumgesprochen. Jeder sprach von Katharinas salomonischem Urteil, die Fischfallen aufzuteilen und gemeinsam bewirtschaften zu lassen. Während sie als Frau des Schultheißen und Anna als dessen Schwägerin in der Zeit davor von fast allen ignoriert wurden, gaben sich an dem Morgen die Bewohner des Dorfes am Schwarzen Berg nacheinander die Klinke in die Hand. Es schien, als wäre plötzlich allen zugleich aufgefallen, wer da im Haus des Schultheißen lebte.

Den Anfang machte an diesem eiskalten Herbsttag Frau Agnise. Als enge Freundin der verstorbenen Frau Fronika zeigte sie offen ihre Missbilligung über den Schiedsspruch vom Vortag. Lautstark teilte sie vor dem Haus des Schultheißen ihren Unmut den beiden Schwestern gegenüber mit.

»Ich bezweifele, dass Ihr im Namen Eures Ehemannes sprechen dürft!«, ereiferte sie sich über die derzeitigen Zustände.

Dabei wies sie anklagend mit ihrem Zeigefinger auf Anna.

»Normalerweise vertrat Frau Fronika den seligen Hilbert von Dahlenburg, wenn er unterwegs war, um seinen Geschäften und Verpflichtungen nachzugehen. Ich verstehe nicht, wie Ihr und Eure Schwester auf die Idee kommt, nun das Sagen über die Siedlung zu übernehmen. Ich hoffe, der Herr Schultheiß kehrt bald wieder in unser beschauliches Dorf zurück, um dem Spuk Einhalt zu gebieten. So kann es jedenfalls nicht mehr weitergehen!«

In gleicher Weise echauffierten sich weitere Siedler der kleinen Gemeinde am Rande des Reiches. Nun da die Bewohner merkten, dass Hilbert von Dahlenburg nicht nur für kurze Zeit fort war, legten die meisten ihre unterwürfige Art ab. Anna spürte, dass einzig die harte Hand des Adligen und seiner Büttel die fragile Gemeinschaft zusammengehalten hatte. Durch den Schiedsspruch von Katharina kam vielen Einwohnern zu Bewusstsein, dass eben genau diese rigorose Führung nicht mehr vorhanden war.

Obwohl Anna die Entscheidung ihrer Schwester, die Reusen zu teilen, für sehr salomonisch hielt, empfanden es andere Bewohner gegenteilig. Direkt nach Frau Agnise erschienen mehrere Bauern aus dem Randbereich des Dorfes zu Besuch. So schlossen sich nachfolgend auch Frau Clara und Frau Gerlin der Kritik von Frau Agnise an. Im gleichen Tenor ließen sie verlauten, wie unfair sie es fänden, dass nur einzelnen Familien die Abgaben erlassen würden.

Etliche weitere Einwohner klagten anschließend über die derzeitigen Verhältnisse. Das Wetter, der frühe Wintereinbruch und die miserable Ernte wären demnach daran schuld, dass es so vielen so schlecht erging. Hauptkritikpunkt stellten dabei hauptsächlich die hohen Steuern dar, welche Hilbert von Dahlenburg auf alle Güter erhob. Drei der Besucher fragten Katharina direkt heraus, ob es nicht möglich wäre, an diesem Umstand etwas zu ändern. Nicht nur der Familie von Frau Alheit und Frau Mathilda ging es demzufolge hundsmiserabel.

Weitere Anfragen bekam Anna nicht in vollem Umfang mit. Für den Abend war das Essen mit den Familienvorsteherinnen der größten Sippen geplant. Mit Berbelin an ihrer Seite sah sich Anna einer wahren Herausforderung gegenüber. Allerdings war es ihre eigene Entscheidung gewesen, das Festmahl auf die anderen Frauen auszuweiten. So stürzte sie sich voller Eifer in die Vorbereitungen für den Abend. Sie hoffte gar, mit dem gemeinsamen Essen die Wogen wieder glätten zu können.

Anna entschloss sich dafür, einen großen Herbsteintopf zu kochen. In der Vorratskammer hing noch einiges von dem vor nicht allzu langer Zeit geschlachteten Schwein. Obwohl dieses Fleisch für den kalten und harten Winter reserviert war, entschied sich Anna dazu, es in den Eintopf zu geben. Während sie zusätzlich mit ihrer Gehilfin das Brot buk, das Gemüse schälte und die Kräuter klein wiegte, erschienen und verschwanden die Siedler aus dem Dorf fortwährend. Ihre Schwester kümmerte sich um jeden einzelnen der Bittsucher persönlich. Innerhalb eines Tages ging Katharina in ihrer Aufgabe auf, den Schultheißen nach bestem Wissen und Gewissen zu vertreten.

Als sie zum späten Nachmittag mit ihrem Eintopfgericht so weit zufrieden war, dass er auch Berbelin mundete, trafen bereits die ersten geladenen Gäste ein. Schnell wie ein Wiesel stürmte Anna in den oberen Stock und richtete das große Zimmer für das Essen her. Obwohl es zu dem Zeitpunkt noch relativ kalt in dem Speiseraum war, würden elf Frauen ihn in Windeseile von selbst erwärmen.

Zwischenzeitlich stand Katharina in der Küche. Die Stirn in tiefe Falten gelegt, sah sie nicht mehr so glücklich wie am Morgen aus. Bevor Anna allerdings die Möglichkeit bekam, ihre Schwester auszufragen, trudelten weitere Gäste ein. Nach und nach füllte sich das zuvor so leer erschienene Herrenhaus.

Da sie nach wie vor mit Berbelin allein das Haus bewirtschaftete, war Anna gezwungen, ohne Unterlass zu arbeiten. Hatte sie damals unter Frau Fronika auch so extrem schuften müssen, fragte sie sich. Natürlich hatte die alte Vettel sie stets harte Arbeiten durchführen lassen. Allerdings war es im Moment so, dass sie alle Tätigkeiten selbst und möglichst gleichzeitig ausführte.

Wie von Sinnen rannte sie vom Holzstapel zum Brunnen, danach in die Speisekammer und wieder zurück. Parallel fiel ihr auf, dass sich der eben noch reichlich gefüllte Brennholzstapel zusehends verringerte. Da der richtige Wintereinbruch erst noch bevorstand, hielt sie es für gefährlich, bereits jetzt die Vorräte zu verringern. Dessen ungeachtet hatte sie im Augenblick keine Zeit, sich auch noch darum zu kümmern. Sie machte sich vielmehr einen weiteren Vermerk von Dingen, welche sie noch zu erledigen hatte.

Während Berbelin den Gewürzwein servierte, bereitete Anna die Schalen mit dem Eintopf vor. Zudem richtete sie das frisch gebackene Brot auf einem wuchtigen Holzbrett her. All das bugsierte sie die enge Treppe nach oben, um in das große Zimmer zu gelangen. Innerlich beglückwünschte sie sich dazu, dieses prachtvolle Essen so gut wie allein zubereitet zu haben.

Beim Eintreten in den repräsentativen Raum nahm sie sofort die seltsame Stimmung wahr. Kein Wort wechselten die anwesenden Frauen miteinander, während Anna die Schüsseln mit dem Eintopf verteilte. Nachdem sie die Runde geschafft hatte und alle mit dem Mahl versorgt waren, wünschte sie einen guten Appetit. Mit einem erwartungsvollen Ausdruck im Gesicht wartete Anna daraufhin neben der Zugangstür und beobachtete die Reaktionen auf ihr Essen. Obwohl sie wusste, dass es nur ein einfaches Süppchen war, hoffte sie dennoch, ein paar anerkennende Bemerkungen von den führenden Frauen aus der Siedlung zu erhalten.

Mit einem lauten Krachen landete stattdessen ein Löffel in einer Schüssel. Suppe spritzte infolgedessen in großen Tropfen über den Tisch. Verwirrt richtete Anna ihre Aufmerksamkeit auf die Person, welche sich so unschicklich benahm. Wie es schien, war Frau Agnise mit irgendetwas unzufrieden. Kurz darauf teilte sie auch allen mit, warum das so war.

»Ist das tatsächlich Euer Ernst? Nachdem Frau Fronika wahrscheinlich durch diese beiden unsäglichen Jungen vergiftet wurde, versucht Ihr es nun bei uns?«

Ungläubig blickte Anna in die Runde. Sie hatte ihren Eintopf selbst probiert. Er schmeckte vorzüglich. Warum in Gottes Namen klagte die Frau sie an? Tatsächlich brach ihr kurz der Schweiß aus. Frau Agnise hatte mit ihrer Andeutung nahe an der Wahrheit gelegen. Obwohl sie nichts mehr von dem Gift besaß, trafen sie die Worte der älteren Frau hart. Kurz überlegte Anna, ob die Familienvorsteherin von dem Anschlag wissen konnte. Oder hatte etwa Frau Esslin etwas verraten?

»Ich weiß gar nicht, aus welchem Grund ich überhaupt hergekommen bin. Mir war von Anfang an klar, dass es kaum etwas bringt, zu diesem Essen zu erscheinen«, verkündete die Freundin der verstorbenen Frau Fronika lauthals.

Mit einem lärmenden Krachen fiel der Stuhl um, während sich Frau Agnise energisch erhob. Ihr folgten zwei weitere Frauen. Wie wilde Furien fegten sie an Anna vorbei. Innerhalb weniger Augenblicke waren sie aus dem Haus des Schultheißen verschwunden. Die Schalen mit der Suppe standen dabei immer noch dampfend auf der Tafel. Anna bezweifelte, dass davon überhaupt gekostet wurde.

Nach diesem Ereignis nahm Anna die Situation als noch wesentlich bedrückender wahr. Neben ihrer Schwester saßen nach wie vor Frau Alheit, Frau Mathilda, Frau Elda und Frau Esslin am Tisch. Zudem befanden sich Frau Clara, Frau Juliana und Frau Gerlin auf der gegenüberliegenden Seite der Tafel. Alle Anwesenden zeigten sich in dem Augenblick peinlich berührt.

»Ich würde den Eintopf nicht als ungenießbar bezeichnen. Allerdings haben wir uns für den Abend etwas anderes vorgestellt«, ergriff Frau Clara das Wort und verwies mit einer einfachen Geste auf die Schüssel vor ihrem Platz. »Eine ähnliche Mahlzeit hätte es wahrscheinlich auch bei uns zu Hause gegeben. Versteht uns bitte nicht falsch. Im Haus des Schultheißen hat es jedoch immer etwas Besonderes zu speisen gegeben. Mir ist bewusst, dass nach dem Tod von Frau Fronika keine richtige Köchin mehr vorhanden ist. Solch ein einfaches Mahl aber für diesen Anlass zu servieren, kommt einer Beleidigung gleich. Jede der hier anwesenden Frauen ist in der Lage, etwas Besseres zu kochen«, erklärte Frau Clara.

»Nun, wo es einmal ausgesprochen ist: Ich habe mir auch etwas anderes hiervon versprochen«, setzte Frau Gerlin nach.

Katharina saß mit versteinertem Gesicht am Tisch und äußerte sich nicht weiter zu den Vorwürfen. Mit gläsernem Blick stierte sie geradeaus und ignorierte die Menschen in ihrer Nähe.

Aus dem Grund richtete Frau Mathilda auch das Wort an Anna.

»Eigentlich war der Abend ja nur für Alheit und mich geplant gewesen. Wir beide hatten uns auf dieses Essen gefreut. Ich erachtete es als Ausdruck des Respekts für die Bauernfamilien am Rande des Dorfes, dass einzig wir zuerst eingeladen waren. Allerdings ist es an mir, meinen Vorrednerinnen zum Teil recht zu geben. Weder der äußere Umstand noch das dargebotene Gericht entspricht meinen Erwartungen. Ich weiß nicht, wie Alheit das sieht. Ich bin jedoch von dem Abend mehr als nur enttäuscht.«

»Hier gebe ich der guten Mathilda zum ersten Mal recht«, führte besagte Frau Alheit aus. »Was mich jedoch noch wesentlich mehr stört, ist die Tatsache, dass im Dorf mit zweierlei Maß gemessen wird. Ich wüsste nicht, was die Schweine von der ebenfalls beim Essen anwesenden Frau Juliana mit den Reusen meiner Familie zu tun haben. Dennoch erweckt es den Eindruck, dass die verehrte Frau Schultheiß genau das zu denken scheint. Anders kann ich es mir nicht erklären, dass nun auch Frau Juliane weniger Abgaben entrichten soll. Ich für meinen Teil habe genug gegessen.« Damit schob Frau Alheit ihren Stuhl zurück und war im Begriff sich zu erheben. Vorher blickte sie aber noch Mathilda an.

»Wie sieht es mit dir aus, Mathilda? Wollen wir gehen?«

Innerhalb einiger Herzschläge waren somit auch die beiden Frauen aus dem Herrenhaus verschwunden, derentwegen die Schwestern ursprünglich dieses Essen geplant hatten. Anna verstand immer weniger von den Geschehnissen in dem Raum. Nach ihrer Warte waren die Vorbereitungen des Festmahls perfekt verlaufen. Zudem begriff sie nicht, warum alle ihren Eintopf kritisierten. Er stellte zwar nur ein einfaches Gericht dar, doch waren alle Anwesenden normale Siedler und keine Hochgeborenen.

»Entschuldige mich bitte. Mir geht es nicht gut«, vernahm Anna plötzlich die schwache Stimme ihrer Schwester.

Ohne eine weitere Erklärung verschwand Katharina daraufhin aus der Räumlichkeit. Sie hörte noch, wie ihre ältere Anverwandte die Tür zu ihrem Zimmer zuschlug. Verlegen blickte Anna anschließend in die Runde. Keine der Frauen schenkte ihr jedoch auch nur die Spur eines Lächelns.

Wie auf ein gemeinsames Zeichen hin erhoben sich alle noch verbliebenen Anwesenden und verließen nacheinander die große Stube. Als letzter Gast blieb Frau Esslin einen Moment im Türrahmen stehen. Erst jetzt bedachte die Heilerin Anna mit einem aufmunternden Kopfnicken, legte sogar ihre rechte Hand auf deren Schulter. Danach verschwand die Heilkundige allerdings ohne ein weiteres Wort aus dem Haus.

Immer noch vollkommen konfus stand Anna in dem nunmehr leeren Zimmer. Nach einiger Zeit riss sie sich endlich los. Mit langen Sprüngen die Treppe hinunter setzte sie der Kräuterfrau hinterher. Es war ihr wichtig zu erfahren, was an dem heutigen Abend falsch gelaufen war. Lag es tatsächlich an ihrem Eintopf? Wenn dem so war, würde Anna sich das niemals verzeihen.

Ein Stück vom Haus des Schultheißen entfernt holte sie die Hebamme des Dorfes ein. Nach der erneuten Begrüßung fiel das Thema zuerst auf ihre Mutter. Allerdings hatte Frau Esslin nichts Neues zu erzählen. Annas Mutter ging es nach wie vor äußerst schlecht. Die Heilkundige glaubte jedoch, dass das Kind jeden Tag auf die Welt kommen müsse.

»Was war heute eigentlich wirklich der Grund der Aufregung?«, beabsichtigte Anna schließlich von der Kräuterfrau zu erfahren.

»Deine Schwester hat sich von allen überrumpeln lassen«, begann Frau Esslin nach einigem Zögern zu erzählen. »Der Schiedsspruch im Namen des Schultheißen hat sich zwar als salomonisch gezeigt, allerdings hat er eine entscheidende Schwäche deiner Schwester offenbart. Diese Schwachstelle haben die Frauen maßlos ausgenutzt. Ich weiß nicht mehr, wer das meiste gefordert hat, gleichwohl überboten sich die Frauen darin, Abgabennachlässe von Katharina zu verlangen«, legte Frau Esslin die Geschehnisse kurz dar.

»Das verstehe ich nicht. Meine Schwester war doch zu allen nett?«, staunte Anna.

»Und genau das war aber das Problem«, entgegnete die Heilerin.

Verwirrt blickte Anna die Frau an, welche momentan ihre Mutter am Leben hielt.

»Pass auf, mein Kind!«, führte die Kräuterfrau geduldig weiter aus. »Es ist im Prinzip relativ einfach. Deine Schwester hat den beiden Familien von Frau Alheit und von Frau Mathilda einen üppigen Nachlass auf ihre Abgaben für den Fisch gegeben. Ob das in dem Moment richtig war, vermag ich persönlich nicht zu beurteilen. Allerdings haben dies die anderen Siedlerfamilien mitbekommen. Ihr müsst verstehen, dass es im Augenblick keiner Sippe im Ort sonderlich gut geht. Sieh dich doch bitte selbst um: Der Winter wird ein besonders schwerer werden. Das verspreche ich dir. Kaum eine der ansässigen Familien ist ausreichend darauf vorbereitet. Jeder versucht, so gut es eben geht, sich für die harte Zeit zu wappnen.«

In diesem Moment hatten sie die Hütte der Heilerin erreicht. Der mittlerweile einsetzende Schneeregen sorgte dafür, dass es extrem unbequem war, vor dem Haus zu stehen.

»Bitte geh wieder in das Herrenhaus zurück«, kanzelte die Kräuterfrau Anna plötzlich ab und stand mit verschränkten Armen vor ihr. Offenkundig hatte sie keine weitere Lust, sich mit der ehemaligen Bauerntochter zu unterhalten. »Wenn du willst, kannst du auch kurz nach deiner Mutter sehen. Allerdings geht es ihr nach wie vor unverändert. Ich habe selbst noch jede Menge Dinge zu erledigen. Es tut mir leid, dass ich dir nicht alles ausführlich erzählen kann. Zugegeben ist es auch an mir zu gestehen, dass ich dir immer noch nicht verziehen habe. Du hast einen Menschen kaltblütig vergiftet. Außerdem bin ich deinetwegen zu einer Mittäterin geworden. Durch deine Schuld habe ich meiner Seele eine nicht wieder gutzumachende Sünde aufgeladen. Ich bin mir nicht sicher, ob ich dir dies jemals vergeben kann. Verschwinde jetzt und lass mich allein mit deiner Mutter!«, schickte Frau Esslin sie zurück in den kalten Abend.

Die Abfuhr von der Frau, welche sie mittlerweile als ihre Freundin betrachtete, traf Anna hart. Zudem erinnerte sie sich an die abfälligen Bewertungen über ihren Eintopf. Gestern hatte für sie alles so rosig ausgesehen. Nach der ganzen üblen Zeit voll von Schlägen, Demütigungen und Erniedrigungen hatte sie gehofft, dass es nun endlich besser werden würde.

In dem Moment schoss ein Schatten zwischen zwei Häusern hindurch. Verstört blickte Anna der Person hinterher, die zu dieser späten Stunde durch die Siedlung schlich. Erst nach und nach wurde ihr bewusst, welchen Inhalt das eben geführte Gespräch hatte. Kalt lief es ihr den Rücken hinunter bei dem Gedanken daran, dass es nunmehr einen Mitwisser mehr von ihrer Tat gab.

Abermals zeigte sich das Schicksal als eine launige Begleiterin. Als Anna das Herrenhaus erreichte, zögerte sie mit dem Eintreten. Sie verspürte Angst vor dem, was im Inneren auf sie wartete. Womöglich lag Katharina erneut lethargisch, frustriert und niedergeschlagen in ihrem Zimmer. Wahrscheinlich fand sie das Gebäude aber auch nur leer, kalt und verlassen vor. Egal welche der beiden Optionen zutraf: Sie hasste das Haus, diese Siedlung und die gesamte Situation, wegen ihrer Familienmitglieder hier gefangen zu sein. Am liebsten hätte sie sich gewünscht, dass der Teufel sich dieses verdammte Dorf holen käme.

Neben dem Eingang rutschte sie stattdessen mit dem Rücken an der Außenwand hinunter. Obwohl der Frost langsam in ihre Knochen kroch, genoss sie die Einsamkeit. Durch den nasskalten Sprühregen schon leicht durchnässt, begann sie zu zittern. Gleichzeitig suchte sich eine einzelne Träne ihren Weg die Wange hinab.

Es blieb jedoch nicht lange bei nur einer. Innerhalb weniger Herzschläge ergoss sich ein wahres Tränenmeer aus ihren Augen. Laut schluchzend verfluchte Anna die Welt, das Dorf und auch Gott. Sie hasste ihre Existenz und den gesamten Kummer, der sich ihr Leben nannte.

»Mutter Apollonia, es ist schön, Euch wieder einmal auf der Festung begrüßen zu dürfen. Darf ich erfahren, was Euch diesmal zu mir führt?«

Zwischen dem Burgvogt und der Nonne waren diese Treffen mittlerweile zu einem Ritual geworden. In den letzten Monden hatten sie sich immer besser verstanden. Noch bei ihrem Kennenlernen hatte Kuntz von Misena eine kleine Abneigung gegen die resolute Frau verspürt. Schließlich hatte die Mutter Oberin anfänglich stets das Unmögliche von ihm gefordert. Seitdem sie sich jedoch verständigt hatten, gestaltete sich das Verhältnis merklich angenehmer. Heute betrachtete er die Geistliche gar als eine Art Freundin und Vertraute.

Erstaunlicherweise schenkte sie ihm sogar ein Lächeln. Früher blitzte nur äußerst selten eine freudige Mimik auf dem Antlitz der Nonne auf. In letzter Zeit häuften sich allerdings die Momente, in welchen der Schalk im Gesicht der Ordensfrau zu sehen war. Auch sie schien Vertrauen zu ihm aufgebaut zu haben. Unvermeidlich stahl sich ebenso ein Schmunzeln auf seine Lippen.

Leise prasselte indes das Feuer im Kamin. Während die Ordensschwester sich ihre weiteren Worte zurechtlegte, ließ Kuntz von Misena seinen Blick in die Flammen gleiten. Kalt war es in den vorherigen Nächten geworden. Selbst hier vor dem Feuer fröstelte es ihm leicht. Vor zwölf Monden noch hatte der Herbst ein gänzlich anderes Kleid getragen. Nicht so frostig und abweisend wie derzeit, sondern fast sommerlich hatte der Burgvogt diese Jahreszeit einstig ganz anders gelebt.

Seinerzeit waren alle weiterhin in ihren Sommersachen auf der Burgmauer gewandelt. Viele seiner Männer hatten es zudem vorgezogen, unter freiem Himmel zu schlafen. Der Sommer war zu jener Zeit derartig heiß gewesen, dass die Mauern der Festung noch lange die

Wärme speicherten. Es hatte sich damals wie ein zweiter Sommer angefühlt.

Nunmehr war er eher geneigt, den Herbst wie einen zweiten Winter zu bezeichnen. Das Holz knisterte mit wohltuenden Geräuschen im Kamin. In Gedanken machte er sich eine Notiz, dass seine Diener darauf achten sollten, mehr Brennmaterialien einzulegen. Was nützte es ihm, ein Feuer zu haben, wenn es ihn doch nicht wärmte?

»Burgvogt? Kuntz, seid Ihr anwesend?«, riss ihn plötzlich eine Stimme aus seinen Überlegungen.

Tatsächlich hatte er für kurze Zeit die Mutter Oberin vergessen, die in seiner Amtsstube zugegen war. Er hoffte, dass diese ihm diese Unaufmerksamkeit nicht übel nahm.

»Oh! Entschuldigt meine geistige Abwesenheit. Wo waren wir gerade stehengeblieben?«

»Wir waren noch nirgendwo stehengeblieben«, antwortete die Ordensfrau schnippisch.

»Natürlich! Es tut mir leid, dass ich mit meinen Gedanken woanders war. Also, wie kann ich Euch diesmal helfen?«

Zum Glück überging Mutter Apollonia seine unfreundliche Art. Mit einer wegwerfenden Handbewegung wischte sie den Vorfall beiseite. Allerdings verfinsterte sich in dem Moment das Gesicht der Nonne. Wie es schien, war die Frau mit einem ernsten Anliegen auf die Burg Misena gekommen.

»Es sind einmal mehr die Wenden, welche mir zunehmend Besorgnis bereiten. Was soll ich sagen: Obwohl ich auf den Schutz unseres Heilands vertraue, ist es nie schlecht, auch im Irdischen für ein wenig Rückhalt zu sorgen. Wenn Ihr versteht, was ich meine.«

Zustimmend nickte Kuntz. Es erfreute ihn, dass die ältere Geistliche zu dieser Erkenntnis gekommen war. Er selbst hatte diese Erkenntnis schon vor einigen Monden den Schwestern ans Herz gelegt. Woher die plötzliche Erleuchtung stammte, erfuhr er von der Frau mit den nächsten Worten.

»Diesmal haben es die Milzener übertrieben. Sie sind direkt in unser provisorisches Kloster eingedrungen. Bis vor kurzem hatten sie sich immer damit begnügt, nur vor den äußeren Umzäunungen darauf zu warten, dass wir herauskommen. Dieses Mal sind sie allerdings mit geballter Kraft über uns gekommen und haben uns gar überfallen.«

»Sie haben was?«

Interessiert hörte der Burgvogt zu. Dies deckte sich mit den Geschichten, welche er von weiteren Menschen gehört hatte. Die Heiden schienen demnach zunehmend Oberwasser zu bekommen. Mehr und mehr krochen sie aus ihren Löchern, um sich gegen die deutschen Siedler zu erheben. Dabei bewiesen sie eine Präsenz, dass dem Adligen Übles schwante.

»Bitte berichtet mir mehr und detailliert von den Vorkommnissen!«, forderte er die Betschwester auf.

»Es ging erneut um eines ihrer Mädchen. Ihr müsst verstehen, dass wir unsere Pforten für jedes Wesen öffnen, welches Hilfe benötigt. Noch gar nicht so lange her war es an uns, einem verängstigten, unterernährten und armen jungen Ding unter die Arme zu greifen. Nachdem wir sie aufgepäppelt, gepflegt und versorgt hatten, gestand die Wendin uns, dass sie an einen anderen Clan verheiratet werden sollte. Aus Angst vor der neuen Familie war sie davongerannt und landete in unseren Armen. Wohlwollend nahmen wir sie in unserer Schwesternschaft auf.« Oberin Apollonia baute eine kurze Pause in ihrem Bericht ein, um den nachfolgenden Worten mehr Gewicht zu verleihen. »Schon nach wenigen Tagen erklärte sie sich dazu bereit, sich taufen zu lassen. Weiterhin war es auch ihr Wunsch gewesen, dem Orden als Novizin beizutreten. Dementsprechend haben wir das Mädchen in unserer Mitte willkommen geheißen. Das entspricht ja letztlich auch unserer vordergründigen Aufgabe in dieser gottverlassenen Gegend.«

Bereits zu dem Zeitpunkt schwante Kuntz, worauf die Geschichte hinauslaufen würde. Dennoch hütete er sich davor, der Nonne ins Wort zu fallen. Wahrscheinlich war sie ebenso bei ihm, um sich ihren Frust von der Seele zu reden, wie auch, um ihn um Hilfe zu bitten. In ihrem Kloster war sie streng genommen gleichermaßen eine Art Vögtin. Dort hatte sie jedoch weniger die Chance, mit einer gleichrangigen Person verschiedenste Probleme zu erörtern.

»Die Geschehnisse verliefen zuerst auch ohne Komplikationen ab. Das Mädchen integrierte sich in unsere kleine Gemeinschaft. Obwohl sie anfangs kaum etwas von unserer Sprache verstand, lernte sie ausgesprochen schnell das deutsche Wort. Alle Nonnen freuten sich, endlich über den leibhaftigen Beweis zu verfügen, dass unsere Aufgabe nicht umsonst ist.«

Kurz hielt die Benediktinerin inne, um sich zu sammeln. Nach einigen Herzschlägen des Schweigens fuhr sie mit ihrer Geschichte fort.

»Allerdings kam es so, wie es sich seitdem immer entwickelte, schließlich war das Mädchen nicht die erste Heidin in unseren Mauern. Jedoch war sie die erste Wendin, welche sich entschlossen hatte, unserem Orden beizutreten. Bei den Sorbinnen, die zuvor an unser Tor geklopft hatten, waren die Verwandten stets nach einiger Zeit erschienen, um ihren Nachwuchs wieder abzuholen. Anscheinend sahen die Wenden in dem Kloster so eine Art Einrichtung, in dem ihre Kinder zur Besinnung kommen würden.«

Unruhig rutschte Schwester Apollonia auf ihrem Stuhl umher.

»Die Situation unterschied sich vorerst nicht von den vorherigen Ereignissen. Allerdings hatten die Wilden diesmal vor, eine Novizin zu entführen. Versteht Ihr? Es macht für uns einen gewaltigen Unterschied, ob sie eine der Ihren von uns verlangen oder ob es eine der Unseren ist, die sie fordern. Das Mädchen war jedoch bereits eine unserer Schwestern. Sie hat sich Jesu Christi angeboten und er hat sie freudig an seiner Seite willkommen geheißen.«

»War sie nicht nur eine Novizin?«, warf Kuntz ein. »Ich dachte, die Jüngsten hätten immer noch die Handhabe, bei Bedarf aus dem Orden auszuscheiden? Haben die Benediktinerinnen nicht diese Übergangsjahre in ihren Ordensregeln?«

»Ja, so ist es. Ihr habt natürlich recht. In den alten Reichsteilen ist es auch gang und gäbe, dass Mädchen den Orden verlassen dürfen, wenn ihnen das Leben einer Schwester nicht zusagt. Erst mit dem Gelübde tritt die Frau vollständig der Kongregation bei. Aber …« Seufzend unterbrach sich die Oberschwester selbst. »Hier draußen am Rande des Reiches ist alles ein wenig anders. Die Zahl unserer Nonnen nimmt eher ab, als dass sie zunimmt. Wie sollen wir den Willen Jesu Christi erfüllen, wenn uns dafür die nötigen Schwestern fehlen? Versteht Ihr? Ich konnte es nicht dulden, die erste richtige Novizin seit vielen Wintern wieder herzugeben. Zudem weigerte sich das arme Mädchen auch vehement, zu seinen Verwandten zurückzukehren. Es war meine heilige Pflicht, das verängstigte Wesen zu beschützen.«

Den letzten Satz unterstrich die Mutter Oberin, indem sie mit ihrer Hand auf den Tisch schlug. Verlegen faltete sie zugleich ihre Hände im Schoß zusammen. Im Wissen, dass sich ein derartiger Wutausbruch nicht für eine Ordensschwester ziemte, senkte sie ihren Blick. Nach einigen Atemzügen des leisen Gebets fuhr Apollonia mit ihrem Bericht fort.

»Ich habe mich mit den anderen Angehörigen meines Ordens vor unsere neue Novizin gestellt. Wir haben dadurch verhindert, dass ihre Verwandten in der Lage waren, sie mitzunehmen. Allerdings hat es nur für dieses eine Mal gereicht. Wenige Tage später tauchten die Wenden erneut vor den Toren unseres provisorischen Klosters auf. Diesmal waren sie jedoch nicht darauf aus, mit uns reden zu wollen. Sie nahmen sich einfach alles, von dem sie dachten, es würde ihnen gehören.«

»Sie haben was?«, platzte es erneut aus dem Mund des Burgvogts heraus.

»Nein, nicht das, was Ihr jetzt denkt! Ich bezweifele, dass die Wilden sich in der Art gegen ein Haus Gottes gewendet hätten. Egal was ich von den Heiden aus den Wäldern auch halten mag, sie würden sich niemals an uns vergreifen. Nein! Stattdessen haben sie uns beiseitegeschoben. Sie haben uns behandelt wie Luft. Wir hatten natürlich keine Chance gegen diese großen und derben Männer. Egal wie sehr wir auch dagegen protestiert haben: Es hat die Wenden keinen Deut interessiert, was wir zu sagen hatten.«

»Also haben sie das junge Ding einfach entführt«, stellte Kuntz von Misena fest.

»Jawohl, genau das haben sie gemacht. Es war eine hinterhältige Entführung. Sie haben sich vor Gott versündigt, indem sie eines seiner Schäfchen geraubt haben. Dies war aber noch nicht genug der Gräueltaten. Als sie das Kloster mit der Kleinen verlassen hatten, rissen sie dem armen Mädchen das Novizinnenhabit vom Leib. Anschließend peitschten sie dem armen Ding vor unser aller Augen den Rücken blutig. Im Anschluss schleiften die Wenden sie an ein Pferd gebunden nackt hinter sich her.«

Mit leiser und gequälter Stimme sprach die Nonne von diesen grauenhaften Ereignissen. Den Blick voller Tränen, richtete Mutter Apollonia erneut das Wort an Kuntz von Misena.

»Das Mädchen hatte mich persönlich um Hilfe angefleht. Versteht Ihr? Mich persönlich … und ich …«, endete die Nonne mit einer gebrochenen Stimme.

Eine ganze Weile herrschte daraufhin Schweigen in dem Amtszimmer des Burgvogts. Kuntz wusste nicht genau, welche Worte die Mutter Oberin von ihm erwartete zu hören. Er überlegte, ob er die ältere Frau trösten sollte. Allerdings war es ihm unmöglich sich vorzustellen, die Ordensschwester in den Arm zu nehmen. Auf der anderen Seite war die entführte Wendin nur eine Novizin gewesen. Nahm man es ganz genau, gehörte sie noch nicht einmal richtig zu den Benediktinerinnen.

»Die Eltern des Mädchens hatten wahrscheinlich ein genauso großes Recht darauf, über das Schicksal ihrer Tochter zu bestimmen, wie Ihr auch«, sagte er, damit überhaupt irgendetwas die drückende Stille unterbrach.

Wie eine Furie fuhr die Äbtissin von ihrem Stuhl hoch. Augenblicklich war nichts mehr von der zuvor gezeigten Niedergeschlagenheit zu sehen. Mit bösen Augen funkelte sie den Burgvogt an.

»Ihr versteht es einfach nicht! Dabei dachte ich, Ihr wärt ein vernünftiger Mann. Es geht mir doch gar nicht so sehr um das junge Ding. Hier dreht es sich eher um das Selbstverständnis unseres Klosters. Was nützt es, in dieser Einöde die Worte des Herrn zu predigen und den Lehren des heiligen Benedikt zu folgen, wenn jedes bisschen Fortschritt sofort zunichtegemacht wird!«

Mit ausgestrecktem Zeigefinger wies sie auf den hinter seinem Arbeitstisch sitzenden Burgvogt. Der Blick in ihren Augen hatte sich in keiner Weise gemildert. Kuntz glaubte gar, winzige Funken um die Pupillen der Oberin zu sehen.

»Ihr und Euer Markgraf steht den Wenden in kaum einer Art nach! Ihr habt uns ebenso im Stich gelassen. Wie oft habt Ihr mir versprochen, Euch darum zu kümmern, dass der Ausbau des Klosters schneller geschieht? Wie oft habt Ihr mich mit Ausreden abgespeist und die Arbeiten auf das nächste Frühjahr verwiesen? Wie oft habt Ihr den Heiden erlaubt, sich auf dem Gebiet des Reichs zu bewegen, als wäre es ihr eigenes?«, schleuderte sie ihm jede Menge Anschuldigungen an den Kopf.

Allerdings ließ die Oberin dem Burgvogt keine Chance, sich zu verteidigen. Mit einem Ruck warf Mutter Apollonia den Stuhl um, auf dem sie soeben noch gesessen hatte. Laut krachend landet das Möbel auf dem harten Steinboden. Ihr Habit kurz richtend, stürmte sie aus dem Amtszimmer des Burgvogtes hinaus. Ein Hauch von Strenge und Wut wehte hinter der resoluten Frau her.

Im Nachgang war es Kuntz nicht ganz klar, was die Benediktinerin von ihm beabsichtigt hatte, heute und hier zu erhalten. Die Prälatin des Klosters wusste doch ganz genau, in welch misslicher Lage sich die Burg und seine Männer befanden. Hatte die Frau etwa gehofft, dass er mit diesen wenigen Mitteln ausritt, um die entführte Wendin zurückzuholen? So närrisch konnte sie wohl kaum sein, beantwortete er sich selbst diese Frage. Kuntz erhob sich kopfschüttelnd, um seine Amtsstube zu verlassen.

Während er seinen Nasenrücken massierte, verscheuchte er die Gedanken an die Unterredung. Im Augenblick verfügte er weder über die Krieger noch über die Zeit, um sich mit derartigen Dingen zu beschäftigen. Vielmehr musste er jetzt dringend die Burg für den Winter bereit machen. Obwohl die Keller mit Feuerholz bis zum Bersten gefüllt waren, hatte er erneut einige der Bediensteten losgeschickt, um weiteres Brennmaterial heranzuschaffen.

Zum einen war er sich sicher, dass ihnen der schlimmste Winter aller Zeiten bevorstand. Zum anderen spürte er in seinen alten Knochen, dass sich etwas in den Wäldern um sie herum zusammenbraute. Er wusste, dass die Heiden eine Schweinerei sondergleichen planten. Lieber ließ er das Holz hinter den Mauern verrotten, als dass er irgendwann nicht mehr in der Lage wäre, ein Feuer zu entzünden.

In gleicher Weise versuchte er, aus der Umgebung weitere Nahrungsmittel heranzuschaffen. Einige der Bauern sahen sogar ein, dass ihre Reserven hinter dem hohen Mauerwerk der Trutzburg wesentlich besser aufgehoben waren als in den windschiefen Scheunen ihrer kleinen Gehöfte. So füllten sich die Kellergewölbe der Festung in einem für ihn durchaus befriedigendem Tempo.

Kuntz verließ sein Amtszimmer und erreichte kurze Zeit später den äußeren Vorhof der Burganlage. Zur gleichen Zeit traf ein weiterer Wagen aus einem der Dörfer aus der Nachbarschaft ein. Wahrscheinlich war er erneut mit Feldfrüchten beladen, mutmaßte der Burgvogt. In einigen Klaftern Entfernung blieb die Kutsche neben der

Torwache stehen. Während der Kutschenfahrer etwas zur Wache rief, erschien der kommandierende Sergeant im Eingang des Wachhauses.

Neugierig näherte sich Kuntz der kleinen Gruppe von Männern, hielt sich allerdings im Schatten am Rande der Burgmauern außerhalb ihrer Wahrnehmung auf. In der Hoffnung, dass ihn niemand bemerkte, spitzte er die Ohren, um Klatsch und Tratsch aufzuschnappen, von dem er sonst nie etwas zu hören bekam. In dem Bewaffneten erkannte er Honn, dessen Worte er auch zuerst vernahm.

»Wie meint Ihr das? Ich habe davon noch gar nichts gehört. Wieso sollten die ausgerechnet im Winter so etwas machen?«

»Wann sollen die Heiden denn sonst etwas Derartiges versuchen? Im Sommer etwa, wenn sie selber auf den Feldern stehen, du Holzkopf?«, maßregelte ihn der kommandierende Sergeant Klass.

Honn sagte daraufhin nichts mehr. Vielmehr blickte er beleidigt die Kutsche des Bauern an. Dieser versuchte zugleich, die Stimmung aufzulockern, indem er weitere Neuigkeiten aus der Umgebung erzählte.

»Es soll aber auch bei den Wenden untereinander der Teufel los sein. Ich bin mir nicht sicher, was ich alles davon halten soll. Egal mit wem ich rede, die Geschichte ist immer eine andere. Auf der einen Seite höre ich von einem großen Heer, das angeblich auf Torgausis zumarschiert. Auf der anderen Seite hat mir ein fahrender Händler berichtet, dass sich die Wilden in ihren einsamen Bergdörfern gegenseitig abschlachten. Anscheinend soll es dort oben sogar vollkommen entvölkerte Geisterdörfer geben. Es erweckt den Eindruck, als dass um uns herum der Wahnsinn ausbräche«, unkte der Bauer düstere Vorahnungen herbei.

Auf diese Aussage fiel dem wachhabenden Klass nicht viel zu erwidern ein. Das nutzte Honn aus, um seinerseits etwas zu dem Thema beizusteuern.

»Jaja, so etwas habe ich auch gehört. Die Wilden sollen sich angeblich gegenseitig meucheln. Eine alte Vettel unten am Burgberg hat sogar behauptet, die Wenden würden einander verspeisen und vorgeblich die Herzen ihrer Feinde aufessen. Mir soll es jedoch recht sein, wenn sich das Lumpenpack einen nach den anderen gegenseitig niedermacht. Solange sie uns hier oben auf dem Berg in Ruhe lassen, können die Heiden in den Wäldern treiben, was immer ihnen beliebt. Was auf der gegenüberliegenden Seite des Flusses ist, interessiert mich herzlich wenig«, gab die Torwache lautstark ihre Meinung zum Besten.

Erneut trat einige Herzschläge lang eine gespannte Stille zwischen den drei Männern ein.

»Ach, halt doch deinen Mund!«, entfuhr es plötzlich dem Sergeanten. Erbost richtete Klass nunmehr seine volle Aufmerksamkeit auf den Untergebenen. Bevor dieser die Chance erhielt, etwas zu erwidern, war es an ihm, sich eine Fülle von Befehlen anzuhören.

»Statt hier solche Schauermärchen zu verbreiten, wäre es ganz ratsam, endlich die Wachrunde an der Festungsmauer in Angriff zu nehmen. Bei der Kälte da draußen hoffe ich, dass du dich ein wenig abkühlst. Es ist mir eigentlich egal, was du denkst oder zu hören bekommst. Allerdings solltest du während deiner Wache und vor allem unter meinem Befehl aufhören, derartige Flunkereien in Umlauf zu bringen«, fuhr der wachhabende Sergeant den Untergebenen an.

Augenscheinlich war die Situation dem Kutschenfahrer äußerst unangenehm. Ohne ein nachfolgendes Wort schickte er seine Pferde an, den Wagen weiter zu ziehen. Dadurch löste sich die seltsame Begebenheit innerhalb weniger Augenblicke auf. Alle drei Männer verschwanden in unterschiedliche Richtungen.

Nachdenklich blieb der Burgvogt im Schatten der Burgmauer stehen. Einiges von dem, worüber sich die Männer unterhalten hatten, war ihm zuvor schon zu Ohren gekommen. Von anderen Begebenheiten wiederum hörte er zum ersten Mal. Allerdings tat das nichts zur

Sache. Außerhalb der Burg Misena war offenkundig die Hölle los. Wer gegen wen welche Streitigkeiten austrug, war Kuntz reichlich egal.

Er hoffte nur, dass diese Auseinandersetzungen da blieben, wo sie im Moment gerade waren. Solange es nicht sein Leben und das seiner Untergebenen als auch Schutzbefohlenen bedrohte, konnten sich Gott und die Welt gegenseitig ihre Köpfe einschlagen. Er wusste jedoch nicht, was sich weitab in den dichten Wäldern abspielte. Es war für ihn jedoch genauso gut denkbar, dass der Konflikt bereits wenige Meilen vom Burgberg entfernt darauf wartete, über sie hereinzubrechen.

In dem Moment verspürte er ein Frösteln auf der Haut, das nur zum Teil an dem eiskalten Wetter lag. Eher war es die Summe aller Probleme, die zugleich auf diesen Außenposten des Reiches hereinbrach, die Kuntz eine Gänsehaut bescherte. Zum hundertsten Mal wünschte er sich seinen Lehnsherrn herbei. Einzig er oder der König wären in der Lage, die richtigen Befehle zu erteilen, um die komplizierten Sachen zu regeln.

Mit schnellen Schritten suchte er sich den Weg zurück zu seinem Amtszimmer. Im Schein des Kamins wollte er die düsteren Gedanken verscheuchen. Kuntz war sich sicher, dass die Probleme von ganz allein zu ihm kämen. Es war für ihn demnach müßig, sich jetzt schon damit zu befassen. Früh genug würde der Ärger an die Burgtore klopfen. Bis dahin galt es, sich so gut vorzubereiten, dass die Burg, die Siedler im Umkreis und er eine Chance zum Überleben hätten.

In den folgenden zwei Tagen nach dem unrühmlich geendeten Gastmahl änderte sich nichts an der Situation der beiden Schwestern. Anna erfuhr indessen, dass Katharina ohne nennenswerte Gegenwehr dem Drängen der Dorfbewohner nachgegeben hatte. In keiner Weise konnte sie nachvollziehen, warum ihre Schwester diese Entscheidungen getroffen hatte.

Tatsächlich erwiesen sich die Begründungen für die geforderten Verringerungen der Abgaben als legitim. Allerdings war die Menge in ihrer Summe beträchtlich groß. Momentan schwelte es deswegen in dem Dorf am Schwarzen Berg wie noch nie zuvor. Die Bewohner waren sich zwar immer noch darüber bewusst, dass der Schultheiß jederzeit zurückkehren könnte, auch wenn er seit nunmehr einem dreiviertel Mond spurlos verschwunden war. Je länger Hilbert von Dahlenburg und seine Büttel der Siedlung fernblieben, desto mehr gewannen die Aufrührer die Oberhand innerhalb der Bevölkerung. Mittlerweile munkelte man hier und dort, der Adlige würde nie wieder zurückkehren.

Am darauffolgenden Morgen schließlich blieben die regelmäßigen Abgaben, die sonst immer auf der Türschwelle zur Küche abgelegt wurden, gar gänzlich aus. Anna musste sich eingestehen, dass sie überhaupt nicht wusste, woher diese Abgaben eigentlich stammten. Eier und Milch lagen sonst wie selbstverständlich fast jeden dritten Morgen vor ihrer Küchentür. Sie hatte sich schlichtweg daran gewöhnt, jederzeit über frische Nahrungsmittel zu verfügen.

Anna ging davon aus, dass die verstorbene Frau Fronika ihr ganz eigenes System hinsichtlich der Steuern und Abgaben entwickelt hatte, fand jedoch keine Aufzeichnungen, in welchen die Namen oder die Höhe der Tribute geregelt waren. Sie hatte sich einzig immer nur darüber gefreut, das Essen auf der Schwelle vorzufinden, ohne jemals nachgefragt zu haben, woher die Dinge stammten.

Mittlerweile war nahezu das gesamte Dorf im Haus des Schultheißen gewesen, um ihre jeweiligen Leiden, Probleme und Bekümmernisse kundzutun. Selbst einige der Bewohner ihrer vorherigen Siedlung hatten sich inzwischen bei Katharina gemeldet. Viele von ihren ehemaligen Nachbarn waren jetzt Küchenhilfen, Tagelöhner oder Hirten für die Viehherden der Bauern. Schon allein deswegen scheuten sie sich nicht davor, etwas von Annas Schwester zu erbetteln.

Andere Bewohnerinnen ihres alten Dorfes hatten sich nunmehr mit den verwitweten und unverheirateten Männern der neuen Siedlung verlobt. Da diese Frauen noch nicht in den Kreis der führenden Familienvorsteherinnen aufgestiegen waren, erschienen sie zuletzt, um ihr vermeintliches Leid zu klagen. Allerdings machten sie die Freundschaft zu Katharina und ihr geltend, um umso mehr zu fordern. Zudem betonten sie mehrfach, dass grundsätzlich die Familie der beiden Schwestern an der ganzen Misere die Schuld trüge.

So kam es, dass sich die Geschichte nach und nach aufschaukelte. Irgendwann erkannte Anna, dass einzig die Büttel und die Helfer des Schultheißen die Ordnung aufrechterhalten hatten. In ihrer alten Siedlung war es zuvor ein einvernehmliches Leben zwischen Gleichgestellten gewesen. Hier am Schwarzen Berg hatten die Bewohner den Schultheißen und seine Männer versorgt, unterhalten und entlohnt. Es hatte ein System von Unterdrückung, Ausbeutung und vermeintlichem Schutz existiert.

Nach dem Wegfall der Präsenz des Hilbert von Dahlenburgs und seiner Gehilfen entstand eine Art machtleerer Raum. Nach und nach erkannten die Einwohner, dass die Angst und Furcht vor dem Widerling Hilbert sich einzig auf seine paar Büttel beschränkt hatte. Schließlich war es Anna zu viel. Obwohl sie letztendlich nur eine einfache Küchenmagd war, fasste sie den Entschluss, ihre Schwester zur Rede zu stellen.

»Katharina! Was ist nur los? Ich verstehe das nicht. Du bist nun die Frau des Schultheißen. Eigentlich müssten dir alle Menschen im Dorf zuhören und dann das ausführen, was du ihnen sagst. Wieso habe ich aber das Gefühl, dass alles auseinanderbricht? Nichts läge mir ferner, als mich in die Geschäfte eines Dorfschulzen einzumischen. Siehst du aber nicht auch, dass dir die Ansiedlung entgleitet? Es ist fast so, als ob dir jeder auf der Nase herumtanzt!«

»Da hast du recht, liebe Schwester: Du solltest dich nicht einmischen!«, entgegnete Katharina schnippisch und verschränkte die Arme vor der Brust. »Was weiß ich denn davon, was ein Gemeindevorsteher macht und wie er arbeitet? Dieses verdammte Scheusal hat mich gezwungen, seine Frau zu werden. Danach hat er unaussprechliche Dinge von mir verlangt und diese auch gegen meinen Willen mit mir gemacht. Und am Ende verschwindet er aus dem Dorf. Dieser Bastard lässt mich mit den ganzen Problemen allein!« Katharina lief, während sie sich in Rage redete, im Zimmer auf und ab. »Jeder, der mich besuchen kommt, hat ein Anliegen. Etliches von dem, was ich zu hören bekomme, hat tatsächlich Hand und Fuß. Auch ich sehe, dass die Ernte in diesem frühen Herbst sehr schlecht ausgefallen ist. Der Winter kam viel zu zeitig über unser Land. Weder haben die Bienen genug Honig geliefert, noch war es den Frauen möglich, ausreichend Beeren, Kräuter und Wurzeln zu sammeln. Außerdem haben die Holzfäller auch zu wenig Feuerholz aus dem Wald herangeschafft«, zählte die ältere Schwester die Probleme auf.

»Was hat das alles mit …«, versuchte sich Anna in einer Gegenfrage.

Allerdings schnitt ihr Katharina das Wort sofort ab. »Ich habe nur das getan, was ich für das Beste für die Siedlergemeinschaft hielt. Es sind aber alle Bewohner in dem Dorf genauso niederträchtige Wesen wie Hilbert von Dahlenburg. Das habe ich nur leider zu spät erkannt. Jeder probiert, das meiste für sich herauszuschlagen. Niemand nimmt Rücksicht auf die anderen. Alle wollen sie immer nur haben, haben und nichts als haben. Keiner ist aber dazu bereit, auch nur das Kleinste zu geben.«

Mit offenem Mund blickte Anna ihre ältere Schwester an. Diesen Ton hatte sie noch nie zuvor von ihr gehört. Es fiel ihr schwer zu glauben, dass Katharina in der Lage war, derartige Dinge anzunehmen. Bis zu dem Moment hatte sie stets darauf geachtet, sich mit jedem Siedler zu verstehen. Schon immer war es Katharina wichtig gewesen, den Ausgleich mit ihren Mitmenschen zu finden. Natürlich war Anna klar, was Katharina in letzter Zeit durchlebt hatte. Trotzdem empfand sie die Veränderung der Schwester als besorgniserregend. Etliche Gespräche der Verwandten hatte Anna nur zum Teil oder am Rande mitbekommen. Allerdings hielt sie Katharinas Äußerungen für ungerecht und übertrieben.

Viel Zeit zum Überlegen blieb ihr allerdings nicht, da kurz darauf jemand die Tür mit einem Ruck aufriss. Ein eiskalter Hauch strich augenblicklich durch die Küche. Es erweckte für Anna den Anschein, als hätte sich die Eishölle aufgetan. Fröstelnd zog Anna die Röcke enger um ihren Leib.

Im Eingang stand allerdings nur Berbelin, die vollkommen außer Atem nach Luft schnappte. Sie machte jedoch keine Anstalten, die Tür schließen zu wollen. Stattdessen stieß sie zusammenhangslose Worte hervor. Erst nach einiger Zeit begriff Anna, was die Küchenhilfe ihnen mitzuteilen versuchte.

»Berbelin, was sagst du da? Nimm dir gefälligst Zeit und hol noch einmal richtig Atemluft«, drängte sie das jüngere Mädchen dazu, sich zu konzentrieren.

Katharina zu ihrer Seite wartete ebenso gespannt auf die Wiederholung der Worte.

»Eure Mutter … Es ist so weit … Das Kind! Es kommt«, platzte es aus Berbelin heraus.

Wie vom Leibhaftigen verfolgt, liefen die beiden Schwestern zum Heim der Heilerin. Die Schreie, welche sie schon aus großer Entfernung vernahmen, ließen ihnen die Haare zu Berge stehen. So weggetreten ihre Mutter in letzter Zeit gewesen war, so laut schrie sie jetzt ihren Schmerz in die Welt hinaus.

Endlich im Haus der Hebamme angekommen, fanden die Schwestern ihre Mutter auf dem Bett vor. So sehr beide die Tatsache erfreute, dass sie offensichtlich wieder bei Bewusstsein war, erschreckte sie der Anblick der Frau, die sich unter Wehen aufbäumte. Unglaublich ausgemergelt und leichenblass lag sie im Bett. Frau Esslin saß daneben und betupfte mit einem Lappen die schweißnasse Stirn der Gebärenden. Durch den eisigen Luftzug beim Öffnen der Zugangstür aufgeschreckt, fuhr die Heilerin die beiden Schwestern an.

»Los, bewegt euch! Ich habe nur zwei Arme und Hände. Eine von euch muss sich direkt um eure Mutter kümmern. Los, Katharina, nimm mir das Tuch ab! Sorge dafür, dass es deiner Mutter nicht zu warm und nicht zu kalt wird«, befahl sie der älteren Schwester.

»Was kann ich machen?«, beabsichtigte Anna zugleich zu erfahren.

»Du kannst Holz hereinbringen. Ich glaube, wir brauchen viele Scheite heute Nacht«, erhielt sie ebenso scharfe Anweisungen. »Und wir benötigen jede Menge Wasser. Setz am besten einen großen Kessel über das Feuer und koch das Wasser auf. Ideal wären auch mehrere Leinentücher, die du in dem siedenden Wasser auskochst. Ich werde noch schnell weiteren Rotwein besorgen. Wir brauchen dringend Binden, welche in kochendem Wein gesäubert sind.«

Katharina nickte nur beiläufig und verblieb gemeinsam mit der Hebamme in der Hütte. Mit eiligen Schritten lief Anna auf die Rückseite der Behausung und wuchtete sich schwere Holzscheite auf die Arme. Im Anschluss rannte sie zur Schwarzfluss und besorgte Eimer um Eimer frischen Wassers. Während Anna ihren Aufgaben nachging, holten sie immer wieder die klagenden Schreie ihrer Mutter ein.

Katharina kümmerte sich indessen um Mutter und sprach beruhigend auf sie ein. Gleichzeitig tupfte sie ihr ununterbrochen den austretenden Schweiß von der Stirn. In den wenigen Augenblicken, in welchen ihre Mutter nicht schrie oder sich aufbäumte, flößte Katharina ihr abgekühlten und gesüßten Kräutersud ein. Zwischenzeitlich war Frau Esslin verschwunden, um noch weitere Dinge zu beschaffen, die dringend für eine komplizierte Geburt notwendig waren.

Nachdem das Feuer im Kamin hoch loderte und sich der große Kupferkessel mit dem Wasser darin erhitzt hatte, kehrte die Hebamme mit einem schweren, mit Rotwein gefüllten Krug zurück. Sie nahm sich alsgleich einen kleineren Kessel zur Hand und begann mit den Vorbereitungen für ein Wundgeschäft.

»Um ehrlich zu sein bin ich davon ausgegangen, dass eure Mutter die Schwangerschaft nicht überleben würde, so schwach wie sie war. Stattdessen schaut sie euch an: Sie schreit zwar vor Schmerzen, aber dennoch ist sie am Leben. Bevor ihr gekommen seid, war es mir obendrein möglich, ein paar Worte mit eurer Mutter zu wechseln. Ihre Worte ergaben für mich jedoch gar keinen Sinn. Es erweckte in mir eher die Befürchtung, ob eure Mutter nicht schon längst verrückt geworden ist«, berichtete die Heilerin.

»Was meint Ihr? Was hat sie gesagt?«, fragte die jüngere der beiden Schwestern sofort zurück.

Frau Esslin tat aber gar nicht dergleichen. Stattdessen fuhr sie mit ihrer monologischen Betrachtung fort. Es erschien Anna so, als ob sich die Hebamme eher mit sich selbst unterhielt als mit ihnen. Vielleicht musste sie sich auch nur Mut zusprechen.

»Ich bin mit meinen einfachen Mitteln kaum darauf vorbereitet, die arme Frau richtig zu versorgen. Ansonsten hätte ich die notwendigen Vorbereitungen bereits längst getroffen. Wie dem auch sei: Diese Nacht wird eine ganz besondere Nacht. Nicht nur ihr habt viele Fragen, warum eure Mutter sich seit Ewigkeiten in Umständen befindet …«, ließ die Heilkundige den letzten Satz offen.

Durch ein lautes Zischen wurde Anna wieder an die beiden Kessel über dem Feuer erinnert. Den schweren und wuchtigen Wasserkessel hievte sie daraufhin von der Kochstange. Das Wasser war nun heiß genug, um für die Geburt bereitzustehen. In den Wein gab sie derweil die Binden, um für mögliche Verbände gewappnet zu sein.

Ein neuerlich kräftiger Schrei riss sie wiederholt aus ihrer Arbeit heraus. Mit viel Mitgefühl und Liebe betrachtete sie die Frau, welche ihr das Leben geschenkt hatte. Sie wusste in diesem Moment, dass sie ihrer armen Mutter beistehen musste. Wenn es doch nur machbar wäre, ihr ein wenig von dem Schmerz zu nehmen!

»Bitte unternehmt doch etwas, damit es meiner Mutter besser geht!«, bettelte Anna Frau Esslin an.

Diese schüttelte nur mitleidig mit ihrem Kopf.

»Egal was ich ihr jetzt auch gebe: Ich wüsste nicht, ob ich damit dem ungeborenen Kind schaden würde. Den Kampf muss eure Mutter ganz allein ausfechten. Allerdings ist es an mir, euch zu gestehen, dass ich mittlerweile wesentlich mehr Hoffnung hege, dass eure Mutter die Geburt überleben wird – und auch das Kind.«

»Aber?«, fragte Anna, die wusste, dass immer noch etwas Schlimmeres hinterherkam.

Nach einem knappen Augenblick des Zögerns antwortete Frau Esslin schließlich.

»… aber solche Wehen habe ich noch nie erlebt«, gestand die Hebamme. »Derartige Kontraktionen und Schmerzen stellen mich vor bisher ungeahnte Rätsel. Ich würde ihr sehr gern einige dieser Qualen nehmen. Ich kann es leider nur nicht. Ich verstehe nicht, was mit eurer Mutter im Moment genau passiert. Es übersteigt mein Wissen als Geburtshelferin. Ich bin kein hochgelehrter Medikus. Alles, was ich weiß, habe ich von anderen Frauen meiner Zunft und durch viele erfahrungsreiche Winter gelernt. Der Zustand der armen Frau da auf dem Bett widerspricht jedoch allem, was ich jemals zuvor in meinem Leben gesehen habe.«

Mit den Worten trat die Heilerin erneut an das Ruhelager der Gebärenden. Mit einer liebevollen Geste strich sie der in den Wehen liegenden Frau eine Strähne aus dem Gesicht.

»In dieser Nacht erfahren wir, ob ich wirklich so eine gute Hebamme bin, wie ich immer von mir gedacht habe«, verkündete Frau Esslin mit gefasster Stimme.

Katharina und Anna waren mit ihrer Hilflosigkeit allein und fühlten sich überfordert. Beide hätten sie alles dafür gegeben, um wenigstens einen Teil der Schmerzen und der Last von den Schultern ihrer Mutter zu nehmen. Ein erneuter langgezogener Schrei unterstrich die Machtlosigkeit der zwei Schwestern, der schwangeren Frau zu helfen.

Nichts konnten sie für ihre Verwandte unternehmen. Allein dieses Gefühl ließ Anna die Welt verfluchen. Nie war etwas einfach. Immer musste alles mit Schmerzen, Tränen und Entbehrungen zu tun haben. Sie hasste Gott für all das Leid, mit welchem er die Menschen verfluchte.

Kuntz von Misena

Erneut trieb der Vogt der Burg Misena die Fersen in die Flanken seines Wallachs. Solange die Sonne noch am Firmament stand, wollte er so viele Meilen schaffen wie nur möglich. Die Nacht in der eiskalten und feindlichen Wildnis zu verbringen, musste er verhindern. Lieber ritt er die Pferde blutig, als dass er gezwungen war, das Lager inmitten des Feindeslandes aufzuschlagen.

Wenn man es genau betrachtet, war es töricht, zu so später Tageszeit den Ausritt zu befehlen. Die drängende Nachricht von Oberschwester Apollonia hatte ihn jedoch dazu angetrieben, seine Männer augenblicklich zu sammeln und zu dem entfernten Kloster zu reiten. Zuerst war er hin- und hergerissen gewesen, weil er dadurch die Burg mit einer Minimalbesatzung zurücklassen musste. Allerdings hatte ihm sein Gewissen keine andere Wahl erlaubt. Entgegen aller Vernunft rief er zu den Waffen.

Der Bote aus der Klostergemeinschaft, der vollkommen erschöpft, ausgezehrt und verwundet am Burgtor eingetroffen war, hatte von bevorstehenden Angriffen der Heiden gesprochen und von wilden Geschichten über einen Überfall der wendischen Nachbarn auf das Gotteshaus der Benediktinerinnen. Danach verlor der Junge das Bewusstsein.

Obwohl während der letzten Monde vermehrt Aktivitäten der Milzener bekannt geworden waren, hatten die Sorben bisher jede direkte Konfrontation vermieden. Umso mehr erstaunte es Kuntz von Misena nunmehr, dass es zu einem tatsächlichen Angriff gekommen war. Vor allem irritierte es ihn, dass sich die Wilden gegen ein unbefestigtes Kloster gewendet hatten.

Er musste sich derweil eingestehen, dass ihm Mutter Apollonia in den vergangenen Monden ans Herz gewachsen war. Obwohl die alte Mutter Oberin immer wieder mit neuen Forderungen bei ihm erschienen war, begriff er sie mittlerweile als eine enge Vertraute. Neben ihrer Aktivität für den Orden der Benediktinerinnen hatte sie sich als eine Art Seelsorgerin im Leben der Burg unentbehrlich gemacht.

Seitdem der eigentliche Bischof Benno mit seinem brunonischen Herrn Egbert in die Verbannung geschickt worden war, hatten die wenigsten Bewohner des Burgbergs Gefallen an dessen Nachfolger gefunden. Achatius hatte sich als ein unzulänglicher Ersatz für den vorherigen geistlichen Fürsten herausgestellt. Deswegen gingen die Einwohner der Burg und des Umlands nur sehr ungern mit ihren Problemen zu dem neuen Würdenträger.

Vor allem bei beratenden Gesprächen misstrauten die Menschen Achatius. Viele sahen in ihm nur einen weiteren Spion des Erzbischofs und indirekt auch dem der Sachsen. Aus diesem Grund unterhielten und berieten sich die meisten Bewohner lieber mit Oberschwester Apollonia. Als echte Benediktinerin stand sie zudem außerhalb des allgemeinen weltlichen Ränkeschmiedens. Obendrein war sie eine ausgesprochen intelligente Person, die zu jeder Zeit eine Lösung für ein Problem wusste.

Der Gedanke daran, dass der armen Mutter Oberin etwas zugestoßen sein könnte, ließ seine Gedanken wild kreisen. In seiner Fantasie malte er sich bereits in dunkelsten Farben aus, was den Nonnen in der Wildnis alles geschehen war. Schwer wöge die Last auf seinen Schultern, wenn jemand zu Schaden käme. Er hätte den Ausbau des provisorischen Klostergeländes schon längst in Auftrag geben können und vielleicht auch müssen. Hinter einer Wehrmauer beschützt, hätten sich die Betschwestern in wesentlich sicherer Obhut befunden, redete er sich unentwegt ein.

In seinem Rücken wusste der Burgvogt indes dreißig bewaffnete Reiter. Allerdings war er sich der Unzulänglichkeit dieser kleinen Truppe wohl bewusst. Kaum einer der Männer war tatsächlich ein ausgebildeter Ritter. Viele waren stattdessen nur Büttel oder normale Spießgesellen, unerfahren im Kampf. Immerhin hatte er diese Männer ausrüsten lassen, um das Bild von einer schweren Reiterei zu erwecken.

Zumindest sah der Verband hierdurch aus einiger Entfernung furchteinflößend aus. Er hoffte, dadurch genug Eindruck zu schinden, damit keiner auf die Idee käme, sie angreifen zu wollen. Er wusste von den wendischen Stämmen, dass sie ein recht feiger Haufen waren. Selten kam es vor, dass sie in Unterzahl angriffen. Bei den Überfällen, von denen er bisher gerüchtehalber gehört hatte, waren sie immer in großer Zahl über wenige Deutsche hergefallen. Auf der anderen Seite trieb ihn buchstäblich dieses Wissen weiter voran, wusste er die Benediktinerinnen in der Unterzahl und wehrlos zugleich. Er hoffte, dass Mutter Apollonia durchhielt.

Allerdings löste sein Eingriff noch nicht einmal im Ansatz die ganzen Probleme, welche sich derzeit vor ihm auftürmten. Die Tatsache, dass es unmöglich war, das Kloster dauerhaft zu verteidigen, war dabei nur die geringste Schwachstelle. Dass er nach wie vor in einer Art machtleerem Raum agierte, schienen die Heiden zu erkennen und nutzten die Situation aus. Zunehmend entwickelten sie eine erschreckende Aktivität.

Die Gerüchte, Nachrichten und Neuigkeiten, die es bis zu seiner entlegenen Burg geschafft hatten, waren zum Teil sehr widersprüchlich. Händler, fahrendes Volk und Boten berichteten von einer ungeheuren Geschäftigkeit in den Gauen der Wenden. Demnach schienen im gesamten Gebiet der Grenzmarken die einzelnen sorbischen Sippen urplötzlich aus ihren Löchern gekrochen zu sein. Dies traf zudem für fast alle wendische Clans zu. Von überall her wurde ihm von kleineren Gefechten und Scharmützeln erzählt.

Kuntz hatte stets angenommen, dass es nur noch vereinzelte Siedlungen der Wilden gäbe. Bisher hatten die jeweiligen Feldzüge aus dem Reich jedes Mal dafür gesorgt, dass die Heiden sich bedeckt hielten. Einzig im Gau Nisan und bei den Milzenern hatte er größere Ansammlungen der Sorben gesehen. Er war aber immer davon ausgegangen, dass sich die Sippen in diese Gebiete nur zurückzogen, nachdem sie gegen die Reichstruppen im Kampf unterlegen waren.

Was er im Laufe des letzten Mondes jedoch zu hören bekommen hatte, zeichnete ein ganz anderes Bild. Demnach existierten wesentlich mehr Heiden, als Kuntz es für möglich gehalten hatte. Diese wiederum krochen derzeit wie die Ratten aus ihren Löchern, um sich gegen die Christen zu erheben. Es hatte den Anschein, als würde es sich um einen koordinierten und geplanten Angriff handeln. Ungeachtet dessen wusste er jedoch, dass die Heiden zu solch einer taktischen Kriegsführung gar nicht fähig waren.

Die politischen Überlegungen, die er während des Ritts anstellte, halfen ihm indes, die trüben Gedanken über eine mögliche Katastrophe im Kloster zu verdrängen. Nach einiger Zeit tauchte der hohe Hügel auf, an dessen Flanke die Nonnen begonnen hatten, ihr Kloster zu errichten. Allerdings verkündeten dicke Rauchfahnen über den Wipfeln von dem befürchteten Unheil.

Direkt hinter den Bäumen, noch außerhalb seines eigentlichen Blickfeldes, waren fünf schwere und dunkle Schwaden auszumachen. Für einfache Feuer zeigte sich der Rauch zu bedrohlich und zu dicht. Kuntz hoffte, nicht zu spät gekommen zu sein. Vielleicht war er mit seinen Männern noch in der Lage, den Nonnen zu helfen, schickte er ein Stoßgebet in den Himmel.

Nachdem er jedoch das behelfsmäßige Klostergelände erreicht hatte, musste er all seine Hoffnungen begraben, denn er fand nur noch eine Ruine vor. Nie würde Kuntz von Misena das Grauen vergessen können, welches er an dem Abend zu Gesicht bekam. Viele der Männer sahen sich außerstande, bei den Aufräumarbeiten zu helfen. Und auch mindestens die Hälfte der Büttel verschwand nach dem sich ihnen bietenden Anblick im Wald, um sich zu übergeben. Obwohl sie hier am Rande des Reiches in einer rauen Wildnis lebten, hatten seine Untergebenen etwas Derartiges noch nicht zu sehen bekommen.

Die wenigen Hilfskräfte, welche den Ordensschwestern zur Seite gestanden hatten, um beim Ausbau der Gebäude zur Hand zu gehen, waren dabei offensichtlich noch am glimpflichsten davongekommen. Wie es schien, waren sie an der Begrenzung des Klosters ohne viel Federlesen niedergemetzelt worden. Wie Vieh lagen sie erstochen auf den nahen Wiesen. Die Schwestern hatten dagegen nicht so viel Glück gehabt.

Kuntz wusste nicht, wie er in der Lage sein sollte, die Dinge, derer er hier Zeuge wurde, in einen Bericht zu fassen. Egal welche der armen Frauen Gottes er auch erblickte: Jede der Nonnen war geschändet, misshandelt und anschließend bestialisch ermordet worden. An den Wänden des Refektoriums hatten die Angreifer aus den Dachbalken große Holzkreuze errichtet, um daran die Klosterfrauen festzunageln und zu kreuzigen.

Allerdings waren ihnen zuvor die Gewänder von den Leibern gefetzt worden. Zugleich überzogen Unmengen von Striemen, blaue Flecke und offene Wunden die nackt dargestellten Körper. Die Heiden hatten anscheinend ihre Gottlosigkeit an den bemitleidenswerten Ordensschwestern ausgelebt. Weiterhin entdeckte Kuntz im halb abgebrannten Klosterkapitel mehrere der armen Schwestern, die auf Tischen gefesselt, missbraucht und einen qualvollen Tod gestorben waren.

Auch für ihn war es schwer, die Fassung zu bewahren und sich nicht zu übergeben. Für die Dinge, welche die Wenden den Nonnen in diesen heiligen Gemäuern angetan hatten, fand er schlichtweg keine Worte. Es war ein Bild der Hölle. Überall verstreut lagen malträtierte und geschändete Menschen. Wahrscheinlich war das hier aber auch das Inferno. Zumindest entsprach es genau seiner Vorstellung vom Ort der Verdammnis aus der Offenbarung des Johannes.

Der Gestank von Feuer, verbrannter Haut und Blut hing in der Luft. Kuntz meinte sogar, Schwefel zu riechen. Aber auch ohne diesen Hinweis wusste er sehr wohl, dass dies die Tat der Wenden gewesen war. Vielleicht waren diese Heiden aber auch nur Teufel in Menschengestalt. Anders ließ sich das Grauen nicht in Worte fassen oder begreifen.

Wohin er auch blickte, fand er Spuren der Wilden. Schwerter, Pfeile und Piken mit den Symbolen der Ungläubigen bewiesen ihre vorherige Anwesenheit. Warum aber hatten sich die Sorben dazu entschlossen, den Frieden zu brechen? Kuntz konnte sich diesen plötzlichen Angriff nicht erklären. Bis auf kleine Scharmützel und gelegentliche Reibereien war das Zusammenleben bis zu dem heutigen Tag relativ friedlich verlaufen. Ein überfallener Händler hier, eine geplünderte Scheune da oder eine niedergebrannte Mühle dort waren das eine. Eine derartige Gewaltorgie passte für ihn aber überhaupt nicht ins Bild der momentanen Situation.

Es nützte ihm allerdings nichts, sich an einem solchen Ort Gedanken darüber zu machen. Ebenso war er es leid, die malträtierten Körper anzustarren. Stattdessen machte sich Kuntz von Misena daran, wenigstens den Frauen nach ihrem brutalen Ableben ein respektvolles Ende zu gewährleisten. Kuntz hielt es für seine gottgegebene Pflicht, die Nonnen zur letzten Ruhe zu betten. Er wusste, dass Gott dies von ihm erwartete.

Innerhalb kurzer Zeit hatte er genug Männer zusammen, die sich dazu bereiterklärten, die ermordeten Ordensschwestern nach draußen zu tragen. Den Waffenknechten, welche sich weigerten, das Kloster zu betreten, trug er den Befehl auf, zumindest die Gräber für die armen Frauen auszuheben. Während beide Gruppen ihrer traurigen Arbeit nachgingen, machte Kuntz sich auf, die Mutter Oberin zu finden.

Zwischenzeitlich war die Sonne untergegangen. Die Nacht bereitete sich darauf vor, ihr Leichentuch über diesen nunmehr unheiligen Ort zu legen. Allerdings erhellten die kleinen Feuer in den Ruinen immer noch die gespenstische Situation. Gleichsam hatten seine Männer Fackeln allerorten aufgestellt, um sich vor einem neuerlichen Überraschungsangriff der Wilden zu schützen.

Obwohl er alle Gebäude abgeschritten hatte, war von Oberin Apollonia noch keine Spur zu finden. Insgeheim keimte in ihm die Hoffnung auf, dass die Prälatin der Abtei den Angriff womöglich überlebt hatte. Wahrscheinlich war sie wie stets außerhalb der heiligen Mauern unterwegs gewesen, als die Heiden über ihr Kloster herfielen. Vielleicht war sie sogar gerade auf dem Weg zu ihm gewesen, um etwas von ihm zu erbitten.

Doch was war das? Kuntz spitzte die Ohren, um das Geräusch besser orten zu können. Da war es wieder: Aus den Trümmern der Klosterkirche vernahm er ein leises Röcheln. Während er zu den verkohlten Überresten des Gotteshauses rannte, rief er nach Unterstützung. Er wartete allerdings nicht darauf, dass seine Männer zu ihm eilten. Überhastet und sich keiner Gefahr bewusst, stürzte er sich in die schwelenden Reste der Kirche.

Schon nach kurzer Zeit entdeckte er einen Arm, der unter einem verbrannten Balken hervorlugte. So sehr er sich jedoch auch abmühte, war es ihm unmöglich, das schwere Stück Holz zur Seite zu bewegen. Solange seine Untergebenen noch nicht an seine Seite geeilt waren, versuchte er, auf dem Bauch robbend zu der eingequetschten und offensichtlich noch lebenden Person vorzudringen.

Tatsächlich schaffte er es, sich an dem massiven Träger vorbeizuschieben. Im Ruß und Dreck der verbrannten Kirche entdeckte er wahrhaftig die Mutter Oberin. Ebenso nackt und geschändet lag sie in einem winzigen Hohlraum, welchen die über sie zusammengestürzten Trümmer gebildet hatten. Voller Schmutz, mit Blut und Striemen bedeckt, wimmerte die Frau Gottes wie ein kleines Kind. Im Halbdunkel der Ruine erspähte Kuntz jedoch, dass einzig ihre beiden Beine eingeklemmt waren.

In dem Moment vernahm er die Rufe der Untergebenen. Auf allen vieren kroch Kuntz von Misena aus den Trümmern hervor. Innerhalb weniger Atemzüge hatte er die Männer dazu angewiesen, den Balken von der Nonne herunter zu hebeln. Die Rettungsaktion dauerte erstaunlicherweise nicht allzu lange.

Schon nach einigen Herzschlägen hielt Kuntz die Oberin Apollonia in seinen Armen. Obwohl sie sich immer noch wimmernd vor Schmerzen wandt, kehrte zunehmend das Leben in ihr Antlitz zurück. Seinen Männern trug er auf, für die verletzte Frau Wasser aus dem nahen Brunnen zu holen. Begierig trank die Ordensschwester das kühle Nass. Nach ein paar Atemzügen riss sie plötzlich ihre Augen auf.

»Es waren die verdammten Wilden!«, rief sie mit kratziger Stimme aus. »Sie sind über uns hergefallen wie die leibhaftigen Dämonen. Es war schlimmer noch, als es die Offenbarung des Johannes verspricht.

Ich musste gar mit ansehen, wie sie sich wieder und wieder brutal an den Leibern meiner Mitschwestern vergingen.«

Sichtlich verängstigt musste sich Apollonia sammeln.

»Ich hätte nie für möglich gehalten, dass Gott etwas Derartiges zulassen würde. Warum stellt uns der Heiland so hart auf die Probe?« Ihre Gedanken wurden plötzlich von einem Hustenanfall unterbrochen.

Kuntz blickte verschämt auf ihren Körper. Es zeugte von einem Wunder, dass sie überhaupt noch am Leben war. In dem Moment kam ihm zu Bewusstsein, dass die Männer ebenso auf den nackten Leib der geschundenen Frau blickten. Hastig zog er seinen Mantel von den Schultern, um Apollonia damit zu bedecken. Diese reagierte allerdings gar nicht darauf. Nachdem sich ihr Husten gelegt hatte, begann sie abermals, von den Geschehnissen zu berichten.

»Die Heiden waren aber nicht einmal wegen des Mädchens hier. Die Wenden kamen, um Rache zu üben. Bevor sich fünf Männer daran machten, über mich …« An dieser Stelle brach sie erneut ab.

Diesmal war es allerdings nicht einem Husten geschuldet, vielmehr fiel die Mutter Oberin einem Weinkrampf zum Opfer. Die Erinnerungen waren derartig quälend, dass sie unmöglich über das Geschehene reden konnte. Beruhigend strich Kuntz mit seiner Hand über den Kopf der verletzten Nonne.

»Überspringt die schmerzhaften Stellen. Ihr müsst mir nicht davon erzählen«, versuchte er, die Frau zu beruhigen.

Tatsächlich fing sich Apollonia nach einigen Momenten wieder. In einer flüchtigen Bewegung ergriff sie seine Hand sogar, um ihm im Gegenzug Trost zu spenden. Diese Geste kannte er bereits von Apollonia: Egal in welcher Verfassung sie sich auch befand, sie bemühte sich stets, den Menschen in ihrer Umgebung Aufmunterung zu schenken. Nachdem sie durchgeatmet hatte, fuhr sie mit ihrem Bericht fort.

»Die Männer schrien, verfluchten und machten Egbert für den Angriff verantwortlich. Wortwörtlich bezeichneten sie den Überfall auf unser Kloster sogar als Racheaktion. Demnach hatte Egbert zuvor eine Reihe der wendischen Dörfer angegriffen, um diese ebenso zu verheeren.«

»Aber das ist doch Wahnsinn! Niemand weiß, wo sich Egbert befindet. Zudem bezweifle ich, dass er marodierend durch die Länder der Heiden ziehen würde«, platzte es aus dem Burgvogt heraus.

Nickend stimmte Apollonia den Worten des Adligen zu. Auch sie schien in ähnlichen Bahnen zu denken.

»Wie kommen diese wilden Bastarde nur auf solche Anschuldigungen? Der selige Markgraf wird sich wohl kaum an Frauen und Kindern vergreifen! Es ist jedoch müßig, hier darüber zu spekulieren. Wärt Ihr wohl so freundlich, mich an einen anderen Ort zu bringen?«, bat die Ordensschwester Kuntz in erstaunlich gefestigtem Zustand.

Das nahm Kuntz zum Anlass, die Beerdigungsarbeiten zu intensivieren. Es dauerte noch die gesamte Nacht, alle Nonnen zu bergen. Auch beauftragte er seine Männer damit, einige Dinge aus den Trümmern zu retten. Es war aber kaum noch etwas vorzufinden. In einer wilden Gewaltorgie hatten die Wenden alles zerstört, verbrannt und vernichtet.

Nachdem die Körper der Verstorbenen ihre letzte Ruhe gefunden hatten, machte sich die Gruppe mit dem Burgvogt und der verletzten Mutter Oberin auf, den Ort dieser unsäglichen Tragödie zu verlassen. In Gedanken war Kuntz noch viel zu sehr mit den Eindrücken beschäftigt, als dass er in der Lage war, sich sein weiteres Vorgehen zu überlegen. Allerdings war er sich in einem Punkt sicher: Diese Schandtat galt es zu rächen. Die Wenden bekämen das Verbrechen tausendfach zurückgezahlt, dafür würde ihm schon eine Strategie einfallen.

Im Augenblick ihres Aufbruchs zeugte die aufgehende Sonne von dem Beginn eines neuen Tages. Was würde er bringen? Frischer Schnee fiel indes auf die Wege und Felder, der von einem eiskalten Wind begleitet wurde.

Anna

Der neue Tag hatte bereits begonnen, während die Geburt noch immer andauerte. Obwohl eine ganze Nacht vergangen war, verspürte das Ungeborene weiterhin wenig Lust daran, das Licht der Welt zu erblicken. Nach vielen endlosen Monden der Schwangerschaft zog sich der Akt des Gebärens unaufhörlich in die Länge. Obgleich Anna und Katharinas Mutter schon seit einer halben Ewigkeit unter den Umständen litt, war noch lange kein Ende in Sicht.

Mittlerweile hatte es sich im gesamten Dorf herumgesprochen, dass die Mutter der beiden Frauen aus dem Haus des Schultheißen dabei war, ein Kind auf die Welt zu bringen. Das ließ sich auch nicht überhören, denn die Schmerzensschreie der Schwangeren hallten lautstark durch das Dorf. Die meisten Siedler waren indes überrascht, dass sich die Frau immer noch in der Siedlung befand, schließlich wurde sie während der letzten Monde über nicht gesehen.

Da sich der Zustand der Gebärenden über Nacht nicht änderte, war die Hütte der Hebamme nunmehr das Gesprächsthema Nummer eins in der Ansiedlung am Schwarzen Berg. Es war jedoch kaum von einem neuen Tag zu sprechen. Über dem Tal, durch welches sich träge die Schwarzwasser schlängelte, lagen schwere, unheilvolle und dunkle Wolken. Fast hätte man diese mit den Fingerspitzen berühren können, wenn man auf einen Baumwipfel geklettert wäre.

In den wenigen Momenten, die Anna außerhalb des Gebäudes verbrachte, konnte sie wahre Wolkentürme am Firmament erkennen. Es hätte schon längst ein Unwetter geben müssen. Die Wolken schienen allerdings ebenso wie das Ungeborene im Bauch der Schwangeren auf etwas zu warten. Die Bewölkung und der Wind erzeugten jedoch den seltsamen Nebeneffekt, dass es wärmer wirkte als in den Tagen zuvor. Obwohl es in den letzten Nächten klirrend kalt gewesen war, empfand Anna den aufziehenden Sturm als herbstlich und angenehm.

Während sich die geschwächte Frau auf dem schmalen Bett hin und her warf, verließ Frau Esslin für eine Weile die Hütte. Die beiden Schwestern versuchten in der Zwischenzeit alles vorzubereiten, was für eine Geburt notwendig war. Für Anna war das allerdings schon das sechste Mal, dass sie diese Arbeitsschritte durchging. Aber es half ihr, die zermürbende Zeit des Wartens zu überstehen. Und so brachte sie das Wasser im Kessel wiederholt zum Kochen.

Seit dem vorigen Abend sorgte sie ohne Unterlass dafür, dass die Laken frisch waren, es heißes Wasser gab, die Binden in kochendem Rotwein vorbereitet dalagen und genug Kräuter bereitstanden, um ihre Mutter zu versorgen. Die Arbeit ging ihr mittlerweile schon leicht von der Hand.

Katharina saß hingegen unablässig am Rand des Bettes. Ohne Unterbrechung sorgte die ältere Schwester dafür, der Schwangeren ein wenig Linderung zu verschaffen. Allerdings waren beide Schwestern nicht davon überzeugt, dass dies auch nur das Geringste half. Nach den ganzen Strapazen der letzten Monde zeugte es von einem Wunder, dass ihre Anverwandte überhaupt noch am Leben war. Draußen kündete ein Heulen von dem bevorstehenden Unwetter, das sich in dem Moment über der Siedlung zusammenzog. In einiger Entfernung krachte etwas laut.

Nach einer Weile kam Frau Esslin zurück in ihre Hütte.

»Ich weiß nicht, was ich davon halten soll«, sagte die Kräuterfrau mehr zu sich als zu den Schwestern.

»Was meint Ihr?«, erkundigte sich Anna irritiert bei der Hebamme.

»Ich meine das Wetter. Wart ihr beiden heute überhaupt schon einmal im Freien?«, fragte sie ein bisschen verdutzt nach, während sie von einer zur anderen schaute.

»Draußen braut sich doch nur ein gehöriges Gewitter zusammen. Warum sollten wir da rausgehen?«, entgegnete Katharina wenig daran interessiert. Sie war in Gedanken fest bei ihrer Mutter, alles andere blendete sie aus.

»Nur ein Unwetter?«, ätzte die Hebamme zurück und wies mit einem Arm dabei in Richtung Tür. »Mein Lebtag habe ich noch niemals zuvor solche Blitze gesehen und einen derartigen Donner gehört. Ich habe mir den Himmel abseits der Hütte eine Weile lang genauer angesehen. Soweit es mir möglich ist mich zurückzuerinnern, habe ich zu keiner Zeit erlebt, dass sich Wolken im Kreis bewegen. Euch ist es vielleicht nicht aufgefallen, aber das Gewitter bewegt sich beständig um unsere Siedlung herum.«

»Das ist doch aber vollkommen unmöglich!«, entgegnete Anna.

Statt eine Antwort zu geben, ging Frau Esslin zur Tür und öffnete diese. Obwohl es um diese Tageszeit hell sein müsste, drang nach wie vor kaum Sonnenlicht in die kleine Hütte. Zudem suchte sich augenblicklich ein starker und kalter Wind seinen Weg in das gemütlich beheizte Haus. Lose Blätter und winzige Stofffetzen begannen sofort damit, einen wilden Reigen in der Stube der Heilkundigen aufzuführen.

Zum Schutz vor dem schneidenden Sturm beugte sich die ältere Schwester über die verschwitzte Mutter. Statt der Hebamme etwas zu erwidern, schickte Katharina nur einen anklagenden Blick in Richtung Eingangstür. Anna verstand zwar ihre Schwester, allerdings war sie sich auch der Tatsache bewusst, dass sie hier schließlich nur Gäste der Heilerin waren. Ganz zu schweigen davon, dass sie dringend auf die Fähigkeiten der Hebamme angewiesen waren.

Um einen möglichen Streit von vornherein zu verhindern, schritt sie auf Frau Esslin zu und folgte ihr nach draußen. Sofort erfasste ein heftiger Luftstoß ihre Röcke. Anna hatte das Gefühl, als ob sich winzige Nadeln in der Luft befänden, welche versuchten, durch ihre Haut zu dringen. Zum ersten Mal verstand sie die Anspielung auf einen schneidenden Wind. Sie war durchaus in der Lage, sich vorzustellen, wie ihr diese Böen die Röcke vom Leib fetzten.

In der Zwischenzeit gestaltete sich das Bild immer bedrohlicher: Die Wolkenberge ragten noch düsterer als zuvor am Horizont auf. Der Farbton der unteren Schichten war mittlerweile rabenschwarz. Anna blieb einige Momente still auf ihrem Platz vor dem Haus der Kräuterfrau stehen. Den Kopf weit in den Nacken gelegt, spähte sie senkrecht nach oben.

Während sie mit beiden Händen versuchte, ihre Augen vor dem Dreck zu schützen, welchen die Windböen mitrissen, erkannte sie die Drehbewegung der Wolken. Hätte Anna es nicht besser gewusst, hätte sie schwören können, dass sich die Wolkentürme wahrhaftig direkt über ihr drehten. Dem Wolkenorkus gleich, rotierte sie selbst im Kreis, und blieb anschließend ungläubig vor der Heilerin stehen.

»Tatsächlich, wir befinden uns im Zentrum des Orkans«, redete sie mehr zu sich.

Allerdings verstand Frau Esslin auch kaum etwas von dem, was Anna sagte. Das Heulen des Windes stieg immer mehr zu einem lauten Crescendo an. Anna wiederholte daraufhin lauthals ihre Beobachtung. Währenddessen kreiste sie weiter auf der Stelle, um dem faszinierenden Schauspiel zu folgen.

»Wenn ich es nicht besser wüsste, würde ich sagen, der Sturm hängt mit der Geburt des Kindes zusammen«, orakelte die Hebamme.

Augenblicklich fiel Anna in eine Art Schockstarre. Falls einer der anderen Bewohner des Dorfes auf eine ähnliche Idee käme, wäre es durchaus möglich, dass sich daraufhin ein Mob vor der Tür der Hebamme einfand. Sowohl aus den Erzählungen der Eltern als auch aus ihren frühen Erinnerungen wusste Anna, dass es sehr wohl Gerichtsverfahren gegen Hexen, Zauberer und Ketzer gegeben hatte. Tatsächlich suchten die Leute oftmals einen Schuldigen für derartige Unwetter in den eigenen Reihen.

Hierbei reichten mitunter schon mindere Anschuldigungen als ein ungeborenes Kind, das in der Lage wäre, ein schweres Gewitter heraufzubeschwören. Mit zusammengekniffenen Augen fixierte Anna die Heilerin. Sie hatte zuvor bereits einen Menschen umgebracht, um ihre Familie zu schützen. Nun, da sie längst ihre Seele in der Hölle wusste, war sie durchaus gewillt, alles dafür zu tun, dass ihrem neuen Geschwisterchen nichts geschah.

»Lass uns wieder reingehen«, brüllte Frau Esslin über den Sturm hinweg.

Anna warf dem bedrohlichen Wirbel über ihrem Kopf einen letzten Blick zu. Blitze zuckten allerorten unheilvoll von einer Seite des Unwetters zur anderen. Abgesehen von einigen großen Tropfen fiel jedoch noch kein Regen oder Schnee, was Anna sehr erstaunte. Wie um die unheimliche Stimmung zu untermauern, krachte ein unnatürlich lauter Donner über das Dorf hinweg. Das geschah zu ihrer Verwunderung allerdings in dem Moment, als ihre Mutter erneut in ihren Wehen liegend unüberhörbar aufschrie. Als wäre dies ein Zeichen öffneten sich plötzlich die Pforten des Himmels und wahre Sturzbäche von Regen gossen sich hernieder.

Anna suchte daraufhin Schutz in dem Haus der Kräuterfrau. Die Tür drückte sie fest in den Rahmen hinein und legte zudem den Riegel vor die Tür, um alles Unheil draußen zu lassen. Zum einen sorgte dies dafür, dass der Wind nicht seinen Weg in die Hütte fand. Zum anderen half der Riegel für einen gewissen Schutz gegenüber neugierigen oder allzu forschen Nachbarn.

Derartige Gedanken rückten jedoch in den Hintergrund, als Anna die Hebamme neben ihrer Mutter knien sah. Im gleichen Augenblick stürmte sie auch an ihre Seite. Mit weit aufgerissenen Augen lag die Mutter auf den erneut klitschnassen und zerwühlten Laken. Katharina befand sich nach wie vor an der Stirnseite des Bettes. In beiden Händen stützte sie den Kopf mit dem eingefallenen Gesicht der schwangeren Frau. Im flackernden Kerzenschein wirkte das hagere Antlitz ihrer Mutter wie die Fratze des Todes. Ähnlich einem dünnen Leinen, das über Knochen gespannt war, mutete die blasse Haut der Schwangeren unglaublich verletzlich an.

Im Blick ihrer Mutter erkannte Anna in dem Moment Leben. Zwischen Luftanhalten und mehrfachem Hecheln schenkte sie ihrer Tochter sogar ein schwaches Lächeln. Glückselig über den Umstand, dass ihre Mutter offensichtlich noch fähig war, Dinge um sicher herum wahrzunehmen, hielt Anna eine der beiden verschwitzten Hände fest. Ein leichtes Gegendrücken der Schwangeren ließ ihr beinahe das Herz aus der Brust hüpfen.

Die Abstände zwischen den Wehen erschienen zunehmend kürzer. Dies hatte sie schon bei den Geburten ihrer jüngeren Geschwister erlebt. Anna war sich sicher, dass es nun nicht mehr allzu lange dauern würde, bis die letzte Phase der Entbindung, die Austreibung des Kindes, begann.

Kaum hatte Anna daran gedacht, bestätigte Frau Esslin ihre Vermutung.

»Es geht los. Sie öffnet sich. Ich kann …« Unvermittelt wurden die Worte der Hebamme durch ein lautes Klopfen unterbrochen.

Wer auch immer an der Tür stand, verfügte nicht über Geduld. Innerhalb weniger Herzschläge entwickelte sich das Pochen zu einem drängenden Hämmern. Die Heilerin trug Anna auf, zur Tür zu gehen, um nachzuschauen, wer in diesem ungünstigen Moment etwas von ihr benötigte. Widerwillig ließ Anna von ihrer Mutter ab und eilte zur Tür. Erst in dem Augenblick kam ihr vollends zu Bewusstsein, wie ohrenbetäubend laut der Wind heulte. Selbst durch den schmalen Kamin drang ein unheilvolles Jaulen in den warmen Raum der Kräuterfrau hinein. Donner, dumpf prasselnde Regentropfen und das Klappern loser Gegenstände untermalten die gespenstische Geräuschkulisse.

Nach dem Öffnen der Tür fand sich Anna in einem Chaos sondergleichen wieder. Beim Heraustreten zog sie eiligst den Eingang hinter sich zu, um dem Sturm nicht die Möglichkeit zu bieten, sich im

Haus zu verfangen. Tatsächlich war sie gezwungen, sich indessen mit einer Hand am Rahmen festzuhalten. Gleichzeitig peitschte ein eiskalter Wasserschwall in ihr Gesicht. Noch nie zuvor hatte sie derartige Sturmböen erlebt.

Nachdem sie sich an den schneidenden Wind gewöhnt hatte, entdeckte sie Herrn Clement ein Stück abseits des Eingangs stehen. Der Mann von Frau Mathilda hoffte wohl, an der Stirnseite der Hütte im Windschatten Schutz zu finden. Als Anna sich bis zu ihm vorgekämpft hatte, bemerkte sie, dass es an diesem Punkt genauso schlimm stürmte wie vor der Eingangstür. Der Orkan schien aus allen Seiten zugleich auf die kleine Siedlung einzustürmen.

»Was ist los?«, brüllte sie in die Ohren des durchgeweichten Mannes, und verstand dabei ihre eigenen Worte fast nicht.

»Der Fluss! Er schwillt an!«, schrie Herr Clement nicht minder laut.

»Natürlich, es regnet schließlich! Das ist doch vollkommen normal. Wieso stört Ihr mich? Meine Mutter liegt in den Wehen. Ich muss zurück und bei der Geburt helfen«, entgegnete Anna dem älteren Mann reichlich verärgert.

Dieser hielt sie dessen ungeachtet am Ärmel fest.

»Die Schwarzwasser tritt jetzt schon über ihre Ufer. Dabei hat das Unwetter gerade erst begonnen. Begreift Ihr nicht? Ich habe noch nie erlebt, dass derart viel Wasser auf einmal aus den Himmelspforten herunterfließt«, gab Herr Clement ihr lautstark zu verstehen.

In dem Moment merkte Anna, dass sie nach der kurzen Zeit bereits vollkommen durchgeweicht war, als würde jemand Eimer voller Wasser aus den Wolken zu ihnen herab schütten. Zudem sprach die Dämmerung dafür, dass es längst auf die Nacht zuging. Sollte so schnell die Zeit vergangen sein? Es durfte nach ihrem Ermessen jedoch noch nicht einmal Mittag sein.

In dem Augenblick begann der Mann damit, an ihr zu zerren, offenbar um ihr etwas zu zeigen. Unter Gegenwehr ließ sich Anna von dem älteren Siedler quer durch das Dorf ziehen. Dabei entdeckte sie, wie einige der kleineren Schuppen schon in Einzelteilen auf dem Boden zerstreut herumlagen. Andere Teile flogen mit hoher Geschwindigkeit durch die Luft. Es grenzte an ein Wunder, dass sie von noch keinem der Bruchstücke getroffen worden war.

Wie zum Hohn krachte in dem Moment ein größerer Ast gegen ihr Schienbein. Laut fluchend, humpelte Anna weiter. Wenige Schritte später traf ein ähnlich dickes Holzstück Herrn Clement an der Schulter, so dass er zu Fall kam. Anna half dem älteren Bewohner des Dorfes auf die Beine. Beide stützten sie sich, während sie versuchten, in gebückter Haltung gegen den Wind anzukämpfen.

In dem Augenblick erkannte Anna, dass sie lebensmüde sein müssten, sich bei diesem Unwetter draußen aufzuhalten. Viele der kleineren Bebauungen waren bereits verschwunden oder zerstört. Vor allem die Bestandteile der niedrigen Zäune flogen als tödliche Geschosse von den Orkanböen getragen durch die Luft. Auch der Regen machte ihr zu schaffen. Es wirkte für sie so, als ob die Luft zur Hälfte nur noch aus Wasser bestünde.

Am Rande der Siedlung angekommen, verstand Anna nun, was der Mann damit gemeint hatte, dass die Schwarzwasser über die Ufer trete. Bereits zu dem Zeitpunkt war der sonst so schmale Fluss zu einem breiten Strom angeschwollen. Im Schein der aufzuckenden Blitze sah das aufgewühlte und dunkelbraune Flusswasser höchst schaurig aus. Das Haus der Familie von Clement und seiner Frau Mathilda befand sich längst direkt an der Wassergrenze.

Anna begriff sofort, dass das Bauernhaus nicht mehr zu retten war. Verzweifelte Menschen liefen wie Ameisen aus der Hütte heraus und wieder hinein, im Versuch, die Habseligkeiten zu retten. Anna stürmte los und erreichte das Gebäude in kürzester Zeit. Darin fand sie eine vollkommen aufgelöste Mathilda vor, die ihre Verwandten anbrüllte, alle Besitztümer hinauszuschaffen.

»Pack das weiße Nachtzeugs in einen Korb! Ich will nicht, dass es dreckig wird. Du da drüben, wickle das Brot in Leinen ein. Ich habe nicht den ganzen Tag am Ofen verbracht, nur um es nun durchweichen zu lassen«, gab die Matriarchin ihre Befehle aus.

Niemand reagierte indes auf Annas Anwesenheit. In dem Chaos kam sie sich vollkommen fehl am Platz vor. Kurzentschlossen trat sie wieder aus dem Haus heraus und in die schwappenden Fluten der Schwarzwasser hinein. Innerhalb des kurzen Augenblicks, den sie in dem Gebäude verbracht hatte, war der Fluss einen weiteren Klafter herangerückt.

Durch die Blitze erhellt, sah sie einen Berg von Besitztümern in einiger Entfernung liegen. Allerdings half es der Familie um Mathilda und Clement wenig, die Habseligkeiten nach draußen zu schaffen. Der Sturm und der Regen sorgten dafür, dass das Meiste davon zu Bruch ging. Ein extrem heller und langanhaltender Blitz zuckte in diesem Moment übers Firmament. Kurzzeitig war die Szenerie taghell erleuchtet. In dem grellen Licht erkannte man die gesamte Tragweite der momentanen Geschehnisse.

Ohnmächtig sah Anna zu, wie nur wenig entfernt eines der kleineren Häuser in sich zusammenbrach. Sie hoffte in dem Augenblick, dass sich niemand mehr in dem Gebäude befand. Teile der Wände und des Daches schwammen in dem Moment träge die sich immer weiter ausdehnende Schwarzwasser hinab.

Jetzt war es Zeit für Anna, eine Entscheidung zu treffen. Herr Clement hatte sie nicht ohne Grund hierher geholt. Wie schon beim letzten Zusammentreffen schien er alle Hoffnung in sie zu legen.

»Mathilda, lasst alles stehen und liegen! Euer aller Leben ist in Gefahr. Los beeilt euch! Jeder nimmt noch etwas unter den Arm und dann nichts wie raus hier«, brüllte sie in das Chaos des Wohnhauses hinein.

Herr Clement ließ sich das nicht zweimal sagen. Mit einer kleinen Truhe unter dem Arm humpelte er in den weiter anschwellenden Sturm hinaus. Die anderen Bewohner des Hauses und deren Familienmitglieder blickten alle Frau Mathilda an. Diese wiederum richtete ihre Augen auf Anna. Einige Herzschläge vergingen, ohne dass irgendetwas geschah. Die Zeit schien für eine kurze Spanne wie eingefroren zu sein.

Ein lautes Donnern und Grollen unterbrach urplötzlich den seltsamen Moment der Starre. Mit einem knappen Nicken gab Anna daraufhin zu verstehen, dass es bereits zu spät war. Es würde ihnen keine Zeit mehr bleiben. Schlagartig begann Frau Mathilda damit, ihre Verwandten zum schnelleren Arbeiten anzutreiben. Innerhalb weniger Augenblicke hatte sich die Holzhütte geleert.

Keinen Atemzug zu spät erreichten alle Personen wohlbehalten eine leicht erhöhte Stelle hinter dem Bauernhaus. Das Wasser flutete indes schon mit voller Kraft gegen eine der Außenwände an. Binnen weniger Herzschläge gab die Wand unter dem Druck des anbrandenden Flusses nach. Krachend kippte ein Teil des einstmals stolzen und großen Gebäudes in die Wogen. Da nach wie vor der Wind schneidend peitschte, der Donner grollte und das Wasser in Kübeln aus dem Himmel fiel, trieb Anna alle Anwesenden dazu an, weiter den Hang hinauf zu laufen, wo sich eine andere Hütte befand. Verzweifelt versuchte der Clan indessen, die wenigen übriggebliebenen Habseligkeiten zu retten.

Oben angekommen war die Gruppe gezwungen, die Tür gewaltsam zu öffnen, da die Bewohner nicht freiwillig bereit waren, den Obdachlosen ein Dach über dem Kopf zu geben. Mit Nachdruck gab Anna zu verstehen, dass sie aus dem Haus des Schultheißen stammte und stellvertretend in seinem Namen agierte. Nach kurzer Zeit hatte sie es schließlich doch noch geschafft, alle Mitglieder von Mathildas Familie im Trockenen unterzubringen.

Vollkommen durchnässt, beinahe erfroren und ihrer Lebensgrundlage beraubt kauerte die Sippe in einer Ecke des Gebäudes nah beieinander. Herr Clement und seine Mathilda umklammerten einander zitternd in deren Mitte. Während sich die Familienvorsteherin um ihre Angehörigen kümmerte, schickte sie Anna ein gehauchtes und fast lautloses Danke durch den Raum zu.

Erst jetzt bemerkte Anna, dass sie in gleichem Maße nass und unterkühlt war. Sie fühlte sich erbärmlich. Außerdem trieb es sie zurück zu der Hütte der Hebamme, um ihrer Mutter beizustehen. Aus diesem Grund begab sich Anna erneut auf einen gefährlichen Lauf durch das Dorf. Kurz dachte sie darüber nach, auf dem Weg noch einmal das Haus von Clement und Mathilda zu besuchen. Vielleicht gab es da drinnen Menschen, die ebenso ihre Hilfe benötigten? Allerdings existierte das Gebäude schon nicht mehr. Ein Haufen Holz und ein bisschen Unrat, der aus dem Wasser ragte, zeugten einzig von dem ehemaligen Traum eines Siedlerehepaars.

Schnell beschloss Anna, zu ihrer Mutter und ihrem mit Sicherheit schon auf der Welt erschienenen neuen Geschwisterchen zu laufen. So sehr sie sich augenblicklich auch um das Dorf sorgte, stellte ihre Familie nach wie vor das Wichtigste in ihrem Leben dar. Sollte ihre Mutter tatsächlich die Geburt nicht überstanden haben, wollte Anna sich wenigstens von ihr verabschieden.

In dem immer wieder aufflackernden Blitzlicht nahm sie jäh eine Gestalt wahr. Ein Schatten kam direkt auf sie zu gerannt. Bevor sie eine Chance bekam, denjenigen anzusprechen, schoss eine vom Wind getragene Dachlatte vorbei und durchbohrte die Person. So schnell Anna ihre Füße trugen, rannte sie zu der Stelle des Unfalls. Am Boden fand sie die von dem Holzstück gepfählte Frau Agnise vor. Die Latte steckte der Frau mitten in der Brust. Jegliches Leben war bereits aus der älteren Siedlerin gewichen.

Anna fiel es in dem Moment schwer, Trauer über den Tod der Frau zu empfinden. Dies kannte sie gar nicht von sich. Zu einer anderen Zeit war ihr das Leben immer heilig gewesen. Seitdem sie sich jedoch den Menschen in der Siedlung ausgesetzt sah, veränderte sich ihr Charakter zunehmend.

Frau Agnise hatte sie fast genauso oft gedemütigt wie Frau Fronika. Als gelegentliche Aushilfsköchin im Haushalt des Schultheißen hatte sie mehrfach ihren Frust an ihr ausgelassen. Mit Genugtuung dankte Anna deswegen Gott, dass er sich diese böse Frau geholt hatte. Kurz hielt sie daraufhin zögernd inne. Einen inneren Kampf ausfechtend, blieb sie einen Atemzug lang über der Leiche stehen.

In diesem Augenblick öffnete Frau Agnise jedoch ihre Augen. Erschrocken zuckte die junge Frau zurück. Einen Herzschlag später fand sie sich einen Klafter weit entfernt von der Totgeglaubten im Schlamm wieder. Einen derartigen Schrecken hatte sie noch nie zuvor erlebt. Unschlüssig über das Geschehen kroch sie langsam auf die am Boden Liegende zu. Anscheinend war sie doch noch nicht zu den Engeln aufgefahren, ging es Anna durch den Kopf.

Das war doch ein Ding der Unmöglichkeit! Das Stück Holz ragte nach wie vor mitten aus Frau Agnises Brust heraus. Kein Mensch war in der Lage, mit einer derartigen Verletzung zu überleben. Tatsächlich quoll in dem Moment blutiger Schaum aus dem Mund von Frau Agnise, der sich sofort mit dem Regen vermischte.

Das Schicksal der Frau war Anna jedoch vollkommen egal. Jeder Herzschlag, den sie hier draußen für diese Person verschwendete, hielt sie von ihrer Familie fern. Die bösartige Hexe ließ sie deswegen zum Sterben einfach im Dreck liegen. Nichts schuldete sie dem gemeinen Weibsstück. Innerlich verspürte Anna gar Genugtuung darüber, dass die Frau einen derart qualvollen Tod starb.

In Windeseile sprang sie auf. Ohne einen weiteren Gedanken an Frau Agnise zu verschwenden, rannte Anna in Richtung der Hütte der Hebamme. Just in dem Moment fuhr ein Blitz aus dem Himmel senkrecht hernieder. Schnurgerade suchte er sich seinen Weg in die Mitte des Dorfes. In ein Haus nicht weit von ihrer Position entfernt schlug das Feuer Gottes mit ohrenbetäubendem Lärm ein. Die Wucht der Entladung und der lautstarke Groll des Donners warfen Anna erneut zu Boden. Im nasskalten Schlamm des Dorfangers fand sie sich wieder.

Als sie hochschaute, erstrahlte an dem Ort des Einschlages ein hell gleißendes Licht. War etwa das Haus der Hebamme das Ziel des Blitzes gewesen? Verzweifelt versuchte Anna, wieder auf die Füße zu kommen. Der klitschnasse und aufgeweichte Boden machte es ihr jedoch nicht leicht. Mehrfach rutschte sie aus oder schlitterte über den matschigen Untergrund. Dennoch stürmte sie weiter nach vorn. Die Angst, jetzt auch noch ihre Schwester und die Mutter zu verlieren, trieb sie voran. Sie hoffe inständig, dass es den beiden gut erging. Zwischen zwei Donnerschlägen und einer Windflaute vernahm Anna plötzlich das glockenhelle Geschrei eines Neugeborenen. Sie war sich sicher, zum ersten Mal ihr Geschwisterchen zu hören. Erneut verlor sie das Gleichgewicht, rappelte sich wieder auf und rannte weiter.

Während sie lief, blickte Anna in den Himmel. Die Pause zum nächsten Donnerschlag dehnte sich jedoch überraschenderweise in die Länge. Zugleich flaute der Sturm merklich ab. Irritiert hielt sie inne und ließ ihren Blick weiter nach oben gleiten. Zwischen den schwarzen und weiterhin bedrohlich wirkenden Wolken erkannte sie jäh einen Fleck strahlendes Himmelblau.

Anna war sich jetzt sicher: Der Wind verminderte immer mehr sein Tempo, auch wenn er nach wie vor an ihren Röcken zerrte. Aber mittlerweile flogen keine weiteren Holzstücke mehr durch die Luft. Fassungslos drehte Anna sich im Kreis, um das Wunder zu begreifen.

Wie aus dem Nichts ebbte das Unwetter urplötzlich ab. Der eben noch winzige, nur zu erahnende Fleck Himmelsblau dehnte sich mehr und mehr zu einem Streifen aus. Anna konnte es kaum glauben, als obendrein ein Sonnenstrahl durch die dicke Wolkendecke hindurch schoss. Mit ihren Augen folgte sie dem Strahl. Zu ihrer Verwunderung schien dieser direkt auf das Haus der Hebamme zu weisen.

Wie in eine goldene Aura gehüllt stand die einfache Hütte inmitten des Dorfes. Mit langsamen Schritten tippelte Anna in Richtung ihres neuen Geschwisterchens, das sie eben noch gehört zu haben ahnte. Was hatten die ganzen Geschehnisse nur zu bedeuten? Das Unwetter – eben noch mit zerstörerischer Kraft, nun wie weggefegt – zeugte davon, dass hier etwas nicht mit rechten Dingen zuging.

Zerstörte Häuser, verletzte Siedler und ein zum Teil überschwemmter Dorfanger flankierten ihren Weg zurück zur Hebamme. Vor der Hütte angekommen, traute Anna sich kaum einzutreten. Allerdings nahm ihr diese Entscheidung jemand ab. Die Tür wurde von innen aufgerissen. In jenem Moment bekam Anna zum ersten Mal ihr neues Brüderchen zu Gesicht.

Milos

Eiskalt pfiff der Wind über die Ebene zu seinen Füßen. Der schneidende Luftzug ließ die Gruppe erbarmungslos bis auf die Knochen frieren. Ein Ende der Reise war indes noch lange nicht abzusehen. Da der Pfad nunmehr unter einer Schneedecke verdeckt lag, war es sogar für ihren Führer schwierig, den richtigen Weg zu finden. Trostlos, verschneit und heimtückisch präsentierte sich das Land vor ihm.

Die Weite zu überqueren war schon unter normalen Umständen schwierig. Solange der Boden nicht vom Frost zu einer festen Ebene gefroren war, bestand Lebensgefahr, sobald man den sicheren Weg verließ und im schlimmsten Fall samt Pferd im tödlichen Sumpf versank. Leider wusste gegenwärtig noch nicht einmal der Einheimische, wo genau dieser Pfad lag. Die Schneedecke machte für sie alle ein zügiges Vorankommen unmöglich.

Die erste Zeit über waren sie gezwungen gewesen, hintereinander zu reiten. So hatte sich die Prozession einer Perlenkette gleich durch das Land der Lusitzer geschlängelt. Zum Glück verbreiterte sich der Weg nach einer Weile, sodass die Männer nebeneinander reiten konnten. Milos befand er sich endlich an der Seite seiner Beraterin. Schon seit dem Moment ihres Aufbruchs brannten ihm Fragen unter den Nägeln, welche nur sie in der Lage war, schlüssig für ihn zu beantworten.

»Wir hatten keine Zeit, uns seit den Geschehnissen auf Kosilenzien in Ruhe miteinander zu unterhalten. Die Begebenheiten auf der Burg gehören jedoch dringend ausgewertet. Wollt Ihr mir nicht zuerst von Eurem Teil der Ereignisse berichten, bevor ich Euch mit meinen Fragen löchere?«, begann er ein lockeres Gespräch mit der Ratgeberin.

Aufrecht auf ihrer großen Stute sitzend, bedachte sie ihn mit einem unergründlichen Blick. Die geheimnisvolle Frau wirkte, als würde sie nichts von der erbärmlichen Kälte und dem schneidenden Wind verspüren. Der schwere Mantel, welchen er ihr zuvor geschenkt hatte, hing nur lose über ihre Schultern herab. Wlada trug noch nicht einmal Handschuhe, weder einen Schal noch die Kapuze.

Milos wurde sich wie immer in ihrer Gegenwart darüber bewusst, wie sehr er dieses Weib begehrte. Tatsächlich hatte er sich ein wenig eifersüchtig gezeigt, als die Beraterin mehr Zeit mit dem Fürsten der Lusitzer verbracht hatte als mit ihm. Damals hatte er allerdings noch nicht gewusst, wer Korla wirklich war. Nunmehr verstand er die Beweggründe der Frau. Dennoch nagte tief in ihm drin die Missgunst, weil die Schönheit einem anderen Mann mehr Aufmerksamkeit geschenkt hatte als ihm – auch wenn sie das nur getan hatte, um an wertvolle Informationen für Milos zu gelangen. Sie war sein Weib und sollte sich auch dementsprechend benehmen.

»Es war nur ein Verdacht, dem ich nachgegangen bin, mein Fürst«, riss sie ihn aus seinen Gedanken.

Eine leise Zustimmung murmelnd, wartete er auf eine weitere Erklärung.

»Ihr wollt also wissen, was ich herausgefunden habe. Bedenkt aber bitte, dass ich nicht sonderlich viel Zeit hatte, um mich mit allen Bediensteten und Bütteln innerhalb der Burgmauern zu unterhalten«, versuchte sie zugleich ihre Aussage zu relativieren.

»Natürlich. Sprecht frei!«

»Korlas Position ist noch nicht so gefestigt wie die Eure. Es scheint, als hätte ihn der Ältestenrat aus einer Notwendigkeit heraus zum Anführer gewählt. Ihr wisst selbst, dass die Lusitzer nicht dazu tendieren, sich unter einem gemeinsamen Befehlshaber zu vereinen. Wie es scheint, haben sie allerdings die Dringlichkeit zu einem derartigen Schritt erkannt. So ist dieser junge Fürst eher ein Kompromiss zwischen den einzelnen Familienführern als ein tatsächlicher Herrscher«, berichtete ihm die schwarzhaarige Schönheit.

»So etwas Ähnliches habe ich mir schon gedacht«, gestand Milos der Vertrauten. »Die Ereignisse um die Enthüllung haben mich reichlich überrascht. Nun verratet mir aber endlich, was ihr die ganze Zeit über auf der Burg getrieben habt! Da muss es doch noch mehr geben.«

Neugierig warf er dabei einen Blick auf die Frau an seiner Seite. Da er auf der Feste der Lusitzer nicht das Bett mit der Beraterin geteilt hatte, war er mehr als nur auf ihre Berichte aus. Er hielt es schlichtweg nicht für angebracht, unter einem fremden Dach mehr über sich preiszugeben als unbedingt notwendig. So verspürte er in den Lenden mehr denn je das Bedürfnis, sich die Ratgeberin einfach zu nehmen.

»Euch sollte klar sein, dass es mir nicht leicht fiel, das Geheimnis herauszufinden. Wieso fragt Ihr mich also danach, was ich auf der Burg gemacht habe? Stets handelte ich nur in Eurem Interesse, mein Fürst. Weshalb vertraut Ihr mir plötzlich nicht mehr? Gab ich Euch Veranlassung dazu, an mir zu zweifeln?«

»Nein, natürlich nicht. Wie kommt Ihr nur darauf?«, beschwichtigte Milos sogleich. »Ihr habt mein volles Vertrauen. Nicht umsonst habe ich Euch mit auf diese Reise genommen. Es war nur an mir festzustellen, wie oft Ihr Euch bei dem Fürsten der Lusitzer herumgetrieben habt. Tatsächlich habe ich mich des Öfteren gefragt, wo Ihr die Nacht verbracht habt.«

»Wie meint Ihr das?«, fragte Wlada stirnrunzelnd.

»Ihr seid meine Ratgeberin und Vertraute. Deswegen sehe ich es nicht gern, wenn Ihr Euer Lager mit einem anderen Mann teilt. Ihr gehört einzig mir. Ab dem Zeitpunkt, als Ihr Euch mir zum ersten Mal hingegeben habt, ist diese gemeinsame Übereinkunft in Kraft getreten«, erhob Milos seine Stimme.

Allerdings sprach er diese Worte nicht so laut, als dass einer der Männer in unmittelbarer Umgebung in der Lage gewesen wäre, ihn zu verstehen. Diese Angelegenheit ging nur ihn und Wlada etwas an. Trotzdem war es ihm wichtig, dass die Frau verstand, zu wem sie gehörte. Sie hatte Begehrlichkeiten bei ihm geweckt. Als ein mächtiger Fürst eines noch größeren Volkes betrachtete er es als sein Recht, Frauen für sich allein zu beanspruchen. Letztlich war es ihre Pflicht, die einmal erzeugten Begehrlichkeiten auch zu befriedigen.

»Natürlich habe ich mein Nachtlager mit niemandem geteilt, mein Fürst. Ihr seid mein Herr und Gebieter. Wie kann ich zu einem anderen Mann ins Bett steigen, nachdem ich zuvor neben Euch lag?«, fragte sie ihn geradeheraus. »Ich habe nur das Verhalten der Dienerschaft und der Wachen beobachtet. Selbstverständlich habe ich einige Nacht am Lagerfeuer der Bediensteten verbracht. Anders wäre es mir nicht möglich gewesen, hinter das Geheimnis der Burg zu gelangen. Das niedere Volk weiß und sieht oft mehr als die Adligen, von denen es kaum beachtet wird.«

Mit einer Hand ergriff sie die seine. Eng nebeneinander reitend versuchte Wlada, Milos zu beruhigen. Ein fester Druck sollte ihn anscheinend davon überzeugen, dass sie die Wahrheit sprach. Allerdings köchelte unter seiner Oberfläche nach wie vor eine gewisse Eifersucht. Er war sich sicher gewesen, dass Korla die Ratgeberin ebenso begehrt hatte, wie er auch. In seiner wilden Fantasie malte er sich aus, dass der kleine Emporkömmling Wlada bedrängt hatte.

»Mein stolzer Fürst, nur keine Angst. Ich vermisse Euch genauso, wie Ihr mich«, flüsterte sie leise. »Die langen und kalten Nächte in Kosilenzien habe ich sowohl in Einsamkeit, in Vorfreude als auch in kaum gezügelter Erwartung verbracht. Ihr wisst gar nicht, wie sehr ich mich nach Euren starken Armen verzehrt habe. Euer warmes Lager hätte mir die Tage bei den Lusitzern um einiges angenehmer gestalten können. Allerdings wären wir dadurch nicht dahin gelangt, wo wir heute stehen. Ich verspreche Euch, dass wir alles nachholen werden, sobald wir auf unser eigenes Gebiet zurückgelangt sind.«

Die Worte der Ratgeberin ließen seine Eifersucht langsam wieder abflauen. So ritten sie noch eine ganze Weile über die Sumpfebene dahin. Er verspürte jedoch zunehmend das Gefühl, dass sie sich kaum von der Stelle bewegten. Beständig blieb ihr Führer stehen, um den Untergrund zu untersuchen oder um an einer Kreuzung die richtige Abzweigung zu wählen. Als sich die Sonne bereits knapp über dem Horizont befand, suchte er den Lusitzer an der Spitze auf.

»Wieso sind wir so lange unterwegs? Der Hinweg zur Burg Kosilenzien kam mir wesentlich kürzer vor. Zudem war der damalige Reiseführer auch nicht immer gezwungen, ständig anzuhalten, um nach dem rechten Pfad zu suchen.« Verärgert brachte Milos mit der Aussage seine ganze Frustration zum Ausdruck.

»Es ist nicht mehr so leicht wie im Herbst. Versteht Ihr, werter Fürst?«, entgegnete der Einheimische. »Solange noch kein Schnee liegt, ist es für das geübte Auge problemlos erkennbar, wo sich der Weg zwischen den Sumpflöchern versteckt hält. Wenn jedoch über allem eine weiße Decke liegt, kann man nicht erkennen, was sich darunter befindet. Dementsprechend habe ich einen Pfad gewählt, welcher nicht ganz so gefährlich ist. Das bedeutet aber auch, dass wir einen kleinen Umweg in Kauf nehmen müssen.«

Mit einem kehligen Brummen gab Milos eine nichtssagende Antwort. Ohne sonderliche Wertung ließ er die Aussage des Führers zwischen sich stehen. Er besaß schlichtweg keine Handhabe, die Ausführungen des Mannes zu überprüfen. Dass die Nacht kurz bevorstand und sie sich immer noch in dieser Einöde befanden, beunruhigte ihn zunehmend. Tatsächlich ließ der Lusitzer die Gruppe nach einer Weile auf einem flachen Hügel inmitten der trostlosen Ebene anhalten. Ohne ein Wort des Bedauerns verkündete der Mann, dass sie wohl gezwungen wären, an jener Stelle zu übernachten. Da es schon am Tage schwierig war, den rechten Pfad zu finden, wäre es lebensmüde, es in der Nacht zu versuchen.

Zwischen windschiefen Bäumen und mickrigen Büschen versuchte jeder, so gut es eben ging, sich einen Platz zum Schlafen zu suchen. Selbst Milos war genötigt, das Nachtlager in einer eiskalten Kuhle aufzuschlagen. Obgleich sie die Pferde im Kreis um den Hügel herum anleinten, um für sich einen Schutz vor dem schneidenden Wind zu schaffen, sorgte das kaum für eine Verbesserung der Lage. Der schmale Rastplatz und die Tatsache, dass die beste Möglichkeit, um sich zu wärmen, immer noch ein anderer Mensch bot, nutzte Milos zugleich aus und schmiegte sich eng an Wlada. Obwohl er trotz allem erbärmlich fror, empfand er die Situation als nicht ganz so trostlos wie zu Anfang gedacht. Solange er seine unterkühlten Hände an den prallen Brüsten der Beraterin wärmen konnte, war es ihm unmöglich, sonderlichen Verdruss zu empfinden.

Am nächsten Morgen wachten alle mit steifen Gelenken und Gliedmaßen auf. Dabei machte es keinen Unterschied, ob jemand alt oder jung war. Jeder litt gleichermaßen unter dem frostigen Wetter. Das Frühstück bestand zudem nur aus einigen kalten Resten, welche die Reiter aus der Burg Kosilenzien mitgenommen hatten. Innerhalb kürzester Zeit befand sich die Gruppe wieder auf ihren Pferden, um so schnell wie möglich einen Weg aus der Moorlandschaft zu finden.

Tatsächlich tauchte schon nach einem kurzen Ritt ein Waldrand am Horizont auf. Milos war sich nicht sicher, ob dies der gleiche Wald war, von dem er einst aufgebrochen war und in dem die zurückgelassenen Männer auf die kleine Gruppe wartete. Dieses Unwissen über ihre jetzige Position und über den zurückzulegenden Weg verstärkte seinen Unmut. Zum Glück für ihre Truppe begann die Sonne langsam das Firmament zu erklettern. Die wärmenden Strahlen tauten ihre unterkühlten Körper zunehmend auf. Der Umstand konnte jedoch nicht darüber hinwegtäuschen, dass es ein elendig kalter Wintertag war. So schleppten sie sich weiterhin schweigend über die Ebene dahin.

Es fühlte sich für den Fürsten so an, als wenn erneut ein kompletter Tag verging, bis sie an den Rand der Baumgrenze gelangten. So befand sich die Sonne bereits in der Nähe des Horizontes, bevor er wieder richtig festen Boden unter den Füßen zu spüren bekam. Unzufrieden mit den Diensten des Lusitzers hatte er deswegen für ihn weder eine Münze übrig, noch dankte er dem Einheimischen für das Geleit durch den tückischen Sumpf.

»Der Führer kann froh darüber sein, dass ich ihn nicht augenblicklich für den Umweg bestrafe!«, redete er mehr zu sich selbst als zu seinen Männern. Zum Glück für die Gruppe hatte der Mann als letztes in die Richtung verwiesen, in welcher die restlichen Getreuen auf ihn warteten, die er auf die Burg nicht hatte mitnehmen können. Wahrscheinlich waren sie ungleich durchgefrorener als er selbst. Letztlich harrten sie schon etliche Tage am Rand der kalten Ödnis aus, um auf ihn zu warten.

Als das Tageslicht bereits merklich spärlicher wurde, entdeckte Milos die Rauchwolke eines Lagerfeuers im Gegenlicht der weißen Wolken. Im straffen Galopp versuchten er und seine Untergebenen, das Lager noch vor Einbruch der Nacht zu erreichen. Allerdings hatten sie sich in der Entfernung getäuscht. Es war bereits dunkel, als sie an den Ausgangspunkt der Reise zur Burg Kosilenzien gelangten.

Zu seiner Verärgerung zeigte sich das Lagerfeuer mittlerweile als heruntergebrannt. Zugleich waren keine Wachen aufgestellt. Hatten sich seine Männer etwa in Müßiggang geübt, fragte Milos sich erbost. Wahrscheinlich hatten sie nur ein Auge auf die Sumpffläche geworfen, um darauf zu warten, dass er zurückkehrte. Bestimmt würden sie erst wieder in Geschäftigkeit verfallen, wenn irgendwo da draußen eine Gruppe zu sehen wäre. Dass er aus einer ganz anderen Richtung wiederkehrte, damit rechneten seine Untergebenen mit Sicherheit nicht. So fand er nunmehr direkt die Möglichkeit, die Nichtsnutze auf frischer Tat zu ertappen. Milos müsste wohl oder übel einige Exempel statuieren. Besonders für die Truppführer stellte dies kein erwähnenswert gutes Zeugnis dar.

Im wilden Galopp preschte er deswegen auf den Rastplatz der Männer hinein. Allerdings zügelte er augenblicklich erstaunt sein Pferd. Nirgendwo zeigte sich einer der Waffenknechte oder Diener. Obwohl es deutliche Zeichen gab, dass an dieser Stelle noch vor kurzem eine ganze Reihe von Menschen gerastet hatte, war niemand auszumachen. Verwirrt drehte Milos eine Runde in dem kleinen Gebiet. Unterstände, Zelte und Kochplätze zeugten von einer noch nicht lang vergangenen Aktivität auf der Lichtung, zumal unter den Kochtöpfen nach wie vor die Feuer brannten. Gleichfalls schwelte das Hauptlagerfeuer in einem heruntergebrannten Aschehaufen. Alles deutete darauf hin, dass das Lager bis vor kurzem belebt gewesen war. Nacheinander trafen die anderen Mitglieder seiner kleinen Gruppe ein. Diese zeigten sich ebenso überrascht über die Abwesenheit ihrer Kameraden und Freunde.

Sogar Wlada, die sich nie aus der Ruhe bringen ließ, suchte mit ihren wie wild hin und her zuckenden Augen die Umgebung ab. Leider war es in der mittlerweile einsetzenden Nacht unmöglich, mehr als ein paar wenige Schemen zu erkennen. Trotzdem ließ Milos seine Männer ausschwärmen, um das Gebiet zu durchsuchen. Hatten seine Untergebenen nur etwas entdeckt und wollten dem genauer auf den Grund gehen? An eine andere Erklärung mochte Milos lieber nicht denken.

»Mein Fürst, kommt hierher«, erklang jäh Jakubs Stimme.

Anscheinend hatte sein Bannerträger etwas gefunden. Als Milos zu dem Vertrauten ritt, schwante ihm schon Übles. Tatsächlich wurde er in seiner Vorahnung bestätigt. In einer Kuhle abseits des Waldweges lagen vier zerstückelte Leichen. Auf den ersten Blick war es schwierig zu erkennen, wer die Männer waren. Anhand der Kleidung erkannte er in ihnen jedoch seine Untergebenen. Was war hier bloß geschehen? Eiskalt packte ihn das Grauen, als ihm die ganze Tragweite bewusst wurde.

Friedrich

Es war immer noch Winter. Wie lange schon der Schnee auf den Bäumen, Lichtungen und Hängen lag, wusste er bereits nicht mehr zu sagen. Überhaupt konnte er sich an eine solch langanhaltende kalte Jahreszeit nicht zurückerinnern und er hatte das Gefühl, der Schnee läge schon sein halbes Leben lang. Sicherlich wirkte auf Friedrich alles so zeitlich gedehnt, weil die unentwegte Monotonie und Schufterei bei Frau Saskia ihm jegliches Zeitgefühl raubte. Seine beiden Geschwister unterdessen führten ein paradiesisches Leben bei der alten Hexe. Gut genährt, rund und dick ließen Lucas und Brid sich das Leben schmecken, ganz als wären die Zwillinge die Kinder eines Königs.

Da er die beiden aber nicht bei Frau Saskia zurücklassen wollte, verhinderte dies seine Gedanken an eine Flucht vollständig. Wie hätte er auch fliehen können? Frau Saskia sorgte penibel dafür, alle Türen in der Hütte stets fest verschlossen zu halten, immer mit der Ausrede versehen, dass sie in einem dichten und gefährlichen Wald wohnen würden. Die Zwillinge nahmen dies ohne Widerworte hin, solange sie ihre fünf Mahlzeiten am Tag erhielten. So war Friedrich gezwungen, jedes Mal anzuklopfen, wenn er das Haus zu betreten gedachte. Ebenso war er angewiesen, sich bei der Hausherrin abzumelden.

Egal wie er die Situation drehte und wendete: Es gab für sie kein Entrinnen aus dem Gefängnis. Die Zwillinge sahen auch überhaupt keinen Grund, aus ihrem goldenen Käfig auszubrechen. Warum sollten sie auch das warme Heim verlassen und in dem gefährlichen Wald Unterschlupf suchen? Für sie war Frau Saskia die netteste Frau nach Mutter auf Gottes schöner Erde. Die zwei Kleinen fühlten sich so wohl wie noch niemals zuvor in ihrem Leben.

Letztlich waren sie auch zum ersten Mal in ihrer Kindheit von den Zwängen befreit, im Haushalt zu helfen. In der alten Siedlung war vor allem Lucas beim Aufbau ihres neuen Bauernhofes stets mit eingespannt gewesen. Trotz seines noch jungen Alters hatte er auf dem Acker ausgeholfen. Besonders nach der schweren Verletzung vom Vater und nach dessen Tod hatte sich der Knabe in der Pflicht befunden, der Familie zur Hand zu gehen. Obwohl er dabei mehr im Wege gestanden hatte, als dass er hilfreich war, arbeitete er mit seinen Brüdern von Sonnenaufgang bis Sonnenuntergang auf der gemeinsamen Familienscholle.

Ihr Leben war damals durchaus beschwerlich, hart und entbehrungsreich gewesen. Sie hatten aber alle zusammen auf ihrem eigenen Land gelebt. Als Teil der Gemeinschaft musste jeder seinen Scheffel dazu beitragen, den Lebensunterhalt zu erarbeiten.

Für Friedrich hingegen zogen sich die Tage nun in monotoner Tätigkeit dahin. In und vor der Hütte sowie um sie herum gab es mehr als genug für ihn zu tun. Es wirkte auf ihn, als wenn die Arbeit von etlichen Jahren darauf wartete, von ihm erledigt zu werden. Wäre er doch nur so mutig oder so intelligent wie seine älteren Geschwister, resignierte er zum wiederholten Mal. Denen wäre bestimmt schon längst eine Lösung für das Problem eingefallen. Für ihn als mittleres Kind hatte Gott leider keine bemerkenswerten Fähigkeiten vorgesehen. Jeden Tag, der verging, ergab er sich mehr in sein Schicksal, nichts Besonderes zu sein. Er erfüllte nur die Aufgaben, welche ihn die Eremitin Morgen für Morgen auftrug.

Friedrich fragte sich allerdings, was Frau Saskia damit bezweckte, die Zwillinge derart zu verhätscheln. Die Herrin des Hauses hatte eingangs versprochen, sie im Frühjahr gehen zu lassen. Hoffte sie etwa, die Kinder dadurch, dass sie sie endlos verwöhnte, an sich zu binden? So etwas wie hier hatte er noch nie zuvor erlebt.

Auch machte sich Friedrich seine Gedanken darüber, woher die Einsiedlerin ihre reichlichen Vorräte bezog. Wie schaffte es Frau Saskia, allein im Wald zu überleben? Und warum schwelgte sie in einem derartigen Wohlstand? Dass etwas nicht mit ihr stimmen konnte, stand für ihn außerhalb jeglicher Diskussion. Allerdings hatte er keine Erklärung für die seltsamen Vorgänge.

Hinter das Geheimnis der siebenten Tür im Haus war Friedrich aber begierig zu kommen. Seit dem verhängnisvollen Tag ihrer missglückten Flucht hatte er das Heim der Einsiedlerin nicht mehr ohne seine Bewohnerin angetroffen. Somit hatte er auch keine Möglichkeit mehr erhalten, die mysteriöse Tür erneut in Augenschein zu nehmen. Friedrich war sich jedoch darin sicher, dass irgendetwas dahinter lauerte. In einsamen und kalten Nächten war es für ihn fast so, als wenn etwas hinter der Tür nur darauf wartete, dass er sie öffnete.

Manchmal, wenn er mucksmäuschenstill auf seinem Schlaflager lag, konnte er dieses tiefe und alles durchdringende Geräusch ganz leise vernehmen. Es klang ganz so, als wenn etwas gegen eine riesige Trommel schlug. Friedrich war dabei hin- und hergerissen zwischen seiner Angst davor, hinter dieser Tür auf etwas Unheimliches zu stoßen, und seiner Neugierde, die ihn dazu trieb, die mysteriöse Pforte zu öffnen.

Seine beiden Geschwister ignorierten allerdings das verbotene Zimmer. Dank der Süßspeisen, Geschichten und dem warmen Ofen genossen die Zwillinge das Leben. Da blieb kein Platz und auch keine Notwendigkeit, sich über andere Sachen den Kopf zu zerbrechen. Das konnte Friedrich den Kleinen schwerlich verübeln. Letztlich wussten sie es nicht anders. Sie meisterten momentan das Leben besser als er selbst. Nach dem Tod des Vaters und der Vertreibung aus ihrem alten Dorf war jeder niedergeschlagen, frustriert und demotiviert gewesen. Die beiden Kinder nunmehr fröhlich, satt und entspannt zu sehen, wiegte die Unannehmlichkeiten für Friedrich ein wenig auf. Dennoch blieb für ihn die Frage, wann und wie dies alles am besten enden und er der Schufterei in Frau Saskias Haus entkommen könnte – samt seiner Geschwister.

Frau Saskia hingegen beobachtete aus ihrem Haus heraus Friedrich bei seiner Arbeit. Die kalte Jahreszeit zeigte sich gerade von ihrer prachtvollen Seite. Ein strahlend blauer Himmel, lange, glitzernde Eiszapfen an der Dachkante und eine warme Sonne versprachen einen wunderbaren Wintertag. Blendend spiegelte sich das helle Licht auf der weißen Oberfläche vor dem Heim der Einsiedlerin wider.

»Was ist nur los mit dir, Friedrich?«, sprach die Gastgeberin ihn direkt an. »Wieso haben wir so ein schlechtes Verhältnis zueinander? Behandle ich dich etwa nicht gut genug? Willst du, dass ich dich genauso verwöhne wie deine Geschwister?«

»Nein, wie kommt Ihr darauf?«, entgegnete er skeptisch darüber, was die Frau vorhatte.

»Siehst du, genau das meine ich. Wie oft habe ich dich gebeten, mich Tante oder auch nur Saskia zu nennen? Weshalb weigerst du dich, mich als deine Freundin zu sehen?«

»Ich bin einfach so erzogen. Es tut mir leid. Jedoch kenne ich Euch kaum. Herr Johannes hat uns hierher gebracht, ohne die Situation zu erklären. Mir ist bewusst, dass wir uns damals in einer Notlage befanden. Allerdings sind wir gerade deswegen zugegebenermaßen auch nicht freiwillig hier.«

Augenblicklich biss Friedrich sich auf die Zunge. Instinktiv wusste er, dass er mit dieser Aussage vermutlich zu weit gegangen war. Frau Saskia zu beleidigen, würde die Situation für ihn nicht besser machen. Bisher hatte sie ihn zwar gegenüber seinen Geschwistern benachteiligt, aber sie war nie ausfällig geworden. Friedrich wollte sich lieber nicht vorstellen, was passieren würde, falls sie wahrhaftig einmal wütend wäre.

»Aber wieso nur, mein Junge? Deine Geschwister haben mich doch vom ersten Tag an in ihr Herz geschlossen. Nur du hast dich immer reserviert und zugeknöpft gezeigt. Selbst an so einem herrlichen Tag läufst du vor mir davon. Wenn ich es nicht besser wüsste, würde ich sagen, dass du Angst vor mir hast.«

»Wie kommt Ihr nur darauf? Das Einzige, worum ich mich sorge, ist, ob es den Zwillingen gut ergeht. Glaubt Ihr nicht, ich hätte ansonsten bereits etwas dagegen unternommen?«, ging er in die Offensive.

Die Eremitin hatte bestimmt längst mitbekommen, was er von ihr tatsächlich dachte. Zudem war sie sich mit Sicherheit der Tatsache bewusst, dass er zusammen mit seinen Geschwistern einen weiteren Fluchtversuch wagen würde, sobald er die Chance dazu erhielt.

»Schade, dass du nicht ehrlich zu mir bist. Ich verstehe überhaupt nicht, warum du annimmst, dass ich euch Böses antun möchte. Ich versuche mein Bestes, damit es euch bei mir gut ergeht. Verwöhne ich die Zwillinge etwa nicht, als wären sie meine eigenen Kinder? Habt ihr nicht ein Dach über dem Kopf und jeden Abend ein warmes Bett?« Mit einer unschuldigen Geste verwies sie zugleich auf sich und anschließend auf ihn. »Ich begreife nicht, woher dieser Argwohn stammt, denn ich sorge gut für euch. Was soll ich sonst machen? Du solltest dir hingegen zu Herzen nehmen, den Aufenthalt von Brid und Lucas nicht zu verderben. Die beiden haben doch so viel Spaß.«

Friedrich nickte nur beiläufig, ohne diesen Appell an sein Gewissen zu bejahen. Er wollte das Thema so schnell wie möglich beenden und Frau Saskia aus dem Weg gehen. Was hätte er ihr auch entgegnen sollen? Obwohl er lieber ein echter Held gewesen wäre, sah er sich mittlerweile nur als einen kleinen Jungen, der gegen die Welt der Erwachsenen kaum eine Chance besaß.

Erleichtert nahm Friedrich wahr, dass sich die Frau endlich von ihm wegdrehte und ohne ein weiteres Wort in ihrer Hütte verschwand. Anscheinend hoffte sie, mit dem knappen Gespräch alles geklärt zu haben. Er war sich dagegen mehr denn je sicher, dass er seine beiden Geschwister retten musste. Sein Misstrauen gegenüber dieser Frau war grenzenlos und er befürchtete, dass sie etwas Fürchterliches mit Brid und Lucas im Sinn hatte. So sehr er sich aber auch anstrengte, fiel ihm kein Plan ein, wie er endlich aus den Fängen dieser Eremitin entkommen könne.

Statt in die Behausung zu gehen, entschloss Friedrich sich lieber dazu, an diesem herrlichen Wintertag einen Spaziergang zu unternehmen. Er brauchte einen freien Kopf. Die anfängliche sichere Unterkunft war innerhalb kürzester Zeit zu einem perfiden Gefängnis geworden. Als großer Bruder sah er sich in der Pflicht, eine Lösung für das Problem zu finden.

Am frühen Abend erst kehrte Friedrich zu der Hütte zurück. Zunehmend spürte er den Frost in seine Glieder ziehen. Auch wenn die Sonne heute auf die weiße Landschaft geschienen hatte, umgab ihn eisige Luft. Die Nacht würde sich erst recht als klirrend kalt erweisen. An der Eingangstür klopfte er wie immer an. Nichts rührte sich. Was hatte das zu bedeuten?

In Panik darüber, dass Frau Saskia mit den Zwillingen verschwunden sein könnte, betätigte er den Riegel. Tatsächlich ließ sich die Pforte widerstandslos öffnen. So trat Friedrich in die Diele, um festzustellen, dass sie gänzlich verlassen dalag. Das verstärkte seine Angst enorm. Laut rief er nach seinen Geschwistern, fand das Heim der Einsiedlerin aber vollkommen leer und ohne Nachricht vor.

Da er seinen Mantel zuvor bereits abgelegt hatte, war er lediglich in leichte Gewänder gekleidet. Das hielt ihn jedoch nicht davon ab, wie ein Wahnsinniger in die Kälte hinauszustürmen. Überraschend vernahm er in einiger Entfernung leises Kinderlachen. Hinter einer Anhöhe entdeckte er seine beiden Geschwister, wie sie mit der Hausherrin einen Menschen aus Schnee errichteten. Tatsächlich hatten Brid und Lucas derart viel Spaß bei der Sache, dass sie ihn gar nicht wahrnahmen.

Erneut war er sich sicher, dass dies alles nur dazu diente, die Zwillinge davon abzuhalten, die Hütte der Einsiedlerin verlassen zu wollen. Frau Saskia würde ihm gegenüber behaupten können, dass sie alles unternahm, damit es den Kindern gut erging. Auf leisen Sohlen schlich Friedrich sich deswegen zu dem Haus zurück. Mehr denn je war er von der Niederträchtigkeit der Eremitin überzeugt.

Seine Schritte führten ihn wie magisch zu der mysteriösen siebten Tür. Langsam trat Friedrich an das Holz der ihm so furchteinflößenden Öffnung heran. In der Hoffnung, irgendetwas zu erfühlen, legte er seine Handflächen an die Bohlen. Tatsächlich spürte er die Vibration des seltsamen Geräusches sich seinen Arm hinaufarbeiten. Bis tief in die Eingeweide nahm er das dunkle Brummen aus dem Zimmer dahinter wahr. Nach wie vor war er außerstande, sich einen Reim darauf zu machen. Er wusste nur, dass etwas Böses, Fremdes und Unchristliches dahinter lag.

Allerdings schien es erneut so, als ob er der Einzige wäre, welcher diese Laute zu vernehmen vermochte. Weder Lucas noch die sonst so aufgeweckte Brid hatten dieses Geräusch je bemerkt. Das führte dazu, dass Friedrich mehrfach an sich und seinen Wahrnehmungen gezweifelt hatte. Jetzt war er sich jedoch gänzlich sicher, dass er sich dieses Geräusch nicht nur einbildete. Er spürte es ganz tief in sich drin.

Fremde Dinge befanden sich hinter der Wand, vor der er stand. Mehr denn je verspürte er das Verlangen in sich aufsteigen, das Geheimnis des angsteinflößenden Geräusches zu ergründen. Die Sorge um das Wohlbefinden seiner Geschwister hielt ihn jedoch noch davon ab, die Tür zu öffnen, auch wenn er sich sicher war, dass sich auf der anderen Seite des Eingangs ein Beweis versteckt hielt. Der Beleg dafür, dass Frau Saskia ein niederträchtiges, hinterhältiges und böses Wesen war.

Noch wusste Friedrich die Hausherrin mit den beiden Kleinen außerhalb der Hütte. Er war sich aber auch darüber bewusst, dass sie jederzeit zurückkommen könnte. So entschloss er sich letztendlich dazu, das Geheimnis der Einsiedlerin zu ergründen.

Zuerst versuchte er, mit Drücken und Schieben die Tür zu öffnen – allerdings ohne Erfolg. Mutig setzte er seine ganze Kraft ein. Mit Fäusten, Tritten und Schlägen bearbeitete er das Holz, in der Hoffnung, sich dadurch den Zutritt zu dem Raum zu erzwingen. Der Versuch scheiterte jedoch ebenso kläglich. Selbst als er sich mit aller Macht und mit vollem Anlauf gegen die Pforte warf, bewegte sich die Tür keinen Deut weit.

So hatte er keine andere Wahl, als zu schwereren Werkzeugen zu greifen. In der Küche fand er einen Holzhammer sowie lange Messer. Außerdem griff er eine dicke Eisenstange, die sich auf der Kochstelle befand. Doch seine Mühen zeigten sich umsonst: nicht einmal einen winzigen Finger breit ließ sich der siebte Raum öffnen. Wie aus Stein gehauen hielt die Holztür seinen Einbruchsversuchen stand. Wie viel Zeit ihm wohl noch blieb, bevor Frau Saskia mit seinen Geschwistern heimkehrte?

Schnell wie der Wind rannte er nach draußen, um die massige Axt vom Hackblock zu holen. Da er täglich gezwungen war, Feuerholz zu schlagen, achtete er stets darauf, dass die Axt scharf und einsatzbereit war. So stand er binnen weniger Herzschläge erneut vor der Pforte.

Friedrich überlegte nicht lange und holte weit aus. Mit einem lauten Dröhnen traf das Eisen auf das Holz. Er hatte beim Aufprall das Gefühl, dass ihm die Arme ausgekugelt würden. Vibrierend zog sich der Schmerz die Oberarme hinauf. Das ließ ihn das Werkzeug aus den Händen gleiten. Die scharfe Schneide rutschte nur knapp an seinem Schienbein vorbei, als sie von der Tür abprallte, und schlitterte danach weit über den Boden entlang. Am Fuß der Eingangstür blieb sie letztlich liegen.

Ungläubig begutachtete er sein Werk. Keine Spur war auf dem Holz zu entdecken, ganz so, als hätte er nie versucht, das Tor gewaltsam zu öffnen. In einer makellosen Maserung präsentierte sich die Tür, wie um ihn zu verhöhnen.

Niedergeschlagen schleppte Friedrich sich zu der Axt. Im Schein der untergehenden Sonne vor der Hütte der Einsiedlerin fiel ihm auf, dass die Schneide der Axt durch den Schlag vollkommen krumm war, so erheblich hatte das Werkzeug bei dem Versuch, das Holz zu spalten, gelitten. Er würde wahrscheinlich lange brauchen, um diesen Schaden aus der Axt herauszuarbeiten. Friedrich mochte sich gar nicht vorstellen, wie mühselig es nun wäre, in der nächsten Zeit das Feuerholz zu schlagen. Resigniert räumte er die Axt wieder weg – früh genug, bevor ihn nahende Schritte davon berichteten, dass seine Geschwister mit Frau Saskia ins Haus zurückgekehrt waren.

Kurz darauf saßen sie alle zum Abendbrot beisammen, als wäre nie etwas geschehen. Er wusste nicht, ob Frau Saskia etwas von seinem Vorhaben ahnte. Er war sich allerdings sicher, dass die Frau stets über alles Kenntnis hatte, was in ihrem Heim geschah. Dennoch drehten sich die Gespräche an dem Abend ausschließlich um das Spielen im Schnee.

Friedrich war sich sicher, dass er so schnell nicht mehr die Möglichkeit bekäme, die Kleinen ohne die Kenntnisnahme der Frau nach draußen zu lotsen. Frau Saskia unternahm augenscheinlich alles Erdenkliche, damit die Zwillinge bei ihr blieben. Er benötigte dringend einen Plan, um sich vor dieser Bedrohung zu schützen oder wenigstens vor ihr zu entkommen.

Mit zusammengekniffenen Augen fixierte er Frau Saskia, während diese so tat, als wäre nichts vorgefallen. Wüsste man es nicht besser, hätte man leicht annehmen können, dass hier eine Familie idyllisch zusammen ihr Essen einnahm. Friedrich wusste es jedoch besser. Frau Saskia war der Teufel in Menschengestalt.

Milos

Bis der Mond hoch oben am Himmelszelt stand, hatten sie etliche weitere Leichen gefunden. Tatsächlich waren es ausschließlich in seinen Diensten stehende Männer, die leblos vor ihm auf dem Boden lagen. Milos befahl, alle Verstorbenen zusammenzutragen, um eine Übersicht über die schrecklichen Geschehnisse zu erhalten. Er hoffte, anhand der Toten ablesen zu können, was genau während ihrer Abwesenheit in dem Lager geschehen war.

Sein Fluchtreflex allerdings riet ihm eher, so schnell wie irgend möglich von diesem furchtbaren Ort zu verschwinden. Aber wohin hätten sie Hals über Kopf mitten durch die stockdunkle Nacht flüchten sollen? Ein heilloser Rückzug, ohne zu wissen, ob hinter dem nächsten Baum ein Überfall auf ihn lauern könnte, führte wahrscheinlich zu noch mehr Verlusten. So riss er sich innerlich zusammen. Er musste einen kühlen Kopf bewahren.

Nach einiger Zeit lagen die Leiber der Verschiedenen vor ihm aufgereiht. Aufgrund vielfach tiefer Wunden und anderer Verstümmelungen erkannte er etliche der Männer nur zum Teil wieder, manche identifizierte Milos einzig anhand kleiner Besonderheiten. Teilweise war das Blut aus den Wunden noch nicht einmal geronnen. Babattz bemerkte gar, dass einige der leblosen Körper noch warm waren. Wie es schien, hatte sich das grausige Schauspiel erst kurz vor ihrem Eintreffen abgespielt. Milos war verzweifelt. Hätten sie den Rastplatz nur ein wenig eher erreicht, hätte er womöglich den Männern zu Hilfe eilen können. Innerlich verfluchte er den Lusitzer, welcher sie durch die Sümpfe geführt hatte. Hatte der Führer sie etwa absichtlich so lange herumirren lassen?

Nach einer kurzen Zählung stellte sich heraus, dass alle Männer, die er auf die Lichtung abgestellt hatte, Opfer des feigen Hinterhalts waren. Was Milos verwunderte, war der Umstand, dass keine Leichen der Gegenseite gefunden wurden. Sollten einzig Daleminzer bei dem Kampf gestorben sein? Seine Männer würden sich wohl kaum ohne Gegenwehr niedermetzeln lassen, bemerkte Milos für sich selbst. Die toten Krieger hatten zu den Besten gezählt, die er in seinen Diensten wusste. Die Zahl der Opfer auf der anderen Seite müsste demnach auch beachtlich sein. Doch wo waren die Angreifer?

Gleichwohl wusste er es sich nicht zu erklären, warum viele der Opfer eine durchgeschnittene Kehle aufwiesen. Die tapferen und erfahrenen Krieger würden kaum einen Fremden an sich heranlassen, um sich hinterrücks den Hals durchschneiden zu lassen. Milos hatte die Krieger ausgesucht, weil er ihnen und ihren Fähigkeiten vorbehaltlos traute. Die Gräuel nun jedoch vor sich zu sehen, zog ihm beinahe den Boden unter den Füßen weg.

»Wlada, ich bitte Euch: Erklärt mir, was hier genau vorgefallen ist. Es kann doch nicht sein, dass alle tot sind!«, versuchte er, sich Trost bei der Ratgeberin zu holen.

Diese zuckte aber auch nur mit ihren Schultern. Zum ersten Mal traf Milos sie sprachlos an. So hatte er keine andere Wahl, als alle restlichen Männer und seine Beraterin um sich zu sammeln, um die Götter zu bitten, die Verstorbenen bei sich aufzunehmen.

»Wir haben Glück gehabt«, entgegnete Wlada an seiner Seite während der Andacht. »Wenn wir nicht so lange im Sumpf unterwegs gewesen wären, würden wir nun ebenso ohne einen Funken Leben auf dem Boden liegen. Das haben wir dem ortskundigen Führer zu verdanken, der so lange gebraucht hat, um uns aus der Moorebene herauszuführen.«

Brummend gab Milos zu verstehen, dass er nicht mehr genau wusste, was und wem er noch glauben sollte. Anschließend ließ er das Feuer wieder anfachen. Die Gruppe hatte Glück, denn rundherum lag genug Feuerholz aufgeschichtet. Die Krieger hatten offenbar vor dem heimtückischen Angriff einen ordentlichen Vorrat Brennmaterial angelegt. Wie zum Hohn wurde dieser nun verwendet, um wiederum deren Körper den Flammen zu übergeben.

Ihre Seelen waren schon seit geraumer Zeit aus den Hüllen verschwunden. Milos hoffte, dass sie alle dem Fährmann mit Ehrfurcht begegneten. Nichts war schlimmer als eine Seele, die vom Totenfluss zurückkehrte. Nacheinander ließen seine Männer Leiche für Leiche langsam in die Feuergrube gleiten. Jedes Mal sprach er als Fürst ein paar Worte, um den Verstorbenen den Übergang zu erleichtern.

Obwohl sie alle wussten, dass es wahrscheinlich besser war, so schnell wie möglich von diesem unheiligen Ort zu verschwinden, ließ Milos es sich nicht nehmen, die Zeremonie mit dem gebührenden Respekt durchzuführen. Der Respekt vor den Toten und die Ehrfurcht siegten über ihre Angst. Wenn selbst Wlada nicht darauf bestand loszureiten, rissen sich die Männer ebenso zusammen. Niemand hatte vor, sich ängstlicher als eine einfache Frau zu zeigen.

Als sich der Morgen ankündigte, befanden sich alle gefallenen Untertanen in den reinigenden Flammen des Totenfeuers. Nachdenklich blickte Milos in die Glut. Mit den ersten Lichtstrahlen machte sich zunehmend eine gewisse Unruhe zwischen seinen Begleitern bemerkbar. Wlada trat schließlich an ihn heran.

»Mein Fürst, es ist an der Zeit, dass wir weiterreiten. Wir haben alles für die armen Seelen getan, was in unserer Macht stand. Nun gilt es, unser eigenes Leben zu retten. Niemand weiß, wer sich für die Schandtat verantwortlich zeigt. Es ist genauso gut möglich, dass sich die Angreifer noch immer in der Nähe aufhalten. Merkt Ihr nicht, wie nervös die Männer sind? Lasst uns schnellstens von hier aufbrechen.«

Nickend stimmte Milos seiner Beraterin zu. Natürlich hatte sie recht. Sie befanden sich schon viel zu lange auf dem Gebiet der Lusitzer.

»Das Licht ist mittlerweile hell genug für einen Abmarsch. So können wir einem etwaigen Angriff aus dem Unterholz viel besser begegnen. Es wäre töricht gewesen, des Nachts durch einen dunklen Wald zu irren. Wir reiten so schnell wie der Wind. Keiner hält an oder macht eine Pause. Eure Notdurft verrichtet ihr, wenn es denn unbedingt notwendig ist, vom Pferd aus. Wir galoppieren so lange weiter, bis wir das Gebiet unseres Clans erreicht haben«, gab Milos den Marschbefehl bekannt.

Zustimmendes Gemurmel drang von allen Seiten zu ihm vor, bevor die Männer eilig ihre Vorbereitungen zum Aufbruch aufnahmen. Als die Truppe im gestreckten Galopp durch den unheimlichen Wald preschte, war Milos aufmerksam ob einer versteckten Bedrohung im Halbschatten der Bäume oder eines möglichen Angriffs aus dem Hinterhalt. Diese entpuppten sich dabei zum Glück aber immer nur als eine Täuschung durch seine müden Augen. So jagten sie durch einen kalten Winterwald, in der steten Hoffnung, ihrem Schicksal doch noch entkommen zu können.

Da Milos noch immer keinen Ansatz einer Erklärung für den Mord an seinen Männern hatte, beschlich ihn das Gefühl, dass die Sache mit seinem Mord an dem Priester zu tun haben könnte. Letztlich hatte er einen obersten Vertreter der Götter auf dem Gewissen. Die regelrechte Hinrichtung seiner Männer kam ihm zunehmend wie eine Bestrafung durch die Götter vor. Anders ließ es sich für ihn nicht erklären, dass die Krieger ohne einen Hinweis oder eine Gegenwehr niedergemetzelt wurden. Es konnte nur ein von den Gottheiten gesendeter Nachtschrat gewesen sein. Etwas anderes kam für ihn nicht infrage, je länger er darüber nachdachte.

Nach einer ganzen Weile des schnellen Galopps fand er plötzlich den Weg mit Baumstämmen versperrt vor. Seine zehn Begleiter und Wlada unterbrachen ebenso wie Milos jäh ihren Ritt. Mit gezückten Schwertern hielten sie auf der schmalen Handelsstraße in Erwartung eines Angriffs. Es geschah jedoch überhaupt nichts. Obwohl die

Situation vollkommen friedlich blieb, argwöhnte die Truppe Gefahr. Auch die Tiere witterten etwas und tänzelten im Kreis.

Den Weg auf geradem Wege zu passieren, war ihnen durch die Hindernisse unmöglich. Auch der Wald zu beiden Seiten stellte sich als nahezu undurchdringlich dar. Dichtes Unterholz hinderte die Reiter daran, mit ihren Pferden zwischen den Bäumen hindurch zu passieren. Einige hundert Fuß vor der Sperre hatte Milos zuvor einen schmalen Pfad gesehen, der im spitzen Winkel von dem Handelsweg abging. Sie hatten keine andere Möglichkeit, als an jene Stelle zurückzureiten, um die Blockade zu umgehen. Dadurch befand sich die Nachhut plötzlich an der vorderen Position. Milos empfand bei dem Gedanken Bauchschmerzen. Tappte er damit geradewegs in eine Falle? Er fühlte sich wie eine Puppe, die an Fäden durch den Wald zu einer vorher auserwählten Stelle geführt wurde. Hatte er aber eine andere Wahl, als genau das zu tun? Mit mulmigem Gefühl im Bauch ritt Milos nun als Fürst am Ende der Kolonne. Nach hinten sichernd, versuchte er, der Truppe den Rücken freizuhalten.

Wachsam, angespannt und auf alles gefasst ritt die Gruppe in den dichten Wald hinein. Augenblicklich wirkte die Umgebung wesentlich dunkler und bedrohlicher auf die Daleminzer als zuvor auf dem schmalen Waldweg. Milos wusste intuitiv, dass zwischen den Bäumen eine verborgene Gefahr auf sie wartete. Irgendwo hier lauerte der Tod auf sie. Dennoch motivierte er seine Untergebenen dazu weiterzureiten. Unermüdlich trieb er sie an.

»Los, weiter geht es! Haltet nicht an! Wir sind bis hierher gut durchgekommen. Zeigt keine Furcht! Ihr seid Männer des Sees Glomuzi«, rief er aufmunternde Worte zur Spitze der Kolonne.

Nach einigen hundert Klaftern bog der Wildpfad tatsächlich wieder in Richtung der Handelsstraße ab. Sie hatten offensichtlich einen Weg gefunden, die Blockade zu umgehen. Ungläubig wartete Milos darauf, dass sich im nächsten Moment eine Horde wilder Krieger aus dem Dickicht auf sie stürzte. Der Augenblick dehnte sich jedoch immer weiter aus, ohne dass etwas geschah.

Als das helle Licht der aufgegangenen Sonne bereits am Ende des schmalen Pfads zu sehen war und Milos sich und seine Männer trotz seiner zuvor gehegten Zweifel schon sicher glaubte, ereignete sich der befürchtete Überfall. Wilde Gestalten und martialische Krieger traten überall um sie herum aus dem Schatten der großen Bäume hervor. Es wirkte auf ihn, als wären sie geradewegs aus dem Nichts heraus aufgetaucht. Direkt voraus entdeckte er ebenso feindliche Kämpfer, die ihnen den Weg blockierten. Milos blickte sich hektisch um in der Suche nach einem Ausweg. Es war jedoch aussichtslos. Auf dem winzigen Stück Pfad war an ein Umwenden nicht zu denken. Sie befanden sich in einem ausgesprochen hässlichen Hinterhalt.

Wildes Kriegsgeschrei erhob sich allerorten zwischen den Bäumen. Das dadurch erzeugte Echo machte es ihm unmöglich, die genaue Anzahl an Gegnern zu schätzen. Es hätten hundert Männer sein können – oder auch nur zwanzig. Milos verstand wenig von den Worten, welche die Feinde von sich gaben. Er war sich aber sicher, die deutsche Mundart aus dem Gebrüll herauszuhören. Das wiederum verunsicherte ihn umso mehr. Wie um alles in der Welt kamen die deutschen Barbaren hierher? Milos war davon ausgegangen, dass sie sich tief im eigenen Territorium befanden. Just in dem Moment brach die Hölle über sie herein. Schwertschwingende Wilde fielen über seine zehn Krieger her. In dem Chaos hatte er zu allem Übel den Blickkontakt zu Wlada verloren. Er hoffte, dass die Frau irgendwo einen sicheren Ort gefunden hatte, um dem Angriff zu entgehen.

Die Männer, welche ihnen gegenüberstanden, waren offensichtlich keine geübten Schwertkämpfer. Dass sie sich im dichten Wald aufhielten, gereichte Milos zum Vorteil. Zwischen den Büschen und Stämmen waren die Angreifer kaum in der Lage, ihre zahlenmäßige Überlegenheit auszuspielen. So schaffte es Milos, zwei Gegner direkt niederzustrecken, bevor sie auch nur dazu gekommen waren, ihrerseits mit dem Eisen auszuholen.

Aus den Augenwinkeln überprüfte er, wie es seinen treuen Untergebenen aus der Leibwache erging. Da diese es ebenso gut wie ihr Fürst verstanden, mit der Waffe umzugehen, lagen schon nach kurzer Zeit etliche Gegner tot und verletzt auf dem Waldboden. Der Konflikt entwickelte sich zu seinen Gunsten. Gegen ihn und seine Getreuen hatte der Feind kein so leichtes Spiel.

Ein Teil der Pferde hatte längst gescheut und war davongaloppiert. Das verschaffte ihnen zunehmend mehr Platz auf dem kleinen Wildpfad. Es gab ihm auch Raum zur Orientierung. Mit Erschrecken stellte Milos plötzlich fest, das bereits drei seiner Männer blutend zusammengesunken auf dem Boden lagen. Von Wlada war indes immer noch nichts zu sehen.

Die zahlenmäßige Überlegenheit der Gegner sollte ihnen im Verlaufe des Angriffs immer mehr zum Verhängnis werden. Rücken an Rücken stand Milos mit vier seiner Krieger, während fünfzehn Gegner sie umzingelten. Noch war es ihnen gegeben, sich die Angreifer vom Hals zu halten. In jenem Moment entdeckte Milos seinen Schildträger, wie er sich auf ein Pferd hinaufzog. Er hatte sich schon die ganze Zeit über gefragt, wo Babattz steckte. Dessen Aufgabe wäre es gewesen, ununterbrochen an der Seite seines Fürsten zu stehen. Stattdessen sah Milos den jungen Mann auf dem Rücken eines Reittieres.

Einer der Arme hing relativ leblos an der Seite des Jungen. Offenbar war der Schildträger verletzt. Augenblicklich trieb Babattz die Fersen in die Flanken des Hengstes, so dass sein Pferd mit einem großen Satz über einen gegnerischen Mann hinwegsprang, wobei es den Kopf des von diesem Angriff überrumpelten Mann berührte. Von den Hufen des Tieres getroffen, sank der Angreifer neben dem Pfad bewusstlos nieder. Dadurch lag der Wildpfad plötzlich frei vor dem jungen Burschen.

Babattz verschwendete keine Gedanken an seinen Fürst oder gar die Kameraden. Milos sah nur noch das Hinterteil des Pferdes, wie es mitsamt seinem Reiter in Richtung des Handelsweges verschwand. Schon nach kurzer Zeit war der Schildträger vom Ort der Schlacht verschwunden.

Jäh stieg dem Fürst der Daleminzer in Anbetracht des feigen Rückzugs des Dieners der Zorn in seinen Kopf. Er verspürte tiefe Verachtung für dessen Flucht, die jedweder Loyalität Hohn sprach. Nun, da sie nur noch zu fünft waren, schwanden ihre Chancen, den Angriff zu überleben, merklich.

Nacheinander fielen die restlichen Mitkämpfer der Überzahl feindlicher Schwerter zum Opfer. Letztlich fand Milos sich allein zehn Gegnern gegenüber, die beabsichtigten, ihr Werk zu vollenden und auch ihn zu töten. Sein Schwert in weiten Bahnen schwingend, versuchte Milos, sich die Fremden vom Leib zu halten. Er wusste jedoch, dass er dieses Spiel nicht allzu lange durchzuhalten vermochte.

»Ich bin ein Fürst, ihr verdammten Barbaren! Verschwindet von hier, elendes deutsches Gesindel! Vielleicht überlebt ihr dann die Rache meines Volkes. Gleich hinter dem Wald liegt das Gebiet der Lusitzer. Sie werden euch jagen und jeden Einzelnen an den Daumen aufhängen, das schwöre ich«, schrie er in die Gesichter der Männer, welche ihn bedrängten.

Immer tiefer sank sein beständig müder werdender Schwertarm herab im Versuch, die Gegner auf Abstand zu halten. Zu seiner Überraschung unternahmen diese keine weiteren Attacken, um die Sache endlich zu beenden. Stattdessen nahm er Wlada plötzlich hinter sich wahr. Milos hätte ihr beinahe das Eisen in den Leib gerammt, weil sie so unverhofft in seinem Rücken aufgetaucht war. Ängstlich krallte sie sich an seinem Oberarm und spähte wie Milos zu den gegnerischen Kämpfern hinüber.

»Es tut mir leid, dass es so enden muss. Ich hätte Euch sehr gern vor dem Schicksal bewahrt. Wer hätte auch ahnen können, dass wir hier in diesem Wald von den niederträchtigen Deutschen angegriffen werden?«, rief er Wlada zu, während er weiterhin versuchte, die Gegner fernzuhalten.

»Es ist schon in Ordnung, mein Fürst. So sterbe ich wenigstens an Eurer Seite.«

Im Angesicht des Todes erkannte er, wie tief die Gefühle waren, die er für die Frau hegte. Mit einer Hand versuchte er, Wlada hinter sich zu verbergen, um sie zu schützen. Innerlich hoffte er immer noch, einen Ausweg aus der Umklammerung zu finden.

»Lasst Euch nicht gefangen nehmen! Die Deutschen werden Euch schänden oder noch schlimmere Dinge mit Euch anstellen. Sterbt als eine aufrechte Frau der Daleminzer. Zeigt ihnen, dass wir besser sind als dieses dreckige Volk aus dem Westen. Verteidigt Euer Leben, mit allem, was Ihr habt!«, feuerte Milos Wlada an.

Während er versuchte, die fremden Bewaffneten davon abzuhalten, Wlada umzubringen, wusste er den weichen Körper der vertrauten Schönheit in seinem Rücken. Just in dem Moment spürte er einen stechenden Schmerz in seiner Seite. Milos drückte reflexartig eine Hand auf die pochende Stelle und fühlte als gleich, dass seine Handfläche nass von Blut wurde. Erschrocken hob er den Kopf, um zu erkennen, wer ihn von hinten angegriffen hatte. Zu seiner Verwunderung entdeckte er Wlada, wie sie mit einem spitzen Dolch in ihren Händen in seinem Rücken stand.

»Warum?«, hauchte er in ihre Richtung. »Wieso seid Ihr auf der Seite der Deutschen?«

Wohl wissend, dass sein Leben beendet war, hoffte er, mit den letzten Atemzügen das Rätsel erklärt zu bekommen. Stattdessen sah er in zwei eiskalte Augen. Jegliches Gefühl, jede Vertrautheit und Verbundenheit war aus dem Antlitz der Beraterin gewichen.

»Wie kommt Ihr darauf, dass uns Deutsche angreifen?«, fuhr ihn Wlada herrisch an. »Die Männer sind nicht die Barbaren, die Ihr und Babattz glaubtet, in ihnen zu sehen. Euer feiger Schildträger wird die falsche Kunde, wer die Angreifer angeblich sind, alsbald unter Eurem Volk verbreiten.«

Mit einem süffisanten Grinsen trat die Frau um ihn herum. Da er nicht mehr die Möglichkeit hatte, sich mit einer Hand an ihr festzuhalten, sank auf seine Knie nieder. Die Wunde an seiner Seite pochte und schmerzte immer wilder. Das Leben floss spürbar aus ihm heraus. Nicht mehr lange, und er würde den Göttern gegenüberstehen. Wie würden sie wohl über ihn urteilen?

»Bevor ich sterbe, erklärt mir bitte, warum Ihr mich verratet«, presste er Blut hustend zwischen den Lippen hervor. »War ich nicht gut zu Euch? Habe ich Euch nicht in meinen engsten Kreis aufgenommen? Von einem unbedeutenden Niemand habe ich Euch zu meiner ersten Beraterin gemacht. Ihr habt mir alles zu verdanken. Wieso also?«

»Es ist ganz einfach: Korla ist schlichtweg der bessere Herrscher als Ihr. Er betrachtet mich nicht nur als sein Eigentum. Ihr wart doch immer nur an meinem Körper interessiert. Für Euch war ich nur Mittel zum Zweck. Dass ich es war, die es Euch am See Glomuzi erst ermöglicht hat, den Krieg anzufangen, habt Ihr bereits nach kurzer Zeit vergessen. Der Fürst der Lusitzer hat mir ein ungleich erfolgversprechenderes Angebot gemacht als Ihr«, gestand die ehemalige Beraterin ihm ein.

Diese Worte ließen Milos weiter in sich zusammensacken. Er stand doch so kurz vor seinem Ziel! Gegen die Deutschen hatte er schon einen großen Erfolg erzielt. Gemeinsam mit den Bruderstämmen wäre er in der Lage gewesen, die fremden Besatzer aus ihrem Land zu vertreiben. Nun wurde Milos bewusst, dass es niemals dazu kommen würde. Sein Volk war endgültig entzweit. Jeder Stamm würde einsam für sich selbst untergehen. Hier und heute endete die Zukunft für die Wenden.

Bevor er aber unnütze Gedanken an eine verschenkte Hoffnung verschwenden konnte, riss Wlada seinen Kopf in den Nacken. Dominant stand sie mit einem Fuß auf dem Schwert des Daleminzers, um ihm jegliche Möglichkeit zur Gegenwehr zu nehmen. Milos war aber mittlerweile ohnehin zu schwach, um sich auch nur im Geringsten zu verteidigen. Blut hustend hockte er vor der Frau, die ihn betrogen hatte wie noch nie ein Mensch zuvor. Eigentümlicherweise spürte er keinerlei Schmerzen mehr, ganz als hätte er bereits seinen Körper verlassen. Sonderbar entrückt empfand er die Situation in dem dunklen und kalten Wald.

»Grüßt Eure Götter von mir«, waren die letzten Worte, welche Milos in seinem Leben zu hören bekam.

Mit einer kräftigen Bewegung durchschnitt Wlada seine Kehle, ohne dass er sich dagegen wehren konnte. Verzweifelt versuchte er noch, die beiden Hände auf die offene Wunde zu pressen. Milos merkte jedoch, wie sein Gewand binnen eines Herzschlags nass am Körper klebte. Innerhalb kürzester Zeit schwand das Leben aus seinem Leib. Das Letzte was er sah, bevor sich seine Seele aufmachte, um zu den Ahnen zu gleiten, war das überlegene Lächeln der schönsten Frau, die er je in seinem Leben zu Gesicht bekommen hatte. Ihre Augen waren eiskalt und bar jeglicher Emotion.

Friedrich

Er wartete einige Zeit, bevor er sich des Rätsels erneut annahm. In den vergangenen Nächten hatte sich Friedrich viele Gedanken darüber gemacht, was es mit dieser Tür auf sich haben könnte. Wie konnte es nur angehen, dass eine Holztür derart unzerstörbar und härter als Eisen wirkte? Es stand zu befürchten, dass ihre Gastgeberin mit den dunklen Mächten im Bunde stand. Darum war es für Friedrich ungemein wichtig, die beiden Geschwister aus den Fängen der bösen Frau zu befreien.

Für die vor ihm liegende Nacht hatte er sich vorgenommen, dem Geheimnis auf die Schliche zu kommen. Friedrich war nach langem Überlegen zu dem Schluss gekommen, dass einzig ein Schlüssel in der Lage sein könnte, diese seltsame Pforte zu öffnen. Eben jenen Schlüssel vermutete Friedrich um den Hals der Einsiedlerin – zugegebenermaßen ohne ihn je wirklich zu Gesicht bekommen zu haben. Es wäre genauso gut denkbar, dass an Frau Saskias Kette nur ein einfaches Schmuckstück hing. Das herauszubekommen, brannte ihm unter den Nägeln. Ob es aber wirklich richtig war, alles auf eine Karte zu setzen?

Falls er die Kette von Frau Saskia stibitzte, wäre sie wohl kaum mehr so nett und freundlich zu ihm wie bisher. Wahrscheinlich würde sie ihn nach diesem Vorfall aus ihrem Heim vertreiben. Was dann? Er hatte sich geschworen, auf seine Geschwister aufzupassen. So steckte er in der Zwickmühle, wie er in der Lage wäre, das Problem zu lösen.

Als es mit großen Schritten auf den Tageswechsel zuging, gab er sich innerlich einen Ruck. Wenn überhaupt fand er die Antworten, welche er so dringend suchte, nur am Hals ihrer Gastgeberin. Deshalb krabbelte er nun leise unter seiner Decke hervor, während das Haus in friedlicher Nachtruhe dalag. Brid schmatzte im Schlaf und Lucas brabbelte währenddessen leise vor sich hin.

Auf Zehenspitzen schlich er in die Nachtstube von Frau Saskia. Noch nie zuvor hatte er sich des Nachts durch das Heim der Eremitin bewegt. Eine lähmende Angst stieg in ihm auf. Er wusste, dass unter diesem Dach mehr lauerte als nur ein vermeintlich liebes und nettes Großmütterchen. Innerlich sprach er sich Mut zu. Helden und Ritter bestanden schließlich ganz andere Abenteuer in den Geschichten, welche er in der Kindheit so gern zu hören bekommen hatte. Wenn er nur nicht den Leibhaftigen in Person in Frau Saskia vermutete, wäre die Aufgabe eine leichtere gewesen.

Die Hausherrin schlief gleichfalls so friedlich in ihrem Bett wie auch seine beiden Geschwisterchen. Friedrich konnte von ihr ein schwaches Schnarchen vernehmen. So schlich er auf leisen Sohlen an das Schlafgemach der Frau heran. Kurz ging ihm der Gedanke durch den Kopf, wie leicht es sein dürfte, ihre Gastgeberin im Schlaf zu töten. Er wusste allerdings, dass er es sich niemals zutrauen würde, einer anderen Person das Leben zu nehmen. Zudem war er sich nicht sicher, wie die Zwillinge auf solch ein Verbrechen reagierten. Außerdem war er ein Kind Jesu Christi. In der Bibel stand: Du sollst nicht töten. Entsprechend hielt er sich an dieses eherne Gesetz, um seine Seele vor dem Fegefeuer zu bewahren.

Friedrich schreckte aus seinen Gedanken auf, als unvermittelt das Schnarchen aufhörte und die Frau sich herumwarf. Binnen eines winzigen Lidschlags lag er auf dem Boden vor dem Bett. Verzweifelt versuchte er, unter das Gestell der Schlafstätte zu gelangen, um sich zu verbergen. Was war er bloß für ein Held, dass er sich feige versteckte! Friedrichs Angst war in diesem Moment allerdings größer als sein Wunsch, dem Idealbild eines Ritters entsprechen zu wollen. Und er tat gut daran, denn im nächsten Moment standen die beiden Füße von Frau Saskia nur wenige Zoll vor seinem Gesicht auf den Dielen.

Verschlafen schlurfte die Einsiedlerin in eine Ecke ihres Zimmers. Panisch überlegte er, ob die Frau ihn entdeckt hatte und ob sie nun etwas holte, mit dem sie ihn schmerzhaft zu bestrafen gedachte. Stattdessen vernahm er ein plätscherndes Geräusch. Friedrich benötigte einige Momente, um zu begreifen, dass sich die Hausherrin in ihren Nachttopf erleichterte. Binnen kürzester Zeit beruhigte er sich wieder.

Nachdem die Eremitin ihre Notdurft verrichtet hatte, begab sie sich sogleich in ihr Bett zurück. Die Bretter knarrten und bogen sich gefährlich durch, als sich die Frau neuerlich auf ihrer Strohmatratze niederließ. Für einen Augenblick befürchtete Friedrich gar, dass das Bett durchbräche. Diese Überlegungen zeigten sich jedoch als vollkommen unbegründet.

Bereits nach kurzer Zeit vernahm er das beruhigend gleichmäßige Atmen der Einsiedlerin. So kroch er unter dem Nachtlager hervor, um sich erneut über ihrer Gastgeberin wiederzufinden. Wie schon zuvor sah er, wie ihre Kette in dem schummrigen Licht des schwachen Mondes glitzerte. Mit spitzen Fingern versuchte Friedrich, ein Stück davon zu fassen zu bekommen. Nach mehreren Anläufen hatte er es endlich geschafft, einen Teil des Schmuckstücks anzuheben. Mit vorsichtigen Bewegungen konnte er die Kette Glied für Glied unter dem Nachtgewand herausziehen.

Triumphierend hielt er den Gegenstand in der Hand. Beim näheren Betrachten erkannte Friedrich einen außerordentlich filigran gearbeiteten Schlüssel vor sich, der auf den ersten Blick eher einem Anhänger glich. Sollte er tatsächlich richtig vermutet haben, dass das der Schlüssel war, der zu der siebten Tür passen würde?

Während er das Kleinod in seinen Finger hin und her drehte, bemerkte er, dass er nicht in der Lage war, es von der Kette herunterzuziehen. Das komplette Schmuckstück war offenbar aus einem einzigen Stück gearbeitet. Weder besaß die Kette einen Verschluss, noch war es möglich, den Schlüssel von den Gliedern zu trennen. Friedrich musste, wollte er in den Besitz dieses Schlüssels kommen, alles auf einmal an sich nehmen. Wie aber sollte er es anstellen, den ganzen Schmuck von dem Hals der schlafenden Frau herunterziehen?

Es nützte nichts: Wenn er seinen Plan vollenden wollte, musste er das Risiko eingehen und der Frau das Schmuckstück abluchsen. Stück für Stück zog er die Kette über den Kopf der Einsiedlerin, bis es auf dem Kopfkissen lag. Jetzt ruhte der Schmuck nur noch unter dem Hals der Schlafenden. Er hoffte, dass sich die Frau irgendwann zur Seite drehen würde, damit er in der Lage war, die Kette letztlich ganz hervorzuziehen.

Zu seinem Verdruss dauerte es eine Weile, bis sich Frau Saskia auf die andere Seite wälzte. Zwischenzeitlich kehrte die Müdigkeit langsam wieder in seinen Körper zurück. Mehrfach ertappte Friedrich sich dabei, wie ihm die Augen zufielen. Schließlich hatte er an dem Tag zuvor abermals hart, andauernd und entbehrungsreich gearbeitet.

Für das lange Warten wurde er jedoch schließlich belohnt. Während die Eremitin sich im Schlaf auf die andere Seite wendete, schaffte er es, die Kette unter ihrem Kopf hervorzuziehen. Triumphierend stand er einen Augenblick lang mit seiner Beute in der Hand in dem spärlich beleuchteten Zimmer. Im Gegenlicht des untergehenden Mondes begutachtete er die filigrane Preziöse. Das Glitzern zeugte von einer wertvollen und einmaligen Kostbarkeit. Noch nie zuvor hatte er etwas derartig Einzigartiges in seinen Händen gehalten. Friedrich vermutete, dass die Kette und der Anhänger aus purem Gold bestanden und insgesamt ein Vermögen wert waren.

Ein lang anhaltender Seufzer der Frau erinnerte ihn daran, wo er sich im Moment aufhielt. Später würde er mehr als genug Zeit haben, das Schmuckstück eingehend zu untersuchen und zu bewundern. Nunmehr galt es für ihn jedoch, das Schlafgemach der Gastgeberin zu verlassen, ohne dabei Aufsehen zu erregen. Mucksmäuschenstill und vorsichtig schlüpfte er aus dem Raum hinaus und zog die Tür hinter sich zu. Er konnte sein Glück kaum fassen, den Schlüssel erfolgreich entwendet zu haben.

Am anderen Ende des Korridors wusste er die mysteriöse Tür. Obwohl Friedrich so lange Zeit darauf gewartet hatte, das Geheimnis um den Raum zu lüften, verspürte er plötzlich unglaubliche Furcht davor, diesen Gang bis zum Ende zu laufen. Er ahnte: Wenn er das Geheimnis gelüftet hatte, würde morgen früh nichts mehr so sein wie zuvor. Innerlich gab er sich einen Ruck und lenkte seine Schritte den Flur hinab. Mit klopfendem Herzen stand er letztendlich vor dem rätselhaften Durchgang, hinter dem er ein großes Mysterium vermutete. Bis hierher hatte er es geschafft, nun musste Friedrich den einmal eingeschlagenen Weg bis zum Schluss gehen.

Mit zittrigen Fingern griff er nach dem Schlüssel und suchte das winzige Schlüsselloch, was im dunklen Korridor keine leichte Aufgabe war. Er hütete sich davor, eine Kerze anzuzünden. Nun, da er es endlich geschafft hatte, das Kleinod in seinen Besitz zu bringen, beabsichtigte er nicht, dies alles wegen einer Unachtsamkeit zu riskieren. Da! War das nicht ein Loch? Mit größter Vorsicht führte Friedrich das filigrane Schmuckstück in die entsprechende Öffnung innerhalb der Tür ein. Tatsächlich glitt die Preziöse ohne den geringsten Widerstand in die dafür vorgesehen Aussparung.

Einem leisen und kaum wahrnehmbaren Klicken entnahm er, dass er tatsächlich den richtigen Schlüssel zum Schloss gefunden hatte und diese Tür sich mit dem nächsten Drehen öffnen würde. Klack. Eine einfache Bewegung reichte aus, und die Tür gab zu Friedrichs Verwunderung nach. Jeglicher Schließmechanismus, den er bisher gesehen hatte, bestand aus einem schweren Eisenschlüssel und einem entsprechend großen Schloss. Daher war Friedrich bei dieser massiven und sich zuvor als unzerstörbar anmutenden Tür auch davon ausgegangen, alle Kraft aufwenden zu müssen, um das Schloss zu öffnen. Dem war jedoch nicht so. Die Tür schwang leicht in ihren Angeln auf.

Es hatte nur einen winzigen Stoß benötigt, damit er vor dem vollends geöffneten Portal stand. Die Schwärze, die sich dahinter auftat, war um einiges dunkler als der sowieso schon schummrige Flur. So sehr sich Friedrich auch anstrengte, in dem Raum konnte er nichts erkennen. Er streckte die Hand aus und fand nichts als Leere vor sich.

Langsam ging er Schritt für Schritt in das unbekannte Zimmer hinein. Je weiter er sich vorwagte, umso mehr stieg seine Angst an. Da sein Sehsinn ihm nicht weiterhalf, versuchte er, mithilfe seiner anderen Sinne den Inhalt des Raumes zu erkunden. Seine Nase nahm den Geruch nach Verwesung wahr, was in ihm die Furcht vor den Dingen, die in dem mysteriösen Zimmer auf ihn lauerten, ins schier Unermessliche ansteigen ließ. Trotzdem war ihm die Notwendigkeit bewusst, das Rätsel des siebten Raumes zu lösen.

Ohne sich auf seine Augen verlassen zu können, fühlte Friedrich sich verloren. Er sah ein, dass er Licht benötigte, um den Raum zu erkunden. Wollte er aber wirklich sehen, was sich hier verbarg? Mit fliehenden Schritten entschwand er in die Küche, um dort nach einer Kerze zu suchen. Tatsächlich entdeckte er nach einiger Zeit einen Stummel, welcher groß genug war, um ihm eine Weile lang als Lichtquelle zu dienen. Im Küchenkamin glommen zum Glück noch immer die Reste des Feuers vom Abend vor sich hin. Mithilfe eines Kienspans schaffte er es, eine kleine Flamme zu erzeugen, mit der er die Kerze alsbald entzündete. Auf leisen Sohlen lief er zurück an das Ende der Diele.

Im Türrahmen spähte Friedrich, um etwas in der Finsternis auszumachen. Allerdings entpuppte sich der Lichtkegel von dem Kerzenstumpf als zu gering, um tiefer als einen Schritt weit in den Raum hineinzusehen. Nahezu blind tastete er sich in das Gewölbe.

Zu seiner Überraschung traf Friedrich weder auf Wände, Säulen noch auf Türen. Selbst Steine, Geröll oder Holzbalken waren keine zu erkennen. Frau Saskia hatte also gelogen, als sie behauptet hatte, die Kammer wäre eingestürzt und unbewohnbar. Dieses Zimmer schien gar in einem besseren Zustand zu sein als die sechs anderen.

Nachdem Friedrich eine gefühlte Ewigkeit geradeaus gelaufen war, ohne auf ein Hindernis zu treffen, wandte er sich um. Schemenhaft erkannte er die Tür zum Haus der Einsiedlerin. Hier stimmte doch etwas nicht! Der Raum war zu groß, als dass er zu einem Einsiedlerhaus gehören könnte. Er glich eher einer riesigen Halle oder einem Kirchenschiff, so unbeschreiblich gigantisch kam er ihm vor. Vernahm er soeben ein leichtes Echo seiner Schritte? Friedrich drehte sich abrupt um, um in die Dunkelheit zu stieren. Zugleich spürte er, dass ihn etwas aus der Schwärze zurück ansah.

Verwirrt blickte er auf den Kerzenstummel. Die winzige Flamme auf dem Docht flackerte unruhig umher. Das Feuer richtete sich abwechselnd in die eine und dann in die andere Richtung, ganz so, als wenn Friedrich vor einem Blasebalg stünde. Wenn er die Flamme jedoch mit einer Hand abschirmte, brannte sie wieder ganz normal nach oben zur Decke. Wie war das nur möglich?

Mutig schritt er weiter geradeaus. Irgendwann, so sagte er sich, müsse er doch das gegenüberliegende Ende erreichen. Nach einigen Momenten blieb Friedrich wieder stehen. Tatsächlich war er der Meinung, dass er etwas vor sich wahrnahm. Ähnlich der Flamme schimmerte ein schwaches Licht in der Dunkelheit. Bedächtig näherte er sich der hellen Quelle.

Im Näherkommen stellte er fest, dass er selbst das Leuchten verursachte. Die Wand, vor welcher er stand, reflektierte das Licht wie ein verschwommener Spiegel. Zudem wirkte sie auch seltsam marmoriert, ähnlich einem verworrenen Muster auf einem Wandbehang. Er erinnerte sich an die Häuser der reichen Kaufmannsfamilien in seiner alten Heimat in Bardowick, in denen manchmal derartige Wandteppiche hingen. Warum aber fand er eine solch teure Ausstaffierung in der Hütte einer Einsiedlerin vor?

Er beschloss, nun wo er das andere Ende des Raumes erreicht hatte, an der Mauer entlang wieder zum Eingang zurückzulaufen. Bis zu diesem Zeitpunkt hatte Friedrich noch nichts in der riesigen Halle entdeckt. Dies widersprach aber allem, was er sich vorgestellt hatte, hier vorzufinden. So vermutete er, wenigstens entlang der Wände auf etwas zu stoßen, was ihm schlüssig erklärte, weshalb jemand solch eine gigantische Kammer erbaute und benötigte.

Mit einer Hand fuhr er dabei die Mauer, welche sich nun zu seiner Linken befand, weiter ab. Irritiert blieb er kurz darauf stehen. Hatte sich der Wandbehang gerade etwa bewegt? Auch fühlte er sich seltsam warm an. Friedrich war stets davon ausgegangen, dass etwas derartig tief unter einem Berg versteckt Liegendes doch kalt sein müsste. Stattdessen zeigte sich der Wandteppich nur unwesentlich kühler als seine eigene Haut. Außerdem verspürte er immer mehr das Gefühl, dass der Stoff sich ziemlich fest, aber zugleich auch nachgiebig anfühlte.

Mehr noch als zuvor verstörte ihn der merkwürdige Raum. Obwohl er große Angst davor empfunden hatte, auf etwas Schreckliches in diesen vier Wänden zu stoßen, breitete sich zunehmend eine Enttäuschung in Friedrich aus. Er hatte erwartet, hier etwas vorzufinden, was Frau Saskia als eine Jüngerin des Teufels brandmarkte. Zumindest wollte er hier einen Beweis finden, der es rechtfertigte, das Haus der Einsiedlerin so schnell wie möglich zu verlassen. Anstelle mysteriöser Dinge stieß er jedoch auf überhaupt gar nichts. Stand die Halle etwa gänzlich leer? Er konnte seine Enttäuschung darüber kaum verbergen, dass sein gefährliches Vorhaben zu keinem Ziel führen würde.

Einige Schritte weiter bog die marmorierte Wand in einer leichten Kurve ab. Ratlosigkeit machte sich in Friedrichs Gesicht breit. Mit der winzigen Kerze in seiner Hand und ohne Tageslicht war er außerstande, sich die Ausgestaltung des Zimmers zu erklären oder vorzustellen.

Am Ende der Rundung, während er sich schon auf dem Rückweg befand, veränderte sich die Struktur des Wandbehanges merklich. Durch den Stoff hindurch erfühlte er zunehmend Erhebungen in der Wand. Wie Beulen und kleine Eiszapfen muteten die Dinge an, welche aus der Mauer hervorstachen. Verstört bewegte sich Friedrich einen Schritt weit von dem Gebilde weg. Tatsächlich hatte es den Anschein, als würde die Marmorierung nur die Hälfte der eigentlichen Wand ausmachen. In dem Moment vernahm er erneut das dumpfe und enorm tief klingende Wummern, das er von außerhalb der Tür bereits mehrmals gehört hatte. Von den Mauern und Decken vielfach verstärkt und zurückgeworfen, kam es ihm so vor, als wenn der Ton von allen Seiten zugleich auf ihn niederfahren würde.

Schnell drehte Friedrich sich im Kreis, um den Ursprung des alles durchdringenden Geräuschs zu verorten. Dabei stolperte er über seine eigenen Füße und kam schließlich an der gekrümmten Wand zum Stehen. Ganz nah führte er die Kerze an den Wandbehang heran, der sich seltsam nachgiebig und nahezu wie zähes Leder anfühlte, um genauer herauszufinden, aus welchem Material der seltsame Wandschmuck wirklich gefertigt war.

Als sich die Flamme nur wenige Finger breit von der Mauer entfernt befand, schob sich ein Teil des Vorhangs wie von Geisterhand zur Seite. Dahinter kam eine weiße Platte aus Marmor zum Vorschein. Erstaunt sah Friedrich, wie sich diese ebenso nach links fortbewegte, bis ein großer dunkelroter ovaler Fleck inmitten einer marmorähnlichen Scheibe zurückblieb. Verblüfft über das Schauspiel verstand er nicht, was sich vor seinen Augen abspielte. Einen Moment später verschwand die Scheibe plötzlich für einen winzigen Bruchteil, um gleich darauf erneut aufzutauchen. Warum hatte er bloß kein helleres Licht dabei!

»Oh, bei allen Waldgeistern, was hast du nur getan?«, erklang jäh eine laute Stimme in seinem Rücken.

Frau Saskia stand weit entfernt in der Tür.

»Verdammt, Junge, mach die Kerze aus und komm ganz langsam zu mir!«, forderte die Eremitin ihn mit leicht panischer Stimme auf.

»Warum sollte ich?«, warf er ihr entgegen. »Ich will erst erfahren, was Ihr vor uns verbergt. Ich bin mir schon lange sicher, dass etwas nicht mit Euch stimmen kann. Diese riesige Halle beweist mir, dass Ihr nicht die seid, die Ihr zu sein vorgebt. Ich will begreifen, was Ihr tatsächlich für ein Spiel mit uns spielt.«

»Bist du von allen guten Geistern verlassen? Jetzt sei endlich ruhig, mach die Flamme aus und komm ganz langsam zu mir zurück«, bettelte die Frau ihn an.

Die Reaktion der Eremitin verunsicherte ihn. Mit einem derartig unterwürfigen Verhalten hatte er nicht gerechnet. Wieso flehte die Frau ihn förmlich an, aus der Halle zu verschwinden? Nach wie vor stand Friedrich deswegen vor der immer wieder zur Seite klappenden Scheibe.

»Was ist das für ein Gewölbe?«, bestand er darauf, nun die Wahrheit von der Frau zu erfahren.

»Das kann ich dir erklären, wenn du erst einmal zu mir gekommen bist. Es ist aber wirklich wichtig, dass du endlich von ihm wegkommst. Das Feuer, es könnte ihn wecken.« Heiser klang die Stimme von Frau Saskia.

»Wen meint Ihr? Wir sind hier drin ganz allein. Ich habe die komplette Halle durchsucht. Außer uns ist hier niemand«, widersprach Friedrich der Einsiedlerin.

Wie zum Hohn verspürte er plötzlich eine Bewegung an der Wand hinter sich. Einem kräftigen Luftzug gleich riss ein heftiger Windstoß an seinen Sachen. Zeitgleich stieß ihn etwas derb zur Seite. Schmerzhaft spürte er seine Hüfte, als er hart auf dem Boden aufprallte und dabei etliche Klafter weit über den rauen Stein rutschte.

Die Kerze erlosch, als sie auf den Boden fiel. So war Friedrich nicht mehr in der Lage, auch nur das Geringste im Dunkel des Gewölbes zu erkennen. Einzig die lauten Geräusche von brechendem Holz und berstenden Dielen drangen an seine Ohren. Selbst die erhellte Öffnung der Tür verschwand vor seinen Augen. In dem Moment befürchtete er gar, dass das Haus über ihm zusammenstürzen würde. Ähnlich einem Neugeborenen krümmte er sich auf der Stelle liegend zusammen und schlang die Arme schützend um die Knie in Erwartung dessen, dass ihn ein schwerer Felsbrocken erschlug. In diesem Augenblick wurde Friedrich ganz ruhig und machte seinen Frieden mit sich und der Welt.

Der Einzig Wahre

Wind raschelte leise in den unzähligen Blättern von IHM. Obwohl es außerhalb des Tals frostig kalt anmutete, umfing Wedrfölnir sogleich ein warmer und angenehmer Luftzug. Ein wohliges Gefühl durchdrang seinen Körper, als er zwischen den Zweigen in das Reich des Einzig Wahren eintauchte.

Nüchtern stellte er zum wiederholten Mal fest: Es hatte sich wie stets gar nichts verändert, während er von IHM getrennt gewesen war. Der Vogel kehrte gerade von einem der eher seltenen Ausflüge heim. Der Einzig Wahre hatte ihn angewiesen, zu einem entfernten Dorf zu fliegen, um dort für Wind, Sturm und Regen zu sorgen. Warum er dies allerdings aufgetragen bekommen hatte, war dem Habicht unbekannt und im Grunde genommen war ihm das auch reichlich egal. Er führte stets nur das aus, was ihm der Einzig Wahre auftrug. Nie hinterfragte er seine Anordnungen. So etwas stand ihm letztlich auch nicht zu.

Wedrfölnir war ursprünglich gar nicht sein richtiger Name. Er wusste nicht mehr, wie er tatsächlich hieß. Es kam nur der lautmalerischen Entsprechung von den Gedanken des Einzig Wahren gleich. Weshalb ER ihm jedoch diesen Namen gegeben hatte, war dem Habicht unbekannt. Irgendwann nach hunderten Wintern hatte er gar aufgehört nachzufragen, warum er überhaupt existierte. Er war schlichtweg nur ein Geschöpf des Einzig Wahren. Damit war schon alles gesagt.

Der Vogel lebte nun schon seit so unendlich langer Zeit unter den Ästen von IHM. Aller fünf Winter schlief er friedlich ein, um einen Tag später als Küken erneut aufzuwachen. Der Einzig Wahre sorgte dafür, dass sich stets die gleiche Anzahl an Tieren in seiner Krone aufhielt. Aus irgendeinem ihm nicht nachvollziehbaren Grund war es wichtig, dass der Adler, das Eichhörnchen, die beiden Schlangen, die Hirsche, der Schrecken, der Wurm und er unter dem Blätterdach existierten. Sie waren schon immer da gewesen und sie werden wahrscheinlich auch immerfort hier sein.

Natürlich lebten weitaus mehr Wesen zwischen den gigantischen Zweigen und Ästen. Allerdings handelte es sich dabei nur um normale Lebewesen. Der Habicht hatte es bereits vor einer Ewigkeit aufgegeben, den Versuch zu unternehmen, mit anderen Tieren zu sprechen. Allein mit den heiligen Bewohnern von IHM war eine Unterhaltung möglich. Sie hatten jedoch schon vor sehr langer Zeit aufgehört, miteinander zu reden. Es existierte schlichtweg kein Thema mehr, über welches sie noch das Interesse hätten sich gegenseitig auszutauschen.

Einzig das Eichhörnchen rannte tagein, tagaus den Stamm hoch und wieder hinunter, um Gerüchte zu verbreiten. Für Wedrfölnir war das alles mittlerweile viel zu ermüdend. Nach tausenden von Wintern hatte er alles gesehen, gehört und gerochen, was es auf der Welt gab. Zudem sorgte die momentane Inaktivität von IHM ebenso nicht dafür, dass sich das Leben als sonderlich interessant gestaltete.

Seine Existenz war schlichtweg angefüllt von immerwährender Monotonie. Umso erstaunlicher hatte er es empfunden, als nach fünf Dutzend Wintern der Starre für ihn der erste Auftrag seit langem durch den Einzig Wahren erfolgte. Er, der Sturmbleiche, hatte sich aufgemacht, um ein besonderes Ereignis zu bezeugen. Seit Ewigkeiten war es das erste Mal, dass einer aus dem alten Geschlecht geboren wurde. Dies verkündete den Beginn eines neuen Zeitalters.

Die Ankunft des jungen Lebens war dabei problemlos verlaufen. Wedrfölnir hatte seine Kreise gezogen, den Sturm gebildet und irgendwann hatte das Kind das Licht der Welt erblickt. Obwohl eine Geburt eigentlich ein freudiger Anlass war, empfand er darüber unendliche Traurigkeit. Zu einer anderen Zeit war er wesentlich öfter ausgeflogen, um das Entstehen von neuem Leben zu bezeugen. Dass er es nun nach hunderten von Wintern zum ersten Mal wieder unternahm, war eher ein Zeichen des Niedergangs denn des Auferstehens.

Plötzlich durchlief ein Zittern das Geäst des Einzig Wahren. Verzweifelt versuchte sich der Habicht, an dem Ast festzukrallen, auf dem er saß. Allerdings obsiegten seine tierischen Instinkte. Aufgescheucht flatterte er aus der Krone von IHM heraus. In ähnlicher Weise stob eine ganze Wolke von anderen Tieren zwischen den Blättern hervor.

Im weiten Umlauf flog er daraufhin um das dichte Blätterdach des Einzig Wahren. Neugierig spähte er mit seinen scharfen Augen in alle Richtungen. In einer spiralförmigen Kreisbewegung sank er langsam auf die Talsohle nieder und kreiste dort aufgeschreckt um den Stamm herum. Soweit er in der Lage war sich zurückzuerinnern, hatte sich so ein Geschehen niemals zuvor ereignet. Der Einzig Wahre stand seit Urzeiten fest und unverrückbar an dieser Stelle. Noch nie war ein Zittern oder Wanken durch das Holz von IHM gegangen. Was brachte IHN so zum Beben?

Während die Menschen am Fuß des gigantischen Baums wieder einmal irgendeine ihrer Torheiten veranstalteten, geschah hier oben etwas Ungeheuerliches. Wie so oft bekamen die angeblichen Bewahrer von alledem nichts mit. Wedrfölnir fragte sich zum tausendsten Mal, warum gerade die Menschen eine derartige Macht besaßen – sie, die eigentlich nichts wussten, nichts konnten und nichts verstanden. Taub, blind und unfähig stolperten sie durch die Schöpfung, ohne auch nur das Geringste zu verstehen.

Nach einiger Zeit legte sich die Aufruhr im Geäst des Einzig Wahren wieder. Der Habicht nahm das zum Anlass, um sich neuerlich unter den Blättern niederzulassen. Interessiert beobachtete er das Schauspiel zwischen den Wurzeln von IHM. Mehr denn je ereigneten sich an diesem Tag seltsame Dinge am Fuße des Stamms.

Agnise: Auch bekannt als Frau Agnise. Angesehene Bewohnerin des Dorfes am Schwarzen Berg. Als gute Freundin von Frau Fronika steht sie sehr weit oben in der Hierarchie der Dorfgemeinschaft. Sie hilft gelegentlich in der Küche des Herrenhauses mit aus.

Alheit: Auch bekannt als Frau Alheit. Sie ist eine der Bewohnerinnen des Dorfes am Schwarzen Berg. Mit ihrer Nachbarin Mathilda verbindet sie eine Hassliebe. Als resolute Mutter, Ehefrau und Familienvorsteherin führt sie ihre Sippe mit strenger Hand.

Anna: Zweitälteste Tochter und drittältestes Kind der Siedlerfamilie. Am Anfang der Handlung steht sie gerade an der Schwelle zum Erwachsenwerden. Als mittleres Kind hatte sie stets ein wenig Probleme damit, sich gegen ihre beiden älteren Geschwister Stefan und Katharina durchzusetzen. Vor allem ihrer größeren Schwester gegenüber sah sie sich immer benachteiligt. Aus dem Grund hat sich bei Anna im Laufe der Zeit auch ein etwas aufmüpfiger und dickköpfiger Charakter entwickelt. In jeder Situation war sie gezwungen, sich gegen die Älteren zu behaupten. Obwohl sie es immer abstreitet, fühlt sie sich zu dem Schmied Arnulf hingezogen.

Im Dorf am Schwarzen Berg wird sie der Hausvorsteherin Frau Fronika unterstellt. Innerhalb kürzester Zeit verkommt sie zum niedersten Aschenweib in der Hierarchie des Herrenhauses. Durch täglich stattfindende Schläge, Beschimpfungen und den Nachstellungen von Rüdiger und Rutger hat sie enorm unter den Bedingungen im Dorf zu leiden. Nach und nach verliert Anna dadurch ihr sonniges, gutherziges und freundliches Gemüt. Ein dunkler Schatten legt sich auf ihre Seele.

Achatius von Meißen: Als nachgeborenes Kind eines lothringer Adelsgeschlechts entschied sich Achatius schon zeitig für eine bischöfliche Karriere und wird in Vertretung für Benno als Bischof von Meißen eingesetzt. Dick, stets verschwitzt, mit einem feisten Gesicht und kleinen Schweinsäuglein ist er ein unangenehmer Zeitgenosse und bei den Bewohnern nicht beliebt.

Am Schwarzen Berg, Dorf: Neu gegründete Siedlung in einer der Grenzmarken des Heiligen Römischen Reiches, die unter der Verwaltung Hilbert von Dahlenburgs steht. Das Dorf verdankt seinen Namen dem großen schwarzen Berg, an dessen Flanke der Schwarzfluss eine Kehre einlegt. Bestehend aus fast schwarzem Granit und bewachsen mit dunklen Bäumen, wirkt der Berg aus der Ferne beinahe schwarz. Mittels eines offiziellen Dekrets des Erzbischofs von Magdeburg ist es den von Dahlenburgs gestattet, eine Reihe von Ansiedlungen entlang der Schwarzwasser zu errichten. Entgegen der sonst üblichen Entwicklung entsteht binnen kürzester Zeit eine prosperierende Dorfgemeinschaft. Bereits kurze Zeit später werden weitere Flecken im Umkreis und entlang des Schwarzwassers gegründet. Im Zentrum des Ortes befindet sich das zweistöckige Herrenhaus von Hilbert von Dahlenburg. Vom Dorf am Schwarzen Berg aus soll für die adlige Familie eine größere Vogtei entstehen.

Apollonia: Oberschwester eines in Gründung befindlichen Klosters der Benediktinerinnen in der Nähe der Burg Misena. Auf Betreiben des Erzbischofs in Magdeburg, Bischof Bennos und Egbert II. sollten neue Klöster entstehen, um mehr Einfluss im Gebiet der wendischen Bevölkerung zu erhalten. Wegen der Konflikte der Brunonen mit König Heinrich IV. gerät der Ausbau der Klosteranlage jedoch ins Stocken. Mutter Apollonia lebt schon seit Jahren mit zwei Dutzend Ordensschwestern in dem abgelegenen provisorischen Klosterbau. Trotz aller Widerstände gehen sie voller Elan ihrem Sendungsbewusstsein und der Missionierung der Heiden nach.

Arnulf: Der junge Schmiedelehrling wanderte in einem Siedlertreck in die neue Grenzmark aus und bewohnt im Anschluss die neu gegründete Ansiedlung. In einer behelfsmäßigen Schmiede versucht Arnulf, die nötigen Dinge für das tägliche Leben und den Aufbau des Dorfes herzustellen. Arnulf ist etwa im gleichen Alter wie Stefan. Die beiden Freunde stellen sich zusammen den Herausforderungen, als junge Männer in der Dorfgemeinschaft einen festen Platz zu finden.

Nach den Ereignissen der Vertreibung entschließt sich Arnulf, dem Aufgebot von Philipp von Dahlenburg zu folgen. Zusammen mit Stefan und einer Handvoll anderer junger Männer nimmt er den Beruf eines Söldners an. Bereits nach wenigen Monden findet er sich in einem brutalen Feldzug gegen die Wenden wieder. Viel zu spät erkennt er, dass es für ihn besser gewesen wäre, seinem alten Beruf als Schmied treu zu bleiben.

Babattz: Schildträger, Knappe und damit direkter Diener des Fürsten Milos.

Bardowick: Einer der ältesten Orte im heutigen Niedersachsen trägt diesen Namen. Im damaligen Gebiet des Herzogtums Sachsen gelegen, war Bardowick eine ehemalige bedeutende Handelsstadt. Nahe dem heutigen Lüneburg profitierte sie von dem regen Salzhandel des in dieser Gegend in Salinen gewonnenen weißen Goldes. Mehrere Katastrophen und Belagerungen verheerten die große Handelsmetropole, sodass sie im Laufe der Jahrhunderte zur Bedeutungslosigkeit verkam.

Bechthold: Er ist Hauptmann der Wache auf der Burg zu Misena. Als altgedienter Waffengefährte lebt er schon viele Jahre auf dem Burgberg. Zu seinem Leidwesen nimmt die Anzahl der ihm unterstehenden Waffenknechte kontinuierlich ab. Letztlich befehligt er nur noch ein paar Dutzend Bewaffnete. Mit der geringen Menge ist er kaum in der Lage, die Dörfer in der Nachbarschaft vor Überfällen durch die Wenden zu verteidigen.

Benno von Meißen: Der eigentliche Bischof des Bistum Meißens stellt zusammen mit Egbert II. einen der machtpolitischen Grundpfeiler der Markgrafschaft dar. Allerdings fällt der Bischof bei König Heinrich IV. in Ungnade. Ebenso wie Egbert II. wird er deswegen in die Verbannung getrieben. Auf dem Burgberg vertreten wird er durch den allseits unbeliebten Achatius.

Berbelin: Junge Küchenhilfe im Haushalt von Hilbert von Dahlenburg. Als Waisenkind untersteht sie dem strengen Regime von Frau Fronika. Kaum mehr als eine Leibeigene, ist sie gezwungen, von früh bis spät die härtesten Arbeiten zu erledigen. Oftmals ist sie den Bösartigkeiten und Nachstellungen von Rüdiger und Rutger hilflos ausgeliefert.

Nach und nach entwickelt sich eine Freundschaft zwischen Berbelin und Anna. So entdeckt die junge Frau in Anna eine Seelenverwandte. Vor allem nach dem Ableben von Frau Fronika sucht sie engen Kontakt zu den Schwestern der Siedlerfamilie.

Brid: Zusammen mit Lucas ist sie das letztgeborene Zwillingskind der achtköpfigen Siedlerfamilie. Als Kleinste ohnehin in der Rolle des ewigen Kindes, versucht die Familie ihr, soweit es möglich ist, eine schöne Kindheit zu bereiten. Zudem betrachtet ein jeder sie als das kleine Nesthäkchen der Familie. Brid ist deswegen am wenigsten gezwungen, im Haushalt und auf dem Feld auszuhelfen.

Brunonen: Dieses sächsische Adelsgeschlecht stammte ursprünglich aus Ostfalen und Friesland. Es hatte enge verwandtschaftliche Verbindungen zum Königshaus der Salier. Egbert I. wurde 1067 von König Heinrich IV. mit der Markgrafschaft Meißen belehnt. Sein Sohn Egbert II. lehnte sich jedoch gegen Heinrich IV. auf. Nach einem lang anhaltenden Konflikt zwischen den Brunonen und dem König wurde ihnen letztlich die Markgrafschaft wieder entrissen. Mit dem Tod Egberts II. endete die männliche Linie des Adelsgeschlechts.

Büttel: Offizieller Gehilfe eines Adligen, Richters oder Amtsträgers. Im Vergleich zu einem Diener tritt der Büttel im Namen und mit der Autorität der beauftragten Person auf. Etliche Bewohner des Dorfes am Schwarzen Berg sind Büttel Hilbert von Dahlenburgs.

Clement: Auch bekannt unter Herr Clement, ist er einer der Bewohner des Dorfes am Schwarzen Berg. Als Mann von Frau Mathilda verbindet ihn mit seiner Nachbarin Alheit eine Art Hassliebe. Herr Clement ist zu alt, um als Büttel oder Gehilfe mit Hilbert von Dahlenburg auszureiten. Als einer der wenigen im Dorf ist er von Anfang an nett zu der Siedlerfamilie um Anna und Katharina.

Cuno: Als altgedienter Krieger und Waffengefährte dient Cuno dem Burgvogt Kuntz von Misena seit vielen Jahren auf dem Burgberg zu Misena. Infolge etlicher Gebrechen obliegt es dem Krieger, als Waffenmeister über die Rüstkammer der Burg zu wachen.

Cunrad: Gewählter Dorfschulze im kleinen Flecken Dobritz in der Nähe der Burg Misena.

Dahlenburgs, von: Großer Familienverband von Adligen, der in dem Gebiet um Bardowick ansässig ist. Viele der Familienmitglieder füllen diverse Ämter in der Gegend aus. Durch kluge Heiratspolitik und Parteinahme für König Heinrich IV. schaffte es die Familie, relativ großen Einfluss im Reich zu gewinnen. Langfristig ist es das gemeinsame Ziel der von Dahlenburgs, in der adligen Hierarchie des Reichs aufzusteigen. Die Belehnung mit Land, Macht und Titel in den Grenzmarken kommt den Familienmitgliedern gerade recht, um sich eine eigene Herrschaft aufzubauen.

Dahlenburg, Berthold (der Jüngere) von: Enkel von Halmann und Bruder von Hilbert von Dahlenburg. Er sollte in Bardowick Katharina wegen eines siebzehn Jahre alten Versprechens ehelichen. Die Ereignisse um die geplatzte Hochzeit sorgten letztlich für die Vertreibung der Bauernfamilie aus ihrer angestammten Heimat.

Dahlenburg, Halmann von: Familienvorstand der von Dahlenburgs. Als Großvater Hilbert von Dahlenburgs entsendete er seinen Enkel, um Land in den neuen Grenzmarken für die Familie zu gewinnen. Zugleich ist er einer der Berater des Königs Heinrich IV. des Heiligen Römischen Reiches. Obwohl von nur niederem Adel, schaffte er es, viel Einfluss und Macht für seine Familie zu erhalten. Dies soll sich nun in Titel, Land und Gold auszahlen.

Dahlenburg, Hilbert von: Enkel von Halmann und Neffe von Philipp von Dahlenburg. Ehrgeiziger, machtbesessener und hemmungsloser Spross der Von-Dahlenburg-Familie. Er hat von seinem Großvater den Auftrag erhalten, innerhalb kürzester Zeit ein größeres Land für ein mögliches Lehensgebiet zu erschließen. Der Plan der von Dahlenburgs ist es, als Landvögte in der Hierarchie des Reichsadels aufzusteigen.

Er herrscht mit harter Hand, Knechtschaft und durch Unterdrückung über die Gebiete entlang der Schwarzwasser. Durch permanente Einschüchterung hat er sich im Dorf am Schwarzen Berg eine Machtbasis geschaffen. Während der Ereignisse um die Vertreibung der Siedlerfamilie fällt Hilbert von Dahlenburg einem Unfall zum Opfer. Bei einem Sturz seines Pferdes wird er unter dem schweren Tier eingeklemmt. Infolgedessen liegt er monatelang auf dem Krankenbett nieder. Zum einen platzt deswegen eine geplante Hochzeit mit einer Adligen, zum anderen wird Hilbert danach durch ein teilweise gelähmtes Bein entstellt. Für all diese Schicksalsschläge macht er die Familie um Stefan, Anna und Katharina verantwortlich.

Dahlenburg, Philipp von: Sohn von Halmann von Dahlenburg und Onkel von Hilbert von Dahlenburg. Als gestandener und erfahrener Krieger soll Philipp im Namen seines Vaters die einheimischen Slawen zu einem Aufstand provozieren. Anschließend ist es der Plan der von Dahlenburgs, die Heiden niederzustrecken, um als Dank mit einem Lehenstitel durch den König belohnt zu werden. Für diesen Auftrag zieht Philipp von Dahlenburg mit einer größeren Schar erbarmungsloser Krieger durch das Siedlungsgebiet der Slawen, um wahllos Männer, Frauen und Kinder niederzumetzeln.

Tief im Land der Wenden wird das kleine Heer schließlich bei einem Angriff auf ein Dorf überrascht. Nach der Niederlage in der verhängnisvollen Schlacht versuchen die Überlebenden, sich unter Philipp von Dahlenburg in sicheres Gebiet zurückzukämpfen. Der Rückzug durch den dichten Wald, verfolgt von erbarmungslosen Feinden, entpuppt sich allerdings als ein Himmelfahrtskommando.

Dahlibur: Als einflussreicher Sippenchef der Daleminzer vertritt er die größte Gruppe innerhalb des slawischen Volkes. Er lebt im Gau Nisan und sieht sich viel eher in der Position des Fürsten als nur in der eines Sippenvorstandes.

Er bildet inmitten der Daleminzer eine Opposition gegenüber Milos. Erst Wlada schafft es, ihn zum Einlenken zu bewegen. Trotzdem hält er weiterhin seine Männer zurück.

Daleminzer: Alter Stamm der sogenannten Elbslawen. Das von ihnen bewohnte Land hieß Daleminzien oder Gau Daleminzi. Das genaue Siedlungsgebiet ist heutzutage nicht näher bekannt. Allerdings nimmt man an, dass mindestens das Meißener Land und die Lommatzscher Pflege bis nach Döbeln hinauf zu dem Einflussbereich der Daleminzer gehörten. Der See Glomuzi wird als ihr religiöses Zentrum angesehen. Wann und wie der Stamm unterging, ist nicht bekannt.

Deutsche Ostsiedlung: Dieser Begriff bezeichnet die Einwanderung verschiedener deutschstämmiger Siedler in die östlichen Gebiete und Grenzmarken des Heiligen Römischen Reiches während des gesamten Hochmittelalters. Die ungefähr ab 1.000 nach Christus einsetzende Siedlungspolitik verdrängte die überwiegend slawische und teilweise auch baltische Bevölkerung aus den eroberten Gegenden. Kämpfe, Konflikte und Tragödien begleiteten die mitunter gewalttätig geführte Übernahme der slawischen Länder.

Die Deutsche Ostsiedlung zieht sich über dreihundert Jahre hin. Immer weiter wurden dabei die Grenzen in den Osten verschoben. Den Höhepunkt dessen bildet der sogenannte Wendenkreuzzug im Jahr 1147. Nachfolgend wurden viele Städte wie Leipzig, Dresden oder Freiberg gegründet.

Egbert II. von Meißen: Markgraf aus dem Geschlecht der Brunonen und direkter Nachkomme von Egbert I. Er erbte die Marktgrafschaft Meißen zusammen mit Besitzungen um Braunschweig und auf Friesland von seinem Vater. Wegen der Fürstenopposition gegen König Heinrich IV. wurde den Brunonen die Belehnung mit der Markgrafschaft weggenommen. Nach einer kurzen Versöhnung mit Heinrich IV. und damit der Wiederbelehnung der Mark schlug sich Egbert abermals auf die Seite eines Gegenkönigs. Er gilt als Führer der sächsischen Opposition gegenüber dem König.

Einzig Wahre, der: ER ist der Einzige und ER ist der Wahre. ER steht gleichzeitig in neun Welten. Abgesehen davon, dass ER ein Baum ist, ist ER noch so vieles mehr. In jeder der Welten ist ER jeweils von unterschiedlicher Größe, Wuchs und Art. Vor tausend mal tausend Wintern wurde ER einst vom Schöpfer gepflanzt. Seine Aufgabe ist es, Leben, Kultur und Entwicklung in die jeweiligen Welten zu bringen.

ER ist nicht nur eine Esche (siehe Welteneesche), sondern auch eine Buche, Linde, Eiche, Eibe und eine Vielzahl anderer Baumarten. Viele verschiedene Blätter hängen an den Myriaden Ästen des Einzig Wahren.

Elda: Auch bekannt als Frau Elda. Sie ist die Schneiderin im Dorf am Schwarzen Berg. Als Freundin von Frau Fronika hilft sie auch gelegentlich im Herrenhaus aus. Ihr Mann Humbert dient Hilbert von Dahlenburg als Büttel.

Elle: Die Elle bezieht sich als historisches Längenmaß auf die Spanne des Unterarms eines normal erwachsenen Mannes. Gemeinhin kann man sagen, dass sie ungefähr 0,6 Meter entspricht.

Esslin: Auch bekannt als Frau Esslin: Im Dorf am Schwarzen Berg ist sie die Heilerin. Obwohl ihr nachgesagt wird, eine Hexe zu sein, lassen die Dorfbewohner sie in Ruhe ihrer Beschäftigung nachgehen. Letztlich ist Frau Esslin die einzige Heilkundige weit und breit. Aus diesem Grund wird sie sogar von Hilbert von Dahlenburg toleriert. Vor allem versteht sie sich selbst jedoch als eine Hebamme und Kräuterfrau.

In ihrer Funktion als Kräutersammlerin verfügt sie über einen großen Vorrat unterschiedlichster Fläschchen, Pülverchen und Ingredienzien. So befinden sich auch etliche Gifte im Fundus der Heilkundigen.

Friedrich: Zweitältester Sohn und viertältestes Kind aus der Siedlerfamilie. In der Mitte zwischen den Zwillingen und den älteren Geschwistern, ist Friedrich das unscheinbarste der sechs Kinder. Obwohl er nur einen Sommer jünger als Anna ist, sieht jeder in ihm noch einen kleinen Jungen. Selten schafft er es, aus den Schatten der älteren Geschwister herauszutreten. Vor allem Stefan nimmt ihn nur als ein schwächliches und belastendes Kind wahr.

Friedrich träumt von einem Leben als Ritter oder Held. Stets wünscht er sich Abenteuer herbei, in welchen er zeigen kann, dass er nicht nur das mittlere Kind einer Siedlerfamilie ist.

Fronika: Auch bekannt als Frau Fronika. Hartherziger Hausvorstand im Herrenhaus Hilbert von Dahlenburgs. Sie führt mit eiserner Hand und harter Disziplin den Haushalt des Adligen. Dabei gilt sie neben Hilbert von Dahlenburg als wichtigster Bewohner des Dorfes am Schwarzen Berg. Was sie sagt, ist vor allem unter den anderen Frauen der Siedlung Gesetz. Frau Fronika beschäftigt eine Reihe von Bediensteten, um den Haushalt des Adligen zu führen. Während der Abwesenheit Hilbert von Dahlenburgs obliegt es ihr, die täglichen Dorfgeschäfte zu leiten.

Fuß: Der Fuß bezieht sich als ein historisches Längenmaß auf die Spanne der Fußsohle eines normal erwachsenen Mannes. Gemeinhin kann man sagen, dass er ungefähr 0,3 Meter entspricht.

Glomuzi, See: Dieser See war das Hauptheiligtum des elbslawischen Volkes der Daleminzer und befand sich zirka zwei Kilometer vom heutigen Lommatzsch entfernt. Die Slawen nutzten zu jener Zeit oftmals derartige Gewässer für ihre Naturreligion. Häufig standen Bäche, Flüsse und Teiche im Mittelpunkt der heidnischen Rituale. So nimmt man an, dass der See Glomuzi eine besondere Bedeutung für die Daleminzer und ihre Religion hatte. Der See wurde um 1807 trockengelegt. Heute befindet sich an besagter Stelle ein Feld.

Grenzmark: Eine Mark war im mittelalterlichen Europa und vor allem im Heiligen Römischen Reich ein Grenzgebiet. Errichtet als eine Art Schutzpuffer, sollte sie das eigentliche Reichsgebiet vor Überfällen und Angriffen schützen. Mehrfach wurden in der Geschichte solche Marken gegenüber den ›Wilden‹ angelegt. So bestand schon die Spanische Mark – das heutige Katalonien – unter Karl dem Großen als Schutz gegen die Araber auf der Iberischen Halbinsel.

Gunter der Schwabe: Langjähriger Kämpfer unter den von Dahlenburgs. Er hat für die adlige Familie bereits an etlichen Feldzügen teilgenommen. Seit jeher hegt er großen Respekt für Heinrich den Mühlheimer.

Gunter nimmt sich auf eine väterliche Art des im Militärwesen unbedarften Stefans an. Unter Gunters Fittichen entwickelt sich Stefan daraufhin binnen kürzester Zeit zu einem fähigen Söldner.

Heinrich der Mühlheimer: Hauptmann unter Philipp von Dahlenburg. Als altgedienter Krieger und Offizier aus dem Dunstkreis der Familie der von Dahlenburgs befand er sich schon in den Diensten des Großvaters Halmann von Dahlenburg. Er zeichnet für das militärische Know-how des Feldzugs gegen die Slawen verantwortlich.

Honn: Zusammen mit Klass gehört Honn zur Torwache auf der Burg Misena und verrichtet meist den Dienst am Burgtor. Er verbreitet den Klatsch und Tratsch, den ihm die fahrenden Händler stets bereitwillig mitteilen.

Irminsul: Siehe Yggdrasil. Altes germanisches Heiligtum in der Nähe der Eresburg nahe dem heutigen Obermarsberg. Auf Betreiben Karls des Großen wurde die Weltensäule im Jahre 772 während der Sachsenkriege zerstört.

Jaromir: Einflussreicher Sippenchef der Daleminzer. Lässt sich von Wlada für den bevorstehenden Krieg begeistern.

Johannes, Herr: Ein sehr großer, einsiedlerischer und mysteriöser Wanderer, der durch die als undurchdringlich geltenden Wälder reist. Am wohlsten fühlt er sich in der Einsamkeit der Berge. Größere Menschenansammlung versucht er, wenn möglich, zu vermeiden. Das Alter von Herrn Johannes ist nicht näher bekannt. Seine frühesten Erinnerungen reichen über vierhundert Jahre zurück. Allerdings war er da auch schon ein Mann von sehr hohem Wuchs. Herr Johannes verfügt über einen extrem ambivalenten Charakter. Auf der einen Seite neigt er zu Jähzorn, Mürrischkeit und Starrsinn. Andererseits zeigt er sich oftmals sehr hilfsbereit, mitfühlend und großherzig. So spielt er bösen Menschen gelegentlich derbe Streiche, während er Hilfsbedürftigen, Kranken und Schwachen mit seiner Magie zur Seite steht.

Herr Johannes verfügt über eine Reihe bemerkenswerter Fähigkeiten. Zum einen ist er in der Lage, seine Gestalt zu verändern. Deswegen ist er sich auch nicht sicher, wie sein ursprüngliches Aussehen einmal war. Des Weiteren kann er die Struktur und Art von Erzen und Metallen beeinflussen. Zusätzlich dazu kann er sowohl Menschen heilen als auch ihnen Erinnerungen geben oder nehmen.

Katharina: Erstgeborene Tochter der Siedlerfamilie. Als große Schwester war es Katharina in die Wiege gelegt, sich um die jüngeren Geschwister zu kümmern. Schon seit frühester Jugend half sie deshalb ihrer Mutter bei allen täglichen Arbeiten im Haushalt und auf dem Bauernhof. Zugleich sieht sie von allen drei Mädchen ihrer Mutter am ähnlichsten und kommt generell in vielerlei Dingen ihrer Mutter nach. Eigentlich sollte sie einen Spross der Familie von Dahlenburg heiraten. Obgleich über ihrem Stand und damit eine sehr gute Partie, weigerte sie sich, in die Ehe einzuwilligen. Daraufhin wurde die Bauernfamilie aus Bardowick verstoßen.

Nach den Ereignissen der Vertreibung wird sie genötigt, Hilbert von Dahlenburg zu ehelichen. Hätte sie sich dagegen geweigert, hätte der Adlige ihren Bruder Stefan brutal zu Tode gefoltert. Nach der Heirat folgt eine Zeit voller Schrecken, Erniedrigung und Gewalt für die älteste Tochter der Siedlerfamilie, die sie innerlich zerbrechen lässt.

Klass: Sergeant der Torwache auf der Burg Misena. Verrichtet zumeist mit Honn den Dienst am Burgtor.

Klafter: Das Klafter bezieht sich als historisches Längenmaß – später auch als Raum- und Flächenmaß – auf die Spanne zwischen den ausgestreckten Armen eines normal erwachsenen Mannes. Gemeinhin kann man sagen, dass es ungefähr 1,80 Meter entspricht.

Kuntz von Misena: Als zweiter Sohn eines niederen Adligen entschied sich Kuntz bereits in früher Jugend für ein Leben als Krieger und fungiert in fortgeschrittenem Alter als Burgvogt der Festungsanlage am Bach Misena. Kuntz lebt, kämpft und verwaltet schon seit Dutzenden von Jahren auf der abgelegenen Burg in der Grenzmark am Rande des Reiches die Länder der Brunonen. Wegen der lang anhaltenden Abwesenheit des Markgrafen Egbert II. obliegt es Kuntz, die täglichen Amtsgeschäfte zu führen. Obwohl nur ein einfacher Burgvogt, gilt er als Verwalter der gesamten Markgrafschaft.

Gewarnt durch die Worte Walpurgas rechnet er jeden Tag mit einem großen Aufstand der wendischen Völker in unmittelbarer Nachbarschaft zur Burg. Aufgrund des andauernden Konfliktes der Brunonen mit dem König fehlen dem Burgvogt allerdings die dafür nötigen Mittel, Männer und Ritter, um überhaupt eine reelle Chance auf einen Sieg zu haben.

Laslo: Einflussreicher Sippenchef der Daleminzer. Lässt sich von Wlada für den bevorstehenden Krieg begeistern.

Lucas: Zusammen mit seiner Zwillingsschwester Brid ist er der jüngste Nachwuchs der achtköpfigen Siedlerfamilie. Als Kleinster ohnehin in der Rolle des ewigen Kindes, versucht die Familie ihm, soweit es möglich ist, eine schöne Kindheit zu bereiten. Trotzdem ist er gezwungen, gemeinsam mit seinen beiden älteren Brüdern täglich im Wald zu schuften, um den Boden urbar zu machen.

Lusitzer: Alter Stamm der sogenannten Elbslawen, der im Gau Lusitzi angesiedelt war. Die Lusitzer gaben der heutigen Lausitz ihren Namen. Wahrscheinlich bilden sie den Kern der modernen Sorben in der Niederlausitz. Die Lusitzer stellen einen eher zurückgezogenen Stamm der Elbslawen dar. Aufgrund des schwer zugänglichen Stammlandes waren sie in der Lage, sich länger gegen die Reichsdeutschen zu verteidigen. Zugleich sahen sie sich aber auch der ständigen Bedrohung durch die Polanen gegenüber.

Mathilda: Auch bekannt als Frau Mathilda. Ehefrau von Clement. Sie ist eine der Bewohnerinnen des Dorfes am Schwarzen Berg. Mit ihrer Nachbarin Alheit verbindet sie eine Hassliebe.

Milzener: Alter Stamm der sogenannten Elbslawen, der im Gau Milzeni ansässig war. Wahrscheinliches Siedlungsgebiet war die Gegend um Bautzen bis nach Dresden hinein. Zum Teil stammen die heutigen Sorben von diesem Stamm ab.

Milos: Fürst der Daleminzer. Entgegen der alten Traditionen hat er diese Stellung von seinem Vater und dessen Vater geerbt. Trotz seiner Jugend hat Milos große Pläne mit seinem Stamm und allen anderen slawischen Völkern. Anfänglich in einer schwachen Position gegenüber der Priesterkaste und den Sippenführern der großen Familien, versucht er, seine Untertanen für einen Krieg gegen die Deutschen zu begeistern.

Milos sieht sich weniger als ein Feldherr oder Kämpfer. Vielmehr ist er als Fürst in diplomatischen Missionen unterwegs. Er hegt zudem den Traum, die Angehörigen des Reiches aus den ursprünglichen slawischen Siedlungsgebieten zu vertreiben. So ist es sein Ziel, alle wendischen Stämme unter seiner Führung zu vereinen, um gemeinsam gegen die Deutschen in den Krieg zu ziehen.

Misena, Burg: Auch bekannt unter der modernen Bezeichnung Albrechtsburg zu Meißen. Nach dem Ostfeldzug König Heinrichs I. im Jahre 929 wurde auf einem Felsen an der Mündung des Baches Misena in die Elbe eine gleichnamige Burg gegründet. Anfänglich nur mit einer Holzpalisade und mit Lehmmauern versehen, wurde sie sukzessive ausgebaut. In den Anfangsjahren war sie des Öfteren das Ziel von Angriffen durch die umgebenden slawischen Völker. Mehrfach erobert und niedergebrannt, wurde sie aber jeweils wieder größer und besser befestigt aufgebaut.

Als beherrschendes Instrument für die Eroberung der Grenzmarken war die Festung von entscheidender strategischer Bedeutung für das Reich. Letztlich entstand ein steinernes Bollwerk inmitten feindlicher wendischer Stämme. Mit der Errichtung eines Bistums in Meißen breitete sich auch das Christentum in den heidnischen Gebieten des Elbtals aus.

Mutter: Ihr genauer Name wird in der Geschichte nicht genannt. Sie ist die Tochter eines einst reichen Salzhändlers, nun Bäuerin und mit ihrem Mann zusammen Besitzerin einer kleinen Scholle in der Nähe von Bardowick. Als Matriarchin der Familie führt sie unangefochten den Haushalt. Im Gegensatz zu ihrem Ehemann stammt sie allerdings mütterlicherseits aus einem alten, jedoch verarmten Geschlecht ab. Dies ist einer der Gründe, weshalb die Familie der von Dahlenburgs daran interessiert ist, die erstgeborene Tochter Katharina mit Berthold von Dahlenburg zu verheiraten. Achtzehn Jahre zuvor hatte die Mutter dies Halmann von Dahlenburg verspochen, um sich ihrerseits bei Bardowick niederlassen zu dürfen. Mit dem Bruch des Versprechens beginnt die Vertreibung und damit die Auswanderung der Siedlerfamilie.

Nach dem Tod ihres Ehemannes tut sie alles dafür, sich die Trübsal nicht anmerken zu lassen. Mit aller Kraft versucht sie, der Familie das weitere Überleben zu sichern. Eines Nachts erscheint ihr totgeglaubter Mann am Bett. In jener Nacht wird ein Kind gezeugt. Von da an befand die Frau sich in anderen Umständen. Mit weit über der doppelten Anzahl der üblichen

Monate hat die Mutter mehr und mehr unter den Auswirkungen der Schwangerschaft zu leiden.

Neun Welten: Einst sendete der Schöpfer den Weltenbaum Yggdrasil aus, um Leben in die neun Welten zu pflanzen. Im Laufe der Jahrtausende sind daraufhin eine Vielzahl von Zivilisationen entstanden und wieder untergegangen. Derzeit sind die neun Welten unter den Namen Asgard als Heim der Asen, Wanenheim als Ort der alten Götter des Geschlechts der Wanen und Albenheim als Welt der Lichtalben bekannt. Desgleichen existiert Midgard als Platz der Menschen, sowie Jötunheim als auch Muspellsheim für die Heimat der Eis- und Feuerriesen. Die letzten drei Welten sind Schwarzalbenheim für die Dunkelelfen, die Dunkelwelt Niflheim und Hel, das Totenreich.

Radik: Einflussreicher Sippenchef der Daleminzer. Lässt sich von Wlada für den bevorstehenden Krieg begeistern.

Rüdiger und Rutger: Zwei kleine und hinterlistige Burschen, die im Haushalt Hilbert von Dahlenburgs als Küchenhilfen schuften. Unter der unbarmherzigen Knute von Frau Fronika erledigen sie sämtliche anfallenden Arbeiten widerstandslos. Gegenüber den anderen Bediensteten, dies betrifft vor allem Anna und Berbelin, benehmen sie sich jedoch wie zwei bösartige Bengel.

Rusalka: Dieser Name bezeichnet eine Art weiblichen Wassergeist niedrigen Ranges. Vornehmlich kommen sie in der slawischen Mythologie vor. Rusalkas leben hauptsächlich auf dem Grund von Gewässern. Des Nachts kommen sie an Land, um unvorsichtige junge Frauen oder liebestolle Männer in ihr feuchtes Reich zu ziehen.

Saskia: Auch bekannt unter Frau Saskia. Sie ist eine sehr alte Einsiedlerin, die in einem verborgenen Tal lebt. Einst als eine bösartige und mächtige Hexe berühmt, wurde sie von Herrn Johannes in einem Zweikampf besiegt. Vor die Wahl gestellt, einen schnellen Tod zu erleiden oder ein Leben in Demut und Redlichkeit zu führen, entschied Frau Saskia sich für Letzteres.

Herr Johannes führte sie daraufhin zu einer versteckten Hütte, um eine im Sterben liegende Frau abzulösen, die bereits seit Jahrhunderten etwas Uraltes bewachte. Seitdem lebt Frau Saskia in dem einsamen Tal, um ein seit Jahrtausenden gehütetes Geheimnis zu bewahren.

Schwarzwasser: Ein sich schnell dahinschlängelnder, kleiner Fluss im Herzen des Gebirges. Die Schwarzwasser erhielt ihren Namen aufgrund des tatsächlich recht dunklen Aussehens des Wassers. Dies liegt aber vielmehr an dem Granitgestein im Flussbett als an einer Verschmutzung. Das Wasser an sich ist klar, rein und von erfrischender Kälte.

Sonnenzyklus: Die Zeit, die die vier Jahreszeiten benötigen, um einmal komplett zu verstreichen. Er wird zumeist gemessen an den beiden Tagundnachtgleichen sowie der Sommersonnenwende als auch der Wintersonnenwende.

Stanko: Einflussreicher Sippenchef der Daleminzer. Lebt im Gau Nizizi. Als Oberhaupt einer großen Sippe unterstützt er Milos bei seinen Bestrebungen, einen Krieg gegen die Deutschen anzufangen.

Stefan: Erstgeborener Sohn der Siedlerfamilie. Als Stammhalter und Erbe sah sich Stefan schon zeitig in der Position, Verantwortung übernehmen zu müssen. Vor allem nach dem schweren Unfall des Vaters lag es in Stefans Händen, das Land urbar zu machen. Mehr und mehr sieht er sich als erwachsener Mann und Anführer der Familie. Besonders hat er es sich zur Aufgabe gemacht, seine beiden jüngeren Brüder zu erwachsenen Männern zu erziehen. Zu dritt schuften sie täglich im Wald, um den Acker für eine erste Aussaat vorzubereiten.

Nach den Ereignissen der Vertreibung findet sich Stefan verurteilt auf einer Richtstätte wieder. Erst in letzter Sekunde wird ihm der schmerzhafte Tod durch das Rädern erspart. Mittels des Opfergangs seiner Schwester Katharina sehen die von Dahlenburgs von einer Todesstrafe ab. In der Folge befindet er sich in dem Heer des Philipp von Dahlenburg zwangsrekrutiert.

Herr Johannes sieht in Stefan etwas Besonderes. Deswegen gibt der einsame Wanderer eine Reihe von Geschenken an den jungen Mann weiter. Neben der Heilung einer schweren Kopfwunde und einem mysteriösen Mal hinterlässt der Waldläufer eine Fülle von Wissen über die Kriegskunst in Stefans Erinnerungen. Diese hat der älteste Bruder der Siedlerfamilie auch bitter nötig, denn schon nach kurzer Zeit findet er sich in einem brutalen Feldzug gegen die wendische Bevölkerung wieder.

Tihomir: Als Anführer der Priesterkaste der Daleminzer wohnt er am See Glomuzi. Durch die priesterliche Arbeit hat er großen Einfluss auf das Volk der Daleminzer. Er verfolgt seine ganz eigene Politik gegenüber dem Heiligen Römischen Reich.

Vater: Der genaue Name des Oberhauptes der Siedlerfamilie wird in der Geschichte nicht genannt. Er ist Bauer und war einst Besitzer einer kleinen Scholle in der Nähe von Bardowick. Als Patriarch der Familie obliegt es ihm, die Kinder zu verheiraten und alle wichtigen Entscheidungen zu treffen. Seine Weigerung, seine älteste Tochter Katharina mit einem der von Dahlenburgs zu vermählen, führte letztlich zur Vertreibung aus der alten Heimat. Trotzdem fand der Vater eine Lösung für das Dilemma. Dem Aufruf des Erzbischofs von Magdeburg folgend, machte er sich mit seiner Familie und seinem Bruder auf, in die Grenzmarken zu ziehen. Abseits der bekannten Gegenden ist es sein Wunsch, für sich und seine Familie eine glückliche Zukunft aufzubauen.

Er verstirbt während eines Konflikts mit Hilbert von Dahlenburg.

Walpurga: Siehe Widogard und Wlada. Als junge, vermeintlich unschuldige, aber wortgewandte Kräuterfrau erscheint sie eines Tages auf dem Burgberg zu Misena. Ihr Haar ist schwarz wie das Gefieder eines Raben, die Haut so weiß wie frisch gefallener Schnee und ihre Lippen erscheinen so rot, als wären sie in Blut getränkt. Von Beginn an nimmt sie die männlichen Bewohner der Festungsanlage für sich ein. Jedoch erst als Kuntz von Misena sie für sich beansprucht, beruhigen sich die eifersüchtigen Ehefrauen auf dem Burgberg. In bildhaften Worten berichtet Walpurga von bevorstehenden Aufständen der wendischen Bevölkerung.

Waldläufer: Dieser Bund von nur noch wenigen grimmigen, angsteinflößenden und gut ausgebildeten Kämpfern beschützt den Einzig Wahren sowohl mit seinem Leben als auch mit seinem Stahl. Angesiedelt in der Nähe von IHM sorgen sie dafür, dass sich niemand unerlaubt oder zufällig dem versteckten Tal nähert. Hochgewachsen, breit gebaut und mit langen Bärten wirken sie gegenüber einem normalen Bauern eher wie Riesen.

Weise Frauen: Dieser alte Zirkel von Hüterinnen hat es sich zur Aufgabe gemacht, den Einzig Wahren zu beschützen, ihm zu dienen und ihn zu verehren. Die Existenz des Zirkels geht bis in die graue Vorzeit zurück. Als Dienerinnen des Einzig Wahren verfügen die Weisen Frauen über eine extrem erhöhte Lebenserwartung. Als Novizin aufgenommen werden einzig junge Frauen, die über magische Fähigkeiten verfügen. Zuvor müssen sie eine Reihe strenger Prüfungen über sich ergehen lassen. In früheren Zeiten nahm der Zirkel Einfluss auf die Geschehnisse in der Welt. So darf man annehmen, dass die Invasion – und damit die komplette Völkerwanderung – der Germanen ins Römische Reich auf Betreiben des Zirkels geschah. Schon damals stand die Entdeckung des Einzig Wahren durch römische Legionäre kurz bevor.

Widogard: Siehe Walpurga und Wlada. Angehörige eines alten Ordens von Hüterinnen. Sie ist eine magisch begabte Frau. Zum Zeitpunkt der Geschichte lebt und dient sie seit mindestens dreihundert Jahren zu Ehren des Einzig Wahren. Aufgrund von fehlendem Nachwuchs und katastrophalen Geschehnissen in der Vergangenheit des Zirkels ist sie die einzige noch lebende Vertreterin der Weisen Frauen. Zugleich spürt sie ihr nahendes Ende. Mit ihrem Tod würde womöglich eine viele tausend Jahre alte Linie von Hüterinnen aussterben. Zugleich bestünde die Gefahr, dass der Einzig Wahre ohne Schutz den heranrückenden Christen ausgeliefert wäre. Widogard sieht es in ihrer Verantwortung, die Entdeckung und den Untergang des Einzig Wahren mit allen Mitteln zu verhindern.

Wlada: Siehe Widogard und Walpurga. Als junge, vermeintlich unschuldige, aber wortgewandte Frau erscheint sie dem Fürsten der Daleminzer am See Glomuzi. Schon beim ersten Treffen nimmt sie den Anführer der Daleminzer für sich ein. Zugleich verfolgt sie ganz eigene Pläne mit dem Volk der Daleminzer. Ihr Haar ist schwarz wie das Gefieder eines Raben, ihre Haut so weiß wie frisch gefallener Schnee und ihre Lippen so rot, als wären sie mit Blut getränkt.

Yggdrasil: Auch bekannt als der Weltenbaum oder die Weltenesche ist er ein wichtiger Bestandteil der nordischen Mythologie. Er ist der Baum aller Bäume. Yggdrasil steht gleichzeitig in neun Welten. Durch seine Wurzeln, die Äste und die Blätter werden die neun Welten miteinander verbunden. In seinen Zweigen leben viele mystische Wesen. Neben dem Adler ohne Namen existiert der Habicht Wedrfölnir, das Eichhörnchen Ratatöskr, die Drachenschlangen Goin und Moin sowie eine Vielzahl anderer Tiere. Yggdrasil verbindet den Himmel mit der Erde und dem Totenreich. Als Säule ruht auf ihm der gesamte Kosmos.

Printed in Poland
by Amazon Fulfillment
Poland Sp. z o.o., Wrocław

93742224R00178